高等院校"十三五"应用型规划教材·财会专业

财务与会计案例教程

蔡柏良 滕晓梅 纪 峰 主编

南京大学出版社

图书在版编目(CIP)数据

财务与会计案例教程 / 蔡柏良,滕晓梅,纪峰主编
. — 南京:南京大学出版社,2017.2
高等院校"十三五"应用型规划教材. 财会专业
ISBN 978-7-305-18266-2

Ⅰ. ①财… Ⅱ. ①蔡… ②滕… ③纪… Ⅲ. ①财务会
计一高等学校一教材 Ⅳ. ①F234.4

中国版本图书馆 CIP 数据核字(2017)第 022152 号

出版发行　南京大学出版社
社　　址　南京市汉口路 22 号　　　　　　邮编　210093
出 版 人　金鑫荣

丛 书 名　高等院校"十三五"应用型规划教材·财会专业
书　　名　财务与会计案例教程
主　　编　蔡柏良　滕晓梅　纪　峰
责任编辑　代伟兵　武　坦　　　　　　编辑热线　025-83597482

照　　排　南京理工大学资产经营有限公司
印　　刷　南京理工大学资产经营有限公司
开　　本　787×1092　1/16　印张 15.25　字数 380 千
版　　次　2017 年 2 月第 1 版　　2017 年 2 月第 1 次印刷
ISBN　978-7-305-18266-2
定　　价　39.00 元

网　　址:http://www.njupco.com
官方微博:http://weibo.com/njupco
官方微信号:njuyuexue
销售咨询热线:(025)83594756

前　言

随着我国社会经济四十多年的改革与发展,会计学科也日趋壮大和成熟。财政部牵头建设的《企业会计准则》已经形成体系,《政府会计准则》正陆续颁布,《内部控制》规范体系也已经建成,《管理会计基本指引》及相关指引正在制定及颁布中,同时财政部正抓紧建设《管理会计案例库》,用以指导企业实践及《管理会计》教学。由财政部牵头建设案例库,足以说明对案例建设的重视。

目前,从教学方面来看,随着各项准则规范的逐步体系化,会计学科相关课程的理论教学也已经相对成熟。但是无论是学术型大学还是应用型大学,会计学本科教学的内容都推行以学科供给为导向的人才培养和教学模式。会计教学中围绕会计准则开展的本科教学培养了学生核算型能力,忽视了学生应对复杂多变的不同企业业务流程时的管理决策和控制能力,忽视了学生对瞬息万变的资本市场层出不穷事件的分析和判断能力。灌输式的教学方法,强调规则要求怎样,而忽视创新性教学,忽视案例教学,忽视实践教学,忽视训练学生职业判断和决策控制能力的教学。案例教学恰是让学生自主参与课堂讨论式学习,提高学生课堂学习的参与度,训练学生分析问题和解决问题能力的有效教学方法。案例教学的重要性毋庸置疑,但是案例资源的建设是一个亟须解决的问题。目前本科教学中能够使用的案例资源较少,已有案例相对陈旧。基于此,我们编制了这本适合于本科会计学科相关课程教学使用的案例教程。

本书分财务会计、财务成本管理、兼并收购三个篇章,共 33 个案例。案例涵盖了财务会计、财务管理、成本会计、管理会计、兼并收购等相关课程的知识。所有篇章案例既按自身知识体系要求布局,又兼顾本案例教材的统一结构。每个案例分为教学目标、案例分析两个部分,其中案例分析包含案例介绍、分析思考、分析建议、主要参考文献四个部分的内容。本书的编写体现了以下几个主要特色:

(1) 案例真实性强。案例涉及的所有背景企业均来自上市公司及编者曾经服务指导过的企业,上市公司资料全部来源于公司公告及新闻报道,编者服务的企业资料均经企业同意并经加工修改。

(2) 案例时效性强。案例中上市公司发生的事件绝大多数都是近几年发生并具有影响力的事件,包括万科股权之争、欣泰电气可能成欺诈发行退市第一股、2016 年中国发生的十大有影响的企业并购案例、上市公司会计信息披露失真案例等。这些都是 2016 年最新发生的事件,其中万科股权之争事件还未结束,案例给学习者留下了悬念。

(3) 案例分析角度新。每个案例都提供了思考题,以便学习者学习案例之后的思考和讨论,同时案例编者还提供了分析建议。每个案例提供的思考题都是编者结合本案例要求学生掌握的主要知识点提出,但又不限于应该掌握或已经学过的理论知识,很多案例在思考题布置上都做了知识拓展。

本书是会计学品牌专业建设的阶段性成果之一,由蔡柏良、滕晓梅、纪峰、王黎、李海玲、邱素芹、束必琪、张利霞、沈瑾等老师共同编写,蔡柏良、滕晓梅、纪峰负责了本书的编写组织和总篆定稿,滕晓梅、纪峰两位主任具体组织实施了编写工作。

本书编写时间较短,加上编者水平有限,难免会出现错误和疏漏,每篇案例的思考分析都是编者的想法和观点,在安排和表述上不一定很恰当,恳请读者批评指正,以便再版时修改、充实和完善。

本书的编写得到了盐城师范学院商学院的支持和南京大学出版社的帮助,同时编者也参考了大量的媒体报道、财经分析和有关学术论著,在此一并表示感谢!

编　者

2016 年 12 月

目　录

财务会计篇

案例一　货币资金结算…………………………………………………………（ 3 ）

案例二　应收账款与坏账准备…………………………………………………（ 9 ）

案例三　可供出售金融资产……………………………………………………（14）

案例四　存货的核算……………………………………………………………（23）

案例五　固定资产核算…………………………………………………………（29）

案例六　收入的确认……………………………………………………………（34）

案例七　费用的核算……………………………………………………………（42）

案例八　企业合并的会计政策选择……………………………………………（49）

案例九　上市公司的会计差错…………………………………………………（55）

案例十　关联方交易……………………………………………………………（62）

案例十一　上市公司信息披露失真……………………………………………（69）

财务成本管理篇

案例十二　预算管理……………………………………………………………（79）

案例十三　成本管理与核算……………………………………………………（89）

案例十四　财务管理目标………………………………………………………（114）

案例十五　财务关系与公司治理………………………………………………（117）

案例十六　财务环境与财务战略分析…………………………………………（123）

案例十七　货币时间价值案例…………………………………………………（128）

案例十八　筹资渠道与资金成本………………………………………………（135）

案例十九　筹资方式与可转债…………………………………………………（140）

案例二十　融资策略与财务杠杆 ·· (145)

案例二十一　公司上市前的财务梳理及其整改措施实例分析 ············ (148)

案例二十二　项目投资决策 ·· (162)

案例二十三　现金的营运与管理 ·· (173)

案例二十四　信用政策的制定 ·· (178)

案例二十五　存货的管理 ·· (182)

案例二十六　平衡计分卡与绩效评价 ··· (186)

案例二十七　上市公司财务报表财务分析 ····································· (191)

案例二十八　利润分配管理 ·· (214)

案例二十九　股票回购 ··· (219)

兼并与收购篇

案例三十　企业并购理论与类型 ·· (225)

案例三十一　企业并购战略与并购实施 ·· (229)

案例三十二　股权结构调整与实施办法 ·· (233)

案例三十三　并购整合策略与实施办法 ·· (236)

财务会计篇

微信扫码查看

案例一　货币资金结算

教学目标

1. 回顾应收账款核算方法和货币资金结算方法；
2. 分析案例企业如何制造虚假的应收账款收回以维持现金回笼的假象；
3. 了解退市的规则和上市公司造假对投资者产生的危害。

案例分析

（一）案例介绍

欣泰电气可能成欺诈发行退市第一股

1. 欣泰电气上市过程

丹东欣泰电气股份有限公司简称欣泰电气，股票代码300372，主要经营电抗器、电力电容器、组合式变电站、变压器等产品的制造、加工和销售。2009年9月，欣泰电气首次提交IPO申报材料，但于2011年3月因"所并购资产持续盈利能力不足"等原因被否。2011年11月，欣泰电气向证监会提交IPO申请。2012年7月3日通过创业板发审会审核。2014年1月3日，欣泰电气取得证监会上市核准批文。2011年至2013年上市前三年，净利润分别为5 607万元、6 202万元、6 292万元。

2. 欣泰电气因IPO造假被证监会处罚，并启动强制退市程序

2014年，证监会发布了《关于改革完善并严格实施上市公司退市制度的若干意见》，这一号称"史上最严退市"新规明确规定：上市公司因首次公开发行股票申请或者披露文件存在虚假记载、误导性陈述或者重大遗漏，致使不符合发行条件的发行人骗取了发行核准；或者对新股发行定价产生了实质性影响，受到证监会行政处罚；或者因涉嫌欺诈发行罪被依法移送公安机关的，证券交易所应当依法做出暂停其股票上市交易的决定。2015年7月15日欣泰电气宣布因涉嫌违法被证监会立案调查，经过近11个月的调查，2016年7月8日，证监会对欣泰电气欺诈发行正式做出处罚，启动强制退市程序。对欣泰电气及其17名现任或时任董监高及相关人员进行行政处罚，并对欣泰电气实际控制人董事长温德乙，时任总会计师刘明胜采取终身证券市场禁入措施。同时对欣泰电气首发上市相关中介机构进行了调查，向兴业证券和兴华会计师事务所送达了行政处罚事先告知书，并对北京市东易律师事务所展开调查。至 2017 年 1 月，欣泰电气股票还处于暂停交易状态，即便证监会不强迫其退市，但由于欣泰电气目前业绩差，沦为壳公司，又因创业板公司不能被借壳，此次被坐实 IPO 涉嫌财务造假，将严重影响公司未来引入战略投资者，在前景渺茫下，必定会遭到投资者用脚投票。

A 股市场向来属于"高门槛、低退出"的市场，企业上市相关财务要求较为严格，程序较为复杂，但一旦成功上市以后，即使企业本身的经营和财务情况出现恶化，往往也能通过种种办法在市场继续生存下去。WIND 统计数据显示，中国证券市场成立以来的 20 多年来，A 股市场总共只发生过 90 起退市案例，剔除私有化、吸收合并等原因后，真正因为连续亏损而被终止上市的只有不到 50 家。其中，自 2008 年至 2012 年，A 股市场还出现了长达 5 年时间的"零退市"记录。业内人士则预计，这家公司将有可能成为创业板第一家退市的公司，同时亦将成为中国证券市场首家因为欺诈发行而被退市的上市公司。

3. 欣泰电气 IPO 造假手法

在第一次申请 IPO 被否的情况下，欣泰电气于 2011 年 6 月更换保荐机构，聘请兴业证券作为新的保荐代表，准备再度冲关。为了申请成功，欣泰电气追求短期销售额，放松了客户信用管理，在增加收入的同时，增加了大量的应收账款。货款回笼速度较慢，现金流量表中的经营活动净额出现负数。欣泰电气在编制 2011 年底模拟财务报表时发现，公司存在经营性现金流量为负、应收账款余额较大等问题，而这些对 IPO 至关重要。为此欣泰电气总会计师刘明胜与公司董事长实际控制人温德乙共同商量出降低期末应收账款，保持经营性现金流量为正的解决办法。即在会计期末以外部借款减少应收账款，并于下期初再还款冲回。

第一种手法：报告期末，董事长向个人借款，出纳人员在银行柜台同时办理现金提取和现金交款，但在填写现金交款单时，在付款人一栏直接填写客户公司名称，算作客户支付给欣泰电气的应收账款。下一报告期初，出纳再去银行办理现金提取和现金交款，钱又从欣泰电气还给了借款人。

第二种手法：报告期末，董事长向某公司借款，由某公司开具银行汇票，经过客户盖章背书给欣泰电气，算作收回的应收账款。待到报告期过后，再由欣泰电气开具银行汇票，通过客户盖章背书，转给第三方公司。由此，资金实现了原路转回。甚至银行汇票上用以背书的客户公司章和私章很多都是私刻的。

第三种手法：制作虚假进账单和银行对账单，请关系较好的银行柜员配合盖章。在 2013 年之后的四份财务报告中，"自制"银行单据的做法频频出现。金额较大的是 2013 年 1 月至 6 月，欣泰电气直接通过伪造银行进账单的方式虚构收回应收账款近 1.29 亿元。

截至 2011 年 12 月 31 日，虚构收回应收账款 1.02 亿元，少计提坏账准备 659 万元；虚增经营活动产生的现金流净额 1.02 亿元。截至 2012 年 12 月 31 日，虚构收回应收账款 1.21 亿元，虚构收回其他应收款 3 384 万元，少计提坏账 726 万元；虚增经营活动产生的现金流净额 5 290 万元。截至 2013 年 6 月 30 日，虚构收回应收账款 1.58 亿元，虚构收回其他应收款 5 324 万元，少计提坏账准备 313 万元；虚增应付账款 2 421 万元；虚构收回预付账款 500 万元；虚增货币资金 2.12 亿元，虚增经营活动产生的现金流净额 8 638 万元。

4. 受牵累的关联方

（1）普通投资者

欣泰电气自公告受到证监会严重处罚后，于2016年7月12日恢复股票交易，股票价格出现连续跌停，短短1个月时间从14.5元/股跌至最低2.5元/股（见图1-1），直到停牌，股价下跌83.8%。所有不能提前获得消息的普遍投资散户损失惨重。

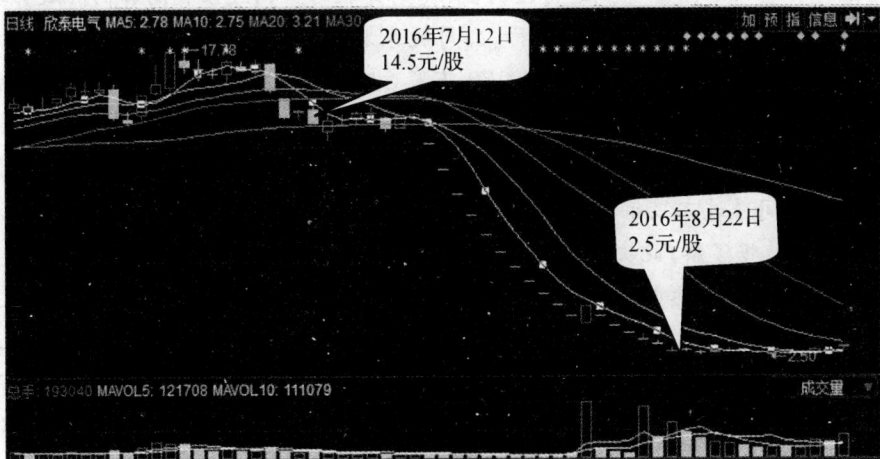

图1-1

（2）证券保荐机构受到严厉处罚

2016年7月25日，证监会发布对欣泰电气保荐机构、主承销商兴业证券及保荐人兰翔、伍文祥的行政处罚决定书：中国证监会拟决定对兴业证券给予警告，没收保荐业务收入1 200万元，并处以2 400万元罚款；没收承销股票违法所得2 078万元，并处以60万元罚款。对欣泰电气的保荐代表人兰翔、伍文祥给予警告，并分别处以30万元罚款，撤销证券从业资格，分别采取10年证券市场禁入措施。

兴业证券在未承诺承担先行赔付责任的情况下，主动、依法承担赔偿责任，出资5.5亿元设立先行赔付基金，先行赔付投资者的损失，为投资者提供了一个相对更为快速便捷依法获得赔偿的可选渠道。

（3）兴业证券其他客户受到牵连

按照现行《证券发行上市保荐业务管理办法》规定，保荐机构、保荐代表人因保荐业务涉嫌违法违规处于立案调查期间的，中国证监会暂不受理该保荐机构的推荐；暂不受理相关保荐代表人具体负责的推荐。随着兴业证券遭证监会立案调查，其保荐项目也受到巨大影响。

兴业证券作为财务顾问的定增项目有18个，其中青山纸业和国脉科技已获批文等待发行，另有4个项目已通过发审委审核。聘请兴业证券为财务顾问的三钢闽光宣布终止重组；拟定增的先导智能重新聘请保荐机构。

兴业证券保荐的IPO项目处于正常审核状态的有19家。除上海网达1家"已通过发审会"外，其余企业尚处于"已处理"或"已反馈"状态。据相关法律和过往案例，这些保荐项目恐将全部被暂停受理。

由兴业证券担任主办券商的新三板待挂牌企业共6家。据不完全统计，保荐机构为兴业证券的拟 IPO 新三板企业包括古城香业、捷昌驱动、扬子地板。兴业证券遭遇证监会处罚的消息公布后，正冲刺 IPO 的新三板公司捷昌驱动和古城香业则遭遇一日暴跌。古城香业突然放量暴跌 15%。捷昌驱动下跌 99.96%，跌幅最大，登顶当日新三板领跌榜。

5. 欣泰电气股东、高管成功逃离

因涉嫌欺诈发行而被强制退市的欣泰电气，股份连续跌停对普通投资者造成巨大伤害。但是就在证监会宣布对欣泰电气进行处罚前，嗅觉灵敏的机构股东和高管们却成功逃离。

2015 年 5 月 15 日，欣泰电气公告称，公司股东北京润佳华商投资基金 5 月 14 日通过大宗交易方式，减持无限售条件流通股 120 万股，占公司总股本的 1.4%，减持价格 43.21元，成功套现 5 185 万元。

2015 年 6 月 5 日，欣泰电气公告称，公司股东世欣荣和投资管理股份有限公司于 6 月 3日至 6 月 5 日期间通过二级市场竞价方式，减持公司无限售条件流通股 171.595 4 万股，减持均价 28.89 元。据了解，此次减持成功套现近 5 000 万元。

2015 年 2 月 4 日欣泰电气财务总监刘明胜通过深交所交易系统以 10.91 元/股的价格大宗交易减持无限售条件流通股 24.68 万股，占其所持公司股份 25%，减持比例 0.144%。当日，刘明毅以 10.91 元/股通过大宗交易接手 24.68 万股。刘明毅所接手股权，极有可能就是刘明胜所减持股份，公开信息显示，两人关系为"兄弟姐妹"。3 月 22 日，刘明毅以成交均价 15.16 元/股通过竞价交易方式减持所持股份 24.68 万股，在二级市场完成套现 374 万元。

2015 年 4 月 29 日，董事兼总经理孙文东、公司监事范永喜分别减持 20.89 万股和 49.36万股，分别套现 334 万元和 790 万元。

6. 持有退市股的中小股民获赔机会

证监会对欣泰电气做出严厉处罚是符合规范资本市场要求的，但是，从另一角度来分析，普通股民并不希望证监会做出这样的处罚。一些大股东和高管利用内幕消息在二级市场抛售股票成功逃离，普通的中小股民接下了最后一棒，损失惨重。实际上，自 2015 年 7 月15 日欣泰电气公告受证监会调查开始，案例公司根据信披要求，多次发布可能遭退市处罚的风险提示公司，但是中小股民们还是以赌博的心态持有股票，以期案例公司能够有奇迹出现。但是，证监在新的退市制度出台后，选择了案例公司作为示范，采取了强硬的措施。持有退市股票的普通股民如何应对，有三个机会需要把握：

第一，依法积极索赔。目前兴业证券设立了 5.5 亿元的赔偿基金，但是这么多的赔偿基金可能不够弥补投资者过 10 亿的损失。所以，欣泰电气应积极与兴业证券展开沟通，也可聘请证券律师，就赔偿方案进行充分论证，以实现实际赔付金额最大化。

第二，抓住退市期的最后两个交易机会。退市是指公司股票终止交易，并从交易所摘牌，转为非上市公司。根据深交所退市规则，退市要经历以下 7 个步骤：① 收到证监会处罚决定；② 公司股票复牌并交易 30 个交易日；③ 深交所作出股票暂停上市的决定；④ 深交所作出股票终止上市的决定；⑤ 公司股票进入退市整理期，公司股票复牌并交易 30 个交易日；⑥ 上市公司股票终止上市。其中，第②步和第⑤步，分别对应着上市公司退市期间的两大可交易时段。对于欣泰电气的股民目前第②步机会已经过去，只有第⑤步交易期，当然，如果没有投资者愿意接盘也没用。

第三，联合起来提前介入，参与公司拯救计划。在退市迹象到来之前，小股民应联合起来提前介入,召开临时股东大会,共同商议公司拯救对策,以规避可能到来的最差结果。在退市过程中,小股东不能做旁观者,应参与进去,行使自己的投票权,以自身的力量阻止权益侵害行为发生。

(二)分析思考

1. 欣泰电气上市前为什么要冲减应收账款,制造虚假的现金流?如何做假?

2. 什么是银行汇票结算?什么是票据的背书转让?如何办理背书转让手续?

3. 从保护普通股民的利益角度来看,你认为证监会的处罚是否恰当?

(三)分析建议

1. 公司股票实施 IPO,要满足证监会规定的多种条件,其中销售收入、净利润、现金流量等指标是证监会核发股票的重要监控项目。欣泰电气在拟上市前存在经营性现金流量为负、应收账款余额较大等问题,而这些对 IPO 至关重要。为了尽快上市,欣泰电气没有采取苦练内功、尽力提升实际的盈利能力和保持现金流动量的做法,而是选择了制造假账的做法。报告期末,通过借用第三方款项,以客户的名义存入公司账户作为应收款回笼,减少应收账款期末余额,增加货币资金期末余额。报告期后,再提出款项,归还第三方借款,还原真实的应收账款。

2. 银行汇票是出票银行签发的,由其在见票时按照实际结算金额无条件支付给收款人或者持票人的票据。背书是指以转让票据权利为目的的背书行为。银行汇票是票据的一种,银行汇票的背书是在银行汇票的背面由背书人签章的手续,背书人在规定的位置盖上印鉴章后,背书人就失去了票据所有权,转由被背书人持有。

3. 从欣泰电气受到退市处罚的表象上来看,股民因股票大跌产生巨大损失,很多股民不能理解,认为证监会处置不当导致其损失,还有不少股民通过网络发帖发泄不满,这其中包括对大股东和高管们能提前套现的愤怒。但是,股民所有不满都不应该否认证监会对欣泰电气退市处罚的正确性。第一,欣泰电气因为欺诈发行启动退市程序,这意味着监管层的监管重心、监管方式发生质的改变。从过去在 IPO 审核环节侧重于财务指标的优劣改为侧重于 IPO 材料真实性审核,淡化了对财务指标优劣的判断。第二,对保荐人等中介机构起到警示作用,中介必须对发行人 IPO 所有的材料、信息负责,承担连带责任。第三,对所有股民给予警示,每个股民要对自己的投资行为负责,股民投资要看重企业成长性,要进行价值投资,而不是看是否存在重组、借壳等预期。

主要参考文献

1. 企业会计准则编审委员会.企业会计准则应用指南.上海:立信会计出版社,2015.

2. 东方财富:欣泰电气坐实 IPO 财务造假或成欺诈发行退市第一股,http://finance.eastmoney.com/news/77428,20160602629778427.html.

3. 中国新闻网:欣泰电气股东高管成功逃离雷区神秘牛散 7 年赚 3 亿,http://news.chinanews.com/cj/2016/07 - 14/7938489.shtml.

4. 东方经济网:一些投资机构也因欣泰电气的退市而遭遇重大损失,http://www.sw2008.com/html/2017/0206/36710.html.

5. 新华网:欣泰电气"造假门"凸显监管之责,http://news.xinhuanet.com/energy/2016 - 06/06/c_129041355.htm.

6. 网易新闻:欣泰电气 IPO 造假遭顶格处罚,http://news.163.com/16/0602/00/BOH279O300014AED.html.

7. 每经网:被退市! 揭秘欣泰电气的造假之路,http://www.nbd.com.cn/articles/2016 - 07 - 08/1020384.html.

8. 每经网:欣泰电气退市只剩公告,这些上市公司跟着一起遭殃,http://business.sohu.com/20160620/n455234523.shtml.

9. 和讯新闻:欣泰电气强制退市期股民利益如何保证? http://news.hexun.com/2016 - 07 - 20/185050009.html.

10. 新浪财经股:http://www.sina.com.cn/.

案例二　应收账款与坏账准备

教学目标

1. 回顾应收账款与坏账准备的核算方法；
2. 学会透过资产负债表和利润表的表面数据，分析该公司突击计提坏账准备的动机；
3. 分析坏账准备计提对当期及以后利润产生影响；
4. 分析应收账款与主营业务收入的关联性等。

（一）案例介绍

ST天首突击计提3亿坏账准备

1. 公司简介

公司原名内蒙古民族实业集团股份有限公司，1996年在深交所上市，公司证券代码000611，公司的主营业务为纺织品加工、销售，主要产品为氨纶纤维、纺织面料的加工、销售。公司经历四次更名，2016年6月23日，公司名称由内蒙古敕勒川科技发展股份有限公司（简称内蒙发展，证券简称ST蒙发）变更为内蒙古天首科技发展股份有限公司（证券简称ST天首）。2012年开始，公司开始向大数据和智能设备制造转型，设立和参股了几家IT业的公司，其经营范围增加了计算机网络工程、电子元器件的技术开发、工业自动化控制测试仪器等。但无论是参股的纺织类企业，还是IT业科技企业，经营业绩均为亏损。2015年投资亏损2 183万元，2016年第三季度末投资亏损1 853万元。从2014年和2015年年报显示的主营业务收入产品构成来看，100%来源于纺织品销售收入。ST天首于2014年和2015年已连续两年亏损，2016年公司必须扭亏为盈，否则面临退市风险。已经公布的2016年第三度报告显示，第三季度末公司净利润为−2 743万元。2015年年初公司宣布资产重组，以期通过资产重组扭转亏损局面，但因未决诉讼问题重组失败。2016年11月末，公司发布公告称，"2016年12月29日，公司收到包头市青山区人民政府下发的企业补助资金5 000万元，该笔资金是包头市青山区人民政府按照中央关于保增长、扩内需、调结构的重大战略决策和国务院重点产业规划，进一步促进企业稳定健康发展工作的具体落实。根据《企业会计准则》相关规定，上述资金作为营业外收入记入公司2016年度当期损益，该补助资金将对公司 2016 年度业绩产生一定影响,具体会计处理以会计师年度审计确认后的结果为准。"

2. 公司主要财务数据

公司主营的纺织业正处于产业发展的困难时期,国外同行业高科技智能技术不断创新,而国内纺织业大部分生产线不再具有技术领先优势,人工、税负等成本不断上升,发展过程中又普遍不够重视创新能力的培育,国内纺织业普遍处于亏损边缘。ST 天首也不例外,公司至 2014 年以来,亏损局面未能改变,主营业务竞争力薄弱,转型未能成功,主营业务收入 100% 还是纺织类产品收入。公司的持续发展能力受到严峻考验。表 2-1、表 2-2 和表 2-3 是公司近几年的主要财务数据。

表 2-1 资产负债表项目 单位:万元

项 目	2016 年 9 月 30 日	2015 年 12 月 31 日	2015 年 9 月 30 日	2014 年 12 月 31 日	2013 年 12 月 31 日	2012 年 12 月 31 日
应收账款	203.46	429.33	23 423.20	24 105.60	9 057.73	1 139.04
占总资产比例	0.53%	1.07%	33.76%	34.06%	12.24%	1.59%
应收款环比增长	−52.61%	−98.17%	−2.83%	166.13%	695.21%	
资产总计	38 071.20	40 226.40	69 375.30	70 779.90	73 976.80	71 756.30

表 2-2 利润表项目 单位:万元

项 目	2016 年 9 月 30 日	2015 年 12 月 31 日	2015 年 9 月 30 日	2014 年 12 月 31 日	2013 年 12 月 31 日	2012 年 12 月 31 日
营业收入	2 014.60	3 391.42	2 042.22	6 717.71	115 369.00	18 310.10
收入环比增长		−49.52%		−94.18%	530.08%	
营业成本	1 992.06	3 310.85	2 109.69	7 395.53	113 003.00	16 702.50
资产减值损失	213.94	31 212.50	558.60	1 747.47	683.82	1 307.55
净利润	−2 473.43	−35 606.10	−2 252.54	−5 223.85	1 139.87	−4 612.23

表 2-3 主要应收账款明细 单位:万元

公司名称	欠款金额				
	2016 年 6 月 30 日	2015 年 12 月 31 日	2014 年 12 月 31 日	2013 年 12 月 31 日	2012 年 12 月 31 日
新疆天丰泰富商贸有限公司	7 407.42 已全额计提坏账	7 407.42 已全额计提坏账	7 407.42	7 407.42	—
北京中凯信安进出口贸易公司	1 994.81 已全额计提坏账	1 994.81 已全额计提坏账	1 994.81	1 994.81	—
杭州敏骅行制衣公司	150.40	218.07	—	—	
绍兴县妙秀纺织公司	37.80	43.80	—	—	
绍兴县骞和纺织品公司	18.93		—	—	
绍兴县阪湖纺织公司	—	138.72	188.73		

公司名称	欠款金额				
	2016 年 6 月 30 日	2015 年 12 月 31 日	2014 年 12 月 31 日	2013 年 12 月 31 日	2012 年 12 月 31 日
中铁物资集团新疆公司	——	——	16 448.00	——	——
绍兴县和煦纺织品公司	——	——	53.92	——	——
绍兴县杜屺纺织公司	——	——	——	34.03	——
绍兴金汇纺服公司	——	——	——	30.10	——
绍兴县海升进出口公司	——	——	——	17.98	——
张家港保税区东辰国际贸易公司	——	——	——	——	340.13
浙江兰溪日日缘纺织发展公司	——	——	——	——	40.00
绍兴县克来多纺织针织公司	——	——	——	——	230.00
慈溪市瀚虹服饰公司	——	——	——	——	113.89
浙江同乐纺织品公司	——	——	——	——	112.64
合 计	9 609.36	9 802.82	26 092.87	9 484.34	836.66

根据表 2-1 和表 2-2 数据可以看出,ST 天首除 2013 年盈利以外,其余年度均为亏损。2013 年营业收入显著提升,从 2012 年的 18 310 万元上升到 2013 年的 115 369 万元,增长 530.08%。但是应收账款却增长了 695.21%。2014 年营业收入下降了 -94.18%,但应收账款却增长了 166.13%,应收账款占总资产比例达到了 34.06%。显然,ST 天首营业收入主要是靠赊销维持着,2015 年前三季度应收账款余额虽然有所下降,但占总资产比例仍然偏高,其坏账的风险非常大。通过表 2-3 主要应收账款明细表中可以看出,在 2013 年新增两家公司的应收账款,分别是新疆天丰泰富商贸有限公司 7 407.42 万元和北京中凯信安进出口贸易公司 1 994.81 万元,合计 9 402.23 万元。而根据该公司 2013 年资产负债表显示,其应收账款账面价值为 9 057.73 万元,考虑到 2013 年资产减值损失 683.82 万元,如都为坏账损失,则 2013 年应收账款余额为 9 741.55 万元。2013 年新增两家公司的应收款占全年应收款总计的 96.52%。因这两家公司的销售使得 2013 年天首公司维持盈利 1 000 多万元。

3. 突击计提 3 亿元坏账准备

2016 年 4 月 30 日,ST 天首披露 2015 年年度报告之际,宣布公司对六家公司共计 3.25 亿元的应收款项全额计提坏账准备,包括:新疆天丰泰富商贸有限公司、北京中凯信安进出口贸易有限公司、上海仓粟钢材有限公司、上海甬贤金属材料有限公司、上海义贸实业有限公司、上海富盾实业有限公司六家公司,导致当期归属于母公司净利润减少 3.04 亿元。

ST 天首在 2016 年 1 月 30 日发布 2015 年度业绩预告公告时,还称归属于上市公司股东的净利润约 -3 500 万元至 -5 200 万元。但是在正式发布的 2015 年年度报告中归属于上市公司股东利润为 -3.56 亿元,这一数据与 2015 年度业绩预告相差甚远。

2015 年 ST 天首重新聘任的会计师事务所大华会计师事务所对该公司 2015 年度财务

报告出具了保留意见的审计报告："我们虽然对上述公司执行了函证、询问、走访、检查相关文件等必要的审计程序,但是我们仍然无法判断是否存在其他影响上述应收款项认定的因素,无法判断全额计提坏账准备的合理性。由此出具保留意见类型报告。"

2014 年的年度财务报告由瑞华会计师事务所审计,瑞华对 2014 年度财务报告出具了无法表示意见的审计报告。导致瑞华无法表示意见的是截止 2014 年度末主要往来款项无法确定:应收账款 2.38 亿元、预付账款 1.94 亿元、其他应收款 1.32 亿元、应付账款 9 207.48 万元、其他应付款 1 839.25 万元。

深交所在 2016 年 5 月 10 日向 ST 天首发出问询函,其中就计提 3.25 亿元坏账准备这一事项进行询问。2016 年 5 月 19 日,ST 天首发布了回函的公告,对问询函中有关计提坏账准备的问题做了如下解释:"公司管理层经综合分析上述公司的经营状况、账龄、可回收性等因素,出于谨慎性原则考虑,认为对上述公司的应收款项全额计提坏账准备可以使得公司关于资产价值的会计信息更加真实可靠。公司于 2016 年 4 月 15 日披露的业绩快报反映的是公司 2015 年度实际的经营状况和盈利情况,披露的数据系根据公司 2015 年度实际发生主营业务收入、主营业务成本、日常经营费用支出等经营活动进行归集核算的体现。计提坏账准备属于公司对应收款项可收回性的主观判断,本次对上述六家公司的应收款项全额计提坏账准备充分体现了财务核算中的谨慎性原则,但并不代表公司放弃收回应收款项的权利,对公司的实际经营成果没有影响。"

(二)分析思考

1. 在 2012 年公司出现亏损之际,2013 年销售收入大幅增加,并扭亏为盈,这一现象说明了什么问题?

2. 2015 年主营业务已经出现亏损的情况下,为什么 ST 天首还要计提巨额坏账,增加资产减值损失,加大亏损数额?

3. 你认为 ST 天首亏损的主要原因是什么?

4. ST 天首在 2016 年是否能实现扭亏为盈? 其持续盈利能力怎样?

(三)分析建议

1. 纺织业在我国是一个劳动密集程度高和对外依存度较大的产业,同时也是一个高污染行业。受原材料制约、环境治理、劳动力成本上涨和全球贸易壁垒增加等因素影响,我国纺织行业在国际市场的竞争力不断下降。内蒙天首公司在没有创新技术提升其竞争力的情况下,出现收入和利润下滑是必然的。内蒙天首公司属于上市公司,公司亏损影响其公众形象,因而在 2012 的出现亏损的情况下,公司管理层为确保 2013 年盈利而采取了激进的销售政策,不顾可能的坏账风险,采取大量赊销的办法来保障其利润表上的盈利水平。因而出现了销售收入和应收账款同步大幅增加的现象,而且应收账款的增长幅度高于营业收入增长幅度。

另外,根据瑞华会计师事务所对 2014 年度财务报告出具无法表示意见审计报告这一情形推断,2014 年年末的应收款项和应付款项余额无法确认,这说明公司的购进和销售不排除存在虚假业务的可能。

2. ST天首在明知 2015 年主营业务亏损的情况下,还是计提了 3.25 亿元坏账准备,直接导致 2015 年产生巨额亏损,该坏账准备产生的资产减值损失占总亏损 3.56 亿元的 91.29%,完全是雪上加霜。究其原因:一是这些应收账款可能确实无法收回,需要计提全额坏账准备;二是 2015 年已经产生亏损,并且是连续第二年亏损,2015 年亏损不管高低已既成事实,如果第三年继续亏损就有退市的风险。从某种程度上来讲,不如将可能的损失一次性计算在 2015 年,确保未来不会因该应收账款的无法收回再产生损失,影响未来期间的利润。而且,应收账款坏账准备在未来可以转回。管理层在计提坏账准备的公告中也已表示,计提坏账准备并不表示放弃对该债权的追索权利。如果未来能够收回部分坏账,还可以增加收回当年的利润。

3. ST天首亏损的原因主要有以下几个方面:

① 受原材料制约、环境治理、劳动力成本上涨和全球贸易壁垒增加等因素影响,整个国内纺织行业在国际市场的竞争力不断下降,盈利能力不足,ST天首也难幸免,其主营业务连续亏损。

② ST天首在投资转型过程中没有能够寻找到合适的投资标点,参股的 IT 类公司几乎都是亏损,采用权益法核算后产生的投资损失增大了亏损。

③ ST天首内部控制制度存在问题,2013 年的大额应收账款的产生原因之一是信用政策把控不严,只考虑收入指标,而不考虑对方的还款能力。

④ ST天首在生产设备投入、产品更新换代方面创新能力不足,导致其传统产品竞争性不强,以低价倾销方式销售。在成本不能降低的情况下,其盈利水平较低。

4. ST天首在 2016 年一定能实现扭亏为盈。根据其在 2016 年 11 月末发布的政府补助公告称,公司收到包头市青山区人民政府下发的企业补助资金 5 000 万元,这一补助收入将计入利润表的营业外收入项目,会抵销主营业务产生的亏损,而最终使得利润表产生盈利。该收入属于非经常性收益,以后年度不会经常产生收益。2016 年的主营业务还是亏损,因而在公司主营业务方面没有任何创新,新的投资项目还未出现的情况下,其 2017 年的持续盈利能力堪忧。

主要参考文献

1. 企业会计准则编审委员会.企业会计准则应用指南.上海:立信会计出版社,2015.

2. 东方财富网:http://www.eastmoney.com.

3. 同花顺财经:http://www.10jqka.com.cn/.

案例三　可供出售金融资产

教学目标

1. 回顾金融资产的分类,熟悉长期股权投资与可供出售金融资产的区别;
2. 分析控制的形式和实质,了解一致行动人的含义;
3. 了解公司治理结构理论,公司治理层与管理层的关系;
4. 了解什么是举牌,什么是要约收购。

案例分析

(一)案例介绍

万科"股权之争"

2016 年中国资本市场最具影响力的一场大戏当属万科的股权大战。从 2015 年 7 月由姚振华的"宝能系"开始收购万科股权开始,到 2017 年 1 月 12 日华润股份将股权转让给深圳地铁集团,整个股权争夺战经历了一年多时间,但是最终的结局还要等 2017 年 3 月将要召开的董事会换届选举结果公示。本案例将对"股权之争"事件中涉及的主要关联方在股权争夺战中的位置及影响进行分析。

1. 万科——资本眼中的唐僧肉

万科企业股份有限公司,证券代码 000002,证券简称万科 A。1988 年进入房地产行业,经过三十余年的发展,成为国内领先的房地产公司,目前主营业务包括房地产开发和物业服务。截至 2017 年 2 月 24 日收盘,万科股价 20.71 元/股,市盈率 11.71 倍。

(1) 万科的股权结构

从 1993 到 1997 年,万科的最大股东持股比例始终没超过 9%,是一个典型的大众持股公司。因股权的分散,股权之争就在所难免。

万科在 1994 年曾经发生过第一次股权之争——君万之争。当时,以君安证券为首的几个股东联合"逼宫",企图夺取公司控制权,提出重组万科董事会。万科为此紧急停牌三天,并向证监会举报君安证券涉及老鼠仓,随后证监会介入调查,最后以君安证券放弃改组而告终。

2000 年 8 月,一场股权转让后,华润以持股超过 15% 的份额成为万科第一大股东。

第二次股权之争——宝万之争,开始于 2015 年 7 月,至 2015 年 8 月 27 日短短一个多月时间内,宝能系旗下的前海人寿三度举牌万科,宝能系持股比例达到 15.04%,成为超越华润的新任"大股东"。随后,宝能系不顾以王石为代表的万科管理层坚决反对和社会舆论的强大压力,继续增持万科股份。至 2017 年 1 月,宝能系持有万科股份 25.40%。在宝万之争成为舆论焦点时,恒大人寿不动声色地收购了万科 14.07% 的股份,成为万科第三大股东。2017 年 1 月 12 日原第一大股东华润股份将股权转让给深圳地铁集团,结束了其与万科长达十六年的合作。股权转让后的股权结构,如图 3-1 所示。

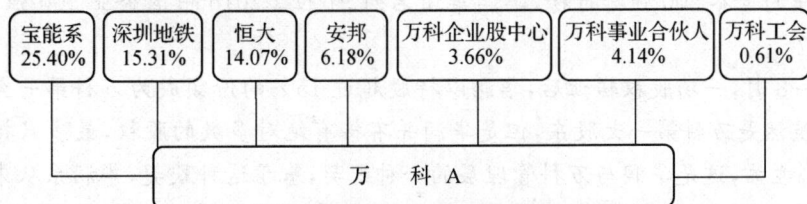

| 宝能系 25.40% | 深圳地铁 15.31% | 恒大 14.07% | 安邦 6.18% | 万科企业股中心 3.66% | 万科事业合伙人 4.14% | 万科工会 0.61% |

万 科 A

图 3-1 万科 A 主要股权结构图

在万科的股权结构当中,王石希望其中的深圳地铁 15.31%、万科企业股中心 3.66%,万科事业合伙人 4.14%、万科工会 0.61% 能够签署一致行动人协议,其合计持股比例将达到 23.72%,与宝能差距仅为 1.68%。此外,万科一位长期投资者刘元生是王石多年好友,其持有万科股票会超过 1%。如果这个 1% 多股份再与前期持股份额一并构成一致行动人,则万科管理层拥有的表决权将与宝能相差无几。

(2) 万科的董事会

根据万科 2015 年半年报显示,万科董事会成员共 11 人,华润加万科共有 6 人在万科董事会,分别为王石、郁亮、王文金、乔世波、陈鹰和魏斌,占万科董事会 11 人中的一半以上。一部分是万科管理团队,包括王石、郁亮等(共 3 人),一部分是大股东华润的人(3 人)。另外的 5 人中,4 人是独立董事,1 人(孙建一)是其他公司高管。

王石是万科的创始人,现万科 A 的董事会主席。1988 年万科改制时,基于当时的政治背景,王石放弃了应得的股权,选择做职业经理人。但王石一直是万科的灵魂,即便现在处于半退休状态,还是可以遥控董事会的重大决策。这次宝万股权之争,王石临危出山,多方周旋,寻求资本和政策的支持。在传出被宝能和华润联合提名踢出董事会的危急时刻,王石临危不乱,力挽狂澜,保住了自己及郁亮等万科管理层在董事会中的表决权。

郁亮是王石的事业合伙人,现万科 A 的总裁,一直与王石共进退,为万科今天的成就立下汗马功劳。在此次宝万股权争夺战中,王石和郁亮代表万科管理层捍卫着在董事会的重大事项决策权。虽然万科管理层只拥有 4.14% 的表决权,但他们要实施实际上的控制。

根据公司章程,万科本届董事会任期到 2017 年 3 月。若要临时增加董事,需要经过提请召开股东大会,如果要修改董事任期,甚至修改公司章程,还必须经出席股东大会的股东(包括股东代理人)所持表决权的过半数或 2/3 以上通过。由于公司章程的设定,宝能作为万科的大股东,并不能随意撤换公司董事会成员,至少在 2017 年 3 月前还是王石领导下的董事会决定公司的重大事项,宝能系作为大股东,不能够控制万科。

2. 华润和深地铁——万科最具默契的大股东

(1) 华润集团

华润集团有限公司是一家在香港注册和运营的多元化控股企业集团。华润前身是1938年中共为抗日战争在香港建立的地下交通站,1948年改组更名为华润公司。由国务院国有资产监督管理委员会直接管理,被列为国有重点骨干企业,是大型央企。主营业务包括日用消费品制造与分销、地产及相关行业、基础设施及公用事业三块领域,旗下共有20家一级利润中心,在香港拥有5家上市公司,在内地拥有6家上市公司。2016年7月20日,《财富》杂志发布的世界500强排行榜,华润集团名列91位。2016中国企业500强中,华润集团排名第17。

2000年8月,一场股权转让后,华润以持股超过15%的份额成为万科第一大股东。多年来,华润虽然是万科第一大股东,但是华润并不持有绝对多数的股权,最多只持有大约总股本的15%左右,这是华润与万科管理层的一种默契,基于这种默契,华润系从未像管理华润医药、华润电力一样过多干涉万科,而万科的管理层也未要求华润系过多承担作为第一大股东的义务。

在宝万股权争夺战中,万科是希望获得华润这一大股东支持的。但在2016年6月,华润选择声援宝能系,反对万科与深圳地铁重组预案。并和宝能一起指责万科董事会尤其是独立董事存在问题,指责万科成为"内部人控制企业",矛头直指万科管理层,甚至王石。华润选择与宝能结成战略同盟,给王石代表的万科管理层沉重一击。在2016年6月末,华润15.24%股权和宝能24.29%股权共计39.53%股权,这意味着万科重组预案在万科股东大会上无论如何都无法获得2/3的支持率。

但是,随后的华润并没有继续选择与宝能联合对抗万科,华润于2017年1月12日选择退出,华润股份将股权转让给深圳地铁集团,华润大股东身份画上圆满句号。当年以2亿元的价格从深圳国资旗下企业深特发手中接手万科股份的华润,在持股16年之后,将其以372亿元的价格卖给深圳国资企业深圳地铁集团。华润作为国企急流勇退,不仅取得较好的投资回报,维护股东利益,同时也符合国家对房地产调控的政策要求。

(2) 深圳地铁集团

深圳市地铁集团有限公司成立于1998年7月31日,注册资本29.9亿元人民币,是深圳市国有资产监督管理委员会授权经营的国有独资大型企业,属于地方国企。经营范围为城市轨道交通项目的建设运营、地铁资源和地铁物业的综合开发。

2016年6月18日,面对宝能系的大举入侵,万科提出了引入深圳地铁为大股东的重组计划,万科通过定向增发的方式,向深圳地铁增发28.72亿股A股,这次增发完成后,深圳地铁持有万科的股权比例将达到20.65%。将超过当时宝能系的19.27%,也超过原来的第一大股东华润。但是重组计划招到宝能系和华润的反对,最终,万科放弃了这一定增方案。直到华润主动选择退出,深圳地铁才最终成为万科仅次于宝能的大股东。

王石选择深圳地铁作为帮手,是希望深圳地铁也能如原华润只拿钱不问事的处事风格。但是,深圳地铁真成为股东后,是否如王石所愿不干预管理层的决策,还能继续保持原管理层我行我素的行事作风,还需拭目以待。

3. 宝能系——万科门口的第一野蛮人

（1）宝能系股权结构

宝能系是指以宝能集团为中心的资本集团，深圳市宝能投资集团有限公司是宝能系的核心。宝能集团成立于2000年，注册资本3亿元，姚振华是其唯一的股东。宝能集团旗下包括综合物业开发、金融、现代物流、文化旅游、民生产业等五大板块，下辖宝能地产、前海人寿、钜盛华、广东云信资信评估、粤商小额贷款、深业物流、创邦集团、深圳建业、深圳宝时惠电子商务、深圳民鲜农产品多家子公司。宝能系股权结构图，如图3-2所示。

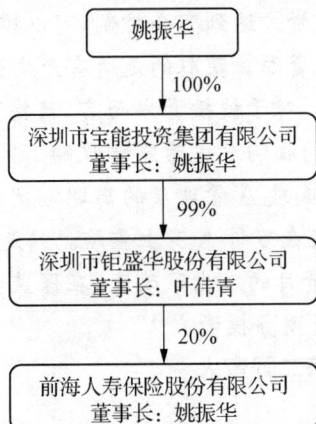

图3-2　宝能系股权结构图

（2）宝能系入股万科A之路

宝能系自2015年7月开始第一次举牌万科，至目前已经连续五次举牌，持股比例达到25.40%。具体入股万科A的情况，如表3-1所示。

表3-1　宝能系入股万科A时间表

时　间		入股情况
2015年7月11日	第一次举牌	前海人寿集中竞价买入万科5%股份
2015年7月24日	第二次举牌	前海人寿集中竞价买入万科0.93%股份
		钜盛华集中竞价买入万科0.26%股份
		以收益互换部分形式持有3.81%股份
2015年8月26日	第三次举牌	前海人寿集中竞价买入万科0.73%股份
		钜盛华通过杠杆工具买入万科4.31%股份
2015年12月7—24日	第四次举牌	钜盛华继续增持万科股份占4.256%；钜盛华持17.605%，前海人寿持6.659%，共计24.26%
2015年12月18日		万科A宣布停牌
2016年04月6日		钜盛华将所持所有表决权无偿让渡给一致行动人前海人寿
2016年7月4日		万科A宣布复牌
2016年7月5日—6日	第五次举牌	钜盛华继续增持万科股份0.71%，与前海人寿共计持股比例达到25%

宝能系入股万科的资金主要是前海人寿"万能险"业务带来的现金以及采用的金融杠杆。由于宝能系的持股已经接近要约收购条件,持股达到 30% 的比例要实施要约收购,这需要大量的资金,它停止了进一步增持。

(3) 宝能系入股万科 A 的目的

在投资界通常根据投资目的将投资类型分为财务投资、战略投资、资源控制投资三种。财务投资是一种短期的套利工具,获得资本利得收入,投资方是为保持自身资金的流动性,是短期的投资行为。战略投资除了资本利得,还看中企业盈利能力,能够获得稳定的股息和红利。资源控制投资就是对被投资方达到完全控制,可以控制它的所有资源,包括管理层资源、技术资源、人才资源以及决策资源。获取的是所有产生盈利的能力,包括客户资源、原料资源、股票资源以及人力资源等。对于被投资方而言,只要不是主动被并购,资源控制投资都不会受欢迎,通常将控制资源的收购看成为恶意收购。宝能举牌收购的意图就是控制资源。宝能收购南玻 A 股权,导致南玻 A 管理层的离职潮就是宝能控制资源式投资的证明,宝能对南玻 A 管理层态度将可能在万科 A 身上重演。只是在最关键的时候,监管部门出面的喊话、调查和处罚使宝能的投资目的发生了改变,在保监会进驻宝能调查后,宝能系控制人姚振华主动申明对万科 A 只是财务投资。

4. 恒大系——万科门口的第二野蛮人

(1) 恒大系基本情况

中国恒大集团(3333.HK)是集地产、金融、健康、旅游及体育为一体的世界 500 强企业集团,总资产达万亿,年销售规模超 4 000 亿元,员工 8 万多人,解决就业 170 多万人,在全国 200 多个城市拥有地产项目 600 多个,已成为全球第一房企。

隶属于恒大集团的恒大金融集团致力构建集银行、保险、互联网金融等多元业务为一体的全牌照金融控股集团。该集团旗下已拥有恒大人寿保险有限公司、恒大互联网金融集团、恒大金融投资有限公司、恒大金融资产管理有限公司,同时是盛京银行(HK.02066)第一大股东。目前,恒大人寿规模保费已跻身全国寿险 20 强,总资产超 600 亿元。

恒大系投资 A 股主要有两个平台,包括恒大地产在内的产业平台和以恒大人寿为主的金融平台。在 A 股市场,恒大系以恒大人寿为主力。

(2) 恒大系入股万科 A 之路

在万科与宝能进行股权争夺大战还未停息之时,恒大也开始入股万科 A。万科 A 共计发布五次恒大系入股的公告,具体信息如表 3-2 所示。

表 3-2　恒大系入股万科 A 时间表

截至 2016 年 8 月 4 日	中国恒大通过其附属公司在市场上收购 516 870 628 股本公司 A 股股份,占本公司已发行股本总额约 4.68%,总代价为人民币 9 110 220 389.30 元
截至 2016 年 8 月 15 日	中国恒大通过其附属公司在市场上收购共 752 663 291 股本公司 A 股股份,占本公司已发行股本总额约 6.82%,收购总代价为约人民币 14 570 000 000.00 元
2016 年 8 月 16 日至 11 月 9 日	中国恒大通过其附属公司在市场上进一步收购共 161 932 084 股本公司 A 股股份,连同前收购,中国恒大于本公告日期共持有 914 595 375 股本公司 A 股股份,占本公司已发行股本总额约 8.285%,总代价约为人民币 187.7 亿元

2016 年 11 月 10 日至 11 月 17 日	中国恒大通过其附属公司在市场上进一步收购共 128 784 376 股本公司 A 股股份,连同前收购,中国恒大于本公告日期共持有 1 043 379 751 股本公司 A 股股份,占本公司已发行股本总额约 9.452%,总代价约为人民币 222.6 亿元
2016 年 11 月 18 日至 11 月 29 日	中国恒大通过其附属公司在市场上及通过大宗交易收购共 509 831 223 股本公司 A 股股份,占本公司已发行股本总额约 4.62%,本收购的总代价约为人民币 140.1 亿元。连同前收购,中国恒大于本公告日期共持有 1 553 210 974 股本公司 A 股股份,占本公司已发行股本总额约 14.07%,总代价约为人民币 362.73 亿元

市场认为,恒大系入股万科使用资金与宝能系一样,都是保险资金及杠杆资金,但恒大总裁夏海钧表示,由于恒大上半年销售大幅增长,使得手中的现金流格外充裕。正是因为充足的现金储备,才使得恒大购买万科股份的资金 100% 来自自有资金,而且是自有的销售资金,从而间接回应了一些传言。

（3）恒大系入股万科 A 的目的

在宝能系意欲控制万科 A 的情形下,恒大系持续入股万科 A 是想与宝能系再争控制权吗? 市场纷纷猜测其入股意图。2016 年 12 月 17 日晚,恒大总裁夏海钧明确表示,万科是一家很优秀的公司,投资万科是看中其发展前景,恒大无意也不会成为万科的控股股东。恒大对万科 A 只是财务投资,这是恒大高层首次对持股万科的目的做出明确表态。

2017 年 1 月 13 日上午 7 时,中国恒大(3333.HK)在港交所公告称,无意进一步收购万科(000002.SZ,02202.HK)股份,对万科的投资将列为可供出售金融资产。

5. 监管层——宝万之争解决的关键

万科事件发酵后,险资举牌事件频频发生。2016 年 12 月,证监会和保监会对险资展开强烈监管。作为证监会主席的刘士余直接在一场会议上痛斥杠杆收购中的"野蛮人",一些险资被称之为"妖精"、"害人精"。随后,保监会很快也发出明确文件,将宝能系旗下前海人寿的万能险新业务叫停,检查组分别进驻前海人寿和恒大人寿。

2017 年 2 月 24 日,中国保监会做出决定,对姚振华给予撤销任职资格并禁入保险业 10 年的处罚。由他担任董事长的前海人寿及该公司其他高管,也分别领受了轻重不等的处罚。在万科将于 2017 年 3 月召开董事会的微妙时刻,这一决定已经完全将万科目前事实上的第一大股东"宝能系"排除在外。监管方的出手对万科事件的"圆满"解决将起到关键作用。

（二）分析思考

1. 根据本案例,分析长期股权投资与可供出售金融资产的区别是什么?
2. 根据本案例,分析控制的实质?
3. 根据本案例,分析什么是一致行动人?
4. 根据本案例,分析什么是公司治理结构?
5. 什么是举牌? 什么是要约收购?

（三）分析建议

1. 投资者根据投资目的，可能分为财务投资、战略投资和控制性投资。基于宝能的行为分析，其收购的动机是长期的控制性投资。而恒大收购行为初期应该属于战略性投资。只是两者都迫于监管层的压力而改口为财务投资，恒大直接在公告中陈述将其对万科 A 的投资在报表上归类为可供出售的金融资产核算。

根据企业会计准则规定，长期股权投资是指投资方对被投资单位实施控制、重大影响的权益性投资，以及对其合营企业的权益性投资。而可供出售金融资产是指初始确认时即被指定为可供出售的非衍生金融资产，以及除贷款和应收款项、持有至到期投资、以公允价值计量且其变动计入当期损益的金融资产等各类资产以外的金融资产。对于股权投资，如果企业没有构成对被投资方实施控制、重大影响，又不作为以公允价值计量且其变动计入当期损益的交易性金融资产，则通常会作为可供出售金融资产确认。

从资产的初始计量方法来看，长期股权投资的初始计量需分为企业合并形成的长期股权投资和以非合并方式形成的长期股权投资，其投资时的初始成本计量较为复杂。可供出售金融资产初始计量以取得时的公允价值计量。

从资产的后续计量方法来看，投资方能够对被投资单位实施控制的长期股权投资应当采用成本法核算；投资方对联营企业和合营企业的长期股权投资，应当采用权益法核算。可供出售的金融资产后续计量还是采用公允价值计量，因公允价值变动形成的利得或损失，应当直接计入所有者权益。

就目前各主要股东的持股成本来看，根据万科此前公告，宝能的持股成本约为 18.89元/股，恒大的持股成本约为 23.35 元/股。以 2016 年 12 月 30 日万科 A 收盘价 20.55 计算，恒大会产生较大的公允价值变动损失，只是此损失会作为其他综合收益，不影响当年的净利润。

2. 根据企业会计准则，控制是指投资方拥有对被投资方的权力，通过参与被投资方的相关活动而享有可变回报，并且有能力运用对被投资方的权力影响其回报金额。概念中有两个关键要素：第一是通过参与被投资方的相关活动获得可变回报。可变回报是不固定且可能随着被投资方业绩而变化的回报，可以是正面、负面或者两者兼有。第二是拥有对被投资方的权力，并能利用该权力获得可变回报。这一权力是指投资方能够主导被投资方的相关活动，包括商品或劳务的销售和购买、金融资产的管理、资产的购买和处置、研究与开发活动以及融资活动等。一般情况下，表明投资方对被投资方拥有权力主要有两种情形：一是投资方持有被投资方半数以上的表决权；二是投资方持有被投资方半数或以下表决权，但通过与其他表决权持有人之间的协议能够控制半数以上表决权。

本案例中，万科股权较为分散，原第一大股东华润只占 15%多些，而且一直采取只拿钱不问事的态度，在董事会中派出的三名代表也与万科管理层三个董事保持一致意见。所以，在股权分散的情况下，万科实际的控制权掌握在以王石为代表的管理层之下。但是宝能入股万科，持续收购股份达到了 25.40%，并有改组董事会成员的企图，其目的很显然是想对万科实施事实上的控制。

3. 根据证监会《上市公司收购管理办法》(2008 年修订)第 83 条的规定，一致行动人是指通过协议、合作、关联方关系等合法途径扩大其对一个上市公司股份的控制比例，或者巩固其对上市公司的控制地位，在行使上市公司表决权时采取相同意思表示的两个以上的自然人、法人或者其他组织。

本案例中，王石希望其中的深圳地铁15.31%、万科企业股中心3.66%，万科事业合伙人4.14%、万科工会0.61%和王石好友刘元生的超1%股份能够签署一致行动人协议，其合计持股比例将达到24.73%，接近25%。这样万科管理层拥有的表决权将与宝能相差无几。

4. 公司治理结构，是指为实现公司最佳经营业绩，公司所有权与经营权基于信托责任而形成相互制衡关系的结构性制度安排。股东（大）会由全体股东组成，是公司的最高权力机构和最高决策机构。公司内设机构由董事会、监事会和总经理组成，分别履行公司战略决策职能、纪律监督职能和经营管理职能，在遵照职权相互制衡的前提下，客观、公正、专业的开展公司治理，对股东（大）会负责，以维护和争取公司实现最佳的经营业绩。董事会是股东（大）会闭会期间的办事机构。股东（大）会、董事会和监事会皆以形成决议的方式履行职能，总经理则以行政决定和执行力予以履行职能。

本案例中王石虽然是万科A的创始人，但他持有的股份只是在万科事业合伙人4.14%股份中的一部分，持股份额非常低，只能算是小股东。在万科A股权极其分散的情况下，董事会的权利就被放大。王石是万科A的董事会主席，董事会成员中有三名是管理层代表，有三名是原只担名不负责的大股东派出，还有四名是独立董事。三名华润代表和四名独立董事基本与王石代表的管理层保持行动一致。所以万科A的治理结构并没有形成真正的权力制衡机制，因而被宝能指责为"内部人控制企业"。

5. 举牌是指在交易或拍卖以及合作时，报明相关的价格。《中华人民共和国证券法》规定，投资者持有一个上市公司已发行股份的5%时，应在该事实发生之日起3日内，向国务院证券监督管理机构、证券交易所作出书面报告，通知该上市公司并予以公告，并且履行有关法律规定的义务。

要约收购是指收购人通过向目标公司的股东发出购买其所持该公司股份的书面意见表示，并按照依法公告的收购要约中所规定的收购条件、价格、期限以及其他规定事项，收购目标公司股份的收购方式。要约收购包含部分自愿要约与全面强制要约两种要约类型。投资者自愿选择以要约方式收购上市公司股份的，可以向被收购公司所有股东发出收购其所持有的全部股份的要约（简称全面要约收购），也可以向被收购公司所有股东发出收购其所持有的部分股份的要约（简称部分要约）。通过证券交易所的证券交易，收购人持有一个上市公司的股份达到该公司已发行股份的30%时，继续增持股份的，应当采取要约方式进行，发出全面要约或者部分要约。

主要参考文献

1. 企业会计准则编审委员会.企业会计准则应用指南——关联方披露准则.上海：立信会计出版社，2015.

2. 企业会计准则编审委员会.企业会计准则应用指南——长期股权投资准则.上海：立

信会计出版社,2015.

3. 企业会计准则编审委员会.企业会计准则应用指南——金融工具确认和计量准则.上海:立信会计出版社,2015.

4. 中国证券监督管理委员会,上市公司收购管理办法,http://www.csrc.gov.cn/pub/newsite/ssgsjgb/ssbssgsjgfgzc/jgfg/201505/t20150508_276474.html.

5. 中华人民共和国人民政府.中华人民共和国证券法,http://www.gov.cn/flfg/2005-10/28/content_85556.html.

6. 凤凰财经:华润牵手宝能 万科管理层受致命一击,http://finance.ifeng.com/a/20160624/14521498_0.shtml.

7. 凤凰财经:万科为什么放弃了深圳地铁 这次王石赢定了! http://finance.ifeng.com/a/20161219/15086129_0.shtml.

8. 南方财富网:万科与宝能恩怨真相 宝能集团姚振华背景介绍,http://www.southmoney.com/shidian/201512/477191_3.html.

9. 搜狐财经:揭秘宝能举牌收购龙头企业的真正意图! http://business.sohu.com/20161206/n475105673.shtml.

10. 新浪财经:深圳市钜盛华股份有限公司权益变动情况说明,http://vip.stock.finance.sina.com.cn/corp/view/vCB_AllBulletinDetail.php?stockid=000002&id=2122748.

11. 新浪财经:关于万科企业股份有限公司股票临时停牌的公告,http://vip.stock.finance.sina.com.cn/corp/view/vCB_AllBulletinDetail.php?stockid=000002&id=2108578.

12. 新浪财经:简式权益变动报告书,http://vip.stock.finance.sina.com.cn/corp/view/vCB_AllBulletinDetail.php?stockid=000002&id=2331997.

13. 新浪财经:关于公司股票复牌的提示性公告,http://vip.stock.finance.sina.com.cn/corp/view/vCB_AllBulletinDetail.php?stockid=000002&id=2562527.

14. 新浪财经:关于股东权益变动的提示性公告,http://vip.stock.finance.sina.com.cn/corp/view/vCB_AllBulletinDetail.php?stockid=000002&id=2569128.

15. 新浪财经:关于中国恒大购买公司A股股票的提示性公告,http://vip.stock.finance.sina.com.cn/corp/view/vCB_AllBulletinDetail.php?stockid=000002&id=2627863.

16. 北京青年报(电子版):恒大:入股万科资金全是自有收入,http://epaper.ynet.com/html/2016-08/31/content_215885.htm?div=-1.

案例四 存货的核算

教学目标

1. 回顾存货期末计量的成本与可变现净值孰低法；
2. 分析案例企业计提存货减值的动机及对利润的影响；
3. 分析案例企业内部控制存在的问题；
4. 分析案例企业盈利能力和实施盈余管理的可能性。

案例分析

（一）案例介绍

ST 獐岛价值近八亿元的扇贝"集体跑路"

1. 公司简介

公司全称獐子岛集团股份有限公司，由大连獐子岛渔业集团有限公司整体变更设立的股份有限公司，于 2006 年在深圳交易所上市，股票代码 002069。ST 獐岛的大股东长海县獐子岛投资发展中心是獐子岛镇成立的集体所有制企业。獐子岛居民拥有该集体企业的股份，也就是说，獐子岛的业绩与岛上居民息息相关。獐子岛集团在上市后，岛上居民作为集体的一员，每人有 1 000 股受益权，后增加到 6 000 股。公司主营水产品养殖、捕捞和销售、冷藏、运输等业务。虾夷扇贝是该公司养殖、捕捞和销售的主要海产品，占存货总数 20% 以上，公司将其分类为消耗性生物资产。

2. 相关账务数据

素有"海底银行"美称的大连獐子岛，沿岸迂回曲折，岩礁交错，水质清澈，享有"北纬 39°原产地"标识，以盛产名贵海产品而名扬海内外。主营养殖扇贝、海参、鲍鱼的 ST 獐岛，在上市初期，由于募集资金的大举投入，经营业绩大幅上升，由此受到包括社保基金在内的众多机构青睐，关注度极高，被誉为"水产第一股"。但自 2012 年以来，獐子岛经营出现恶化迹象，资产负债率持续上升，净利润持续下滑，至 2015 年年末已经连续 2 年亏损。相关财务数据，如表 4-1 和表 4-2 所示。

表 4-1　资产负债表部分项目　　　　　　　　　　　　单位:万元

报表日期	2015 年 12 月 31 日	2014 年 12 月 31 日	2013 年 12 月 31 日	2012 年 12 月 31 日
存货	154 340.00	170 676.00	268 435.00	244 949.00
其中:消耗性生物资产	103 487.06	107 697.29	212 927.09	204 524.47
消耗性生物资产占存货比例	67%	63%	79%	83%
存货占总资产比例	34%	35%	50%	50%
资产总计	448 539.00	487 824.00	531 570.00	492 182.00
短期借款	172 551.00	260 390.00	153 333.00	74 911.10
一年内到期的非流动负债	28 951.30	5 363.09	12 000.00	1 112.50
长期借款	119 154.00	64 206.30	33 641.20	22 148.40
负债合计	357 720.00	372 169.00	287 446.00	236 439.00
资产负债率	80%	76%	54%	48%

表 4-2　利润表部分项目　　　　　　　　　　　　　　单位:万元

报表日期	2015 年	2014 年	2013 年	2012 年
营业收入	272 678.00	266 221.00	262 086.00	260 828.00
营业成本	240 608.00	229 222.00	204 159.00	196 613.00
资产减值损失	4 887.95	39 928.30	1 733.27	4 886.68
营业利润	−30 796.10	−62 069.50	8 080.87	14 055.70
营业外收入	22 207.80	7 899.84	4 902.52	4 621.44
营业外支出	−2 521.13	77 745.50	1 567.11	6 105.45
净利润	−24 543.90	−119 522.00	9 730.28	10 358.60

　　该公司存货占总资产的比重较高,2012 年和 2013 年占比 50%,2014 年因计提了巨额存货跌价准备后,存货占资产比例才有所下降。而存货中又主要是消耗性生物资产,也就是还在水中的养殖品,最高时占存货的 83%。从 2012 年以来的四年,年营业收入基本稳定,但营业成本却逐年上升,资产减值损失较大,特别是 2014 年,达到 3.9 亿多元。2014 年和2015 年连续亏损。

3. 近八亿元的扇贝"集体跑路"

　　2014 年 10 月 31 日,獐子岛公司发布公告,做出特别风险提示:"2014 年 9 月 15 日至 10月 12 日,公司按制度进行秋季底播虾夷扇贝存量抽测,发现部分海域的底播虾夷扇贝存货异常。根据公司抽测结果,公司决定对 105.64 万亩海域成本为 73 461.93 万元的底播虾夷扇贝存货放弃本轮采捕,进行核销处理,对 43.02 万亩海域成本为 30 060.15 万元的底播虾夷扇贝存货计提跌价准备 28 305 万元,扣除递延所得税影响 25 441.73 万元,合计影响净利润 76 325.2 万元,全部计入 2014 年第三季度。公司披露的《2014 年三季度报告》已包含本次对部分海域底播虾夷扇贝的存货核销及计提跌价准备对 2014 年前三季度业绩的影响。结合目前实际情况,预计公司 2014 年全年亏损。"

公告特别说明,上述的存货核销和跌价准备计提是由大华会计师事务所实施恰当审计程序后确认的。公告称:"公司与大华会计师事务所共同对秋季存量抽测发现的底播虾夷扇贝存货异常的海域进行盘点,因受涉及海域面积大、存货盘点难度大、天气恶劣等因素影响,公司抽样盘点均匀分布,本次总监盘面积为 1 498.39 亩,分别是:对 2011 年度底播在獐子岛南以及西南方向的 76.083 4 万亩海域,利用拖网船(15181 号、15223 号、15233 号)共抽取 65 个点,总监盘面积 757.90 亩;对 2012 年度底播在獐子岛西部方向的 29.575 万亩海域对 2012 年度底播在獐子岛西部方向的 29.575 万亩海域,利用拖网船(15181 号、15223 号、15233 号)共抽取 56 个点,总监盘面积 740.49 亩。公司其他海域存在根据后续的盘点或作业情况进行调整的可能性。"

4. 公告后的效应

獐子岛公司公告发布以后,舆论一片哗然。

(1) 股价暴跌

2014 年 10 月 14 日,獐子岛集团突然宣布停牌。2014 年 10 月 31 日,獐子岛集团对外公告:2011 年底播海域为 119.1 万亩、2012 年底播海域为 29.56 万亩的虾夷扇贝,因受冷水团异动导致的自然灾害影响,虾夷扇贝近乎绝收,此因素导致公司减少净利 7.63 亿元。2014 年 12 月 8 日复牌,股份从公告前的 15.56 元/股跌至最低 11.11 元/股(见图 4-1),跌幅达到 30%。但是在公告之前的三天时间,股价已经开始下跌,从 16.68 元/股跌至 15.56 元/股,很多机构提前出逃,而后知后觉的投资者却损失惨重。

图 4-1

(2) 记者调查揭露真相

公告发出后,多路记者到獐子岛进行深度调查。2014 年 11 月 10 日,农博网发布了题为"獐子岛扇贝劫:价值八亿元的扇贝'集体跑路'"的新闻调查报道。报道的主要观点是:对冷水团是否存在表示怀疑,相同海域的其他养殖企业并没有遭受冷水团的冲击;对原披露的 2011 年和 2012 年两次播种扇贝苗的质量和数量表示怀疑,播种的扇贝苗存在掺沙的可能;公司近几年负债逐年增加,企业成本居高不下;内部控制较混乱,公司部分苗种收购人员收受贿赂;没有建立合理的灾害预警系统;公司采用借款费用资本化方式将借款利息计入存货成本。用已经确权的海域使用权抵押获得借款,再不断扩大海域使用权收购与兼并,并将收购成本计入"消耗性生物资产";会计师监盘受天气和专业水平的影响,一个月盘点期,会计师只跟踪 3 天时间,90 个区域抽盘点会计师只能跟几个点去盘点。2016 年 1 月 11 日新浪财经又发布了题为"2 000 人实名举报称獐子岛'冷水团事件'系'弥天大谎'"的新闻报道。獐子岛集团前高管向无界新闻表示:2010 年开始,海底的扇贝存量就出现问题,这几年一直过度采捕再加上播苗造假,断代、减产是必然的,当减产到一定程度,无法自圆其说了,于是便炮制了"冷水团"事件。多位岛民以及集团内部人士称:獐子岛集团海底的虾夷贝已出现断代,虾夷贝一般需要三年生长期,但獐子岛集团 2012 年年底播的贝已基本采捕完,2013 年 10 月份播种的在 2015 年年初就开始采捕,提前了将近两年,只有 2014 年和 2015 年年底播的没有采。公司在不停止采捕、不进行休养生息的情况下,想扭转海底虾夷贝断代、短缺的局面非常难,首先收不到足够的虾夷贝苗,其次也没钱去购买大量的贝苗进行补充。

（3）獐子岛居民联名举报

2015 年年末,无界新闻从獐子岛上多名居民(也是獐子岛集团股份受益权人)处获得了一份 2 000 多人签字的实名举报信,称 2014 年的"冷水团造成收获期的虾夷扇贝绝收事件"原因是提前采捕和播苗造假,并非自然灾害。上述 2 000 多人的联名举报信,按照"分级负责,归口办理"的原则,目前已转辽宁省纪委调查。而时隔一年多之后,这 2 000 人选择说出真相的原因是因为自身经济利益受到了侵害。2015 年 11 月,ST 獐岛公司的大股东长海县獐子岛投资发展中心拟以约 2.5 亿元现金参与认购 ST 獐岛公司非公开发行股份。但投资中心股权的主要持有者獐子岛岛民已经一年多未获得股份分红,2014 年半年的生活保障金至今未发放。他们担心定向增发后没有资金进行分红。

（4）证监会的反映

2016 年 1 月凤凰财经报道了证监会回应獐子岛信披造假案件核查情况的新闻,证监会发言人邓舸表示:我会已关注到相关媒体报道。獐子岛"2014 年收获期虾贝绝收事件"曾引起市场各方高度关注。我会于 2014 年 11 月对公司进行了现场核查,经核查,未发现公司 2011 年底播虾夷扇贝苗种采购、底播过程中存在虚假行为,并于 2014 年 12 月 5 日将公司"巨亏"事件的核查及处理情况对外发布。此次媒体报道后,深交所立即发出问询函,要求公司做出书面说明并对外披露;我会立即启动核查程序,以此次媒体报道反映的相关情况展开核查,一旦发现信息披露违法违规行为,将依法予以查处。截至 2016 年年末,证监会还未对该事件核查情况进行通报。

（二）分析思考

1. ST 獐岛核销存货并计提减值背后的原因是什么?

2. 消耗性生物资产有什么特点？成本确定方法是什么？

3. 会计师事务所实施的存货监盘存在什么样的问题？

4. 企业的内部控制存在什么问题？

5. 企业的盈利能力如何？

（三）分析建议

1. ST獐岛分别于 2011 年年底播海域 119.1 万亩、2012 年年底播海域 29.56 万亩的虾夷扇贝。在 2014 年公司对该部分海域进行了采捕，但结果是几近绝收，公司对外宣称是受冷水团异动导致的自然灾害影响。公司为此决定对 105.64 万亩海域成本为 73 461.93 万元的底播虾夷扇贝存货放弃本轮采捕，进行核销处理，对 43.02 万亩海域成本为 30 060.15 万元的底播虾夷扇贝存货计提跌价准备 28 305 万元。媒体调查和岛民举报认为，虾夷扇贝绝收实际是 2011 年和 2012 年年底播的种苗存在数量和质量掺假，加上公司未能进行休养生息，没有资金购买扇贝苗进行底播，公司内部控制制度出现问题。

2. 消耗性生物资产，是指为出售而持有的或在将来收获为农产品的生物资产。按照实际成本计价，如果有确凿的证据表明消耗性生物资产的公允价值能够持续可靠取得的，应当对消耗性生物资产采用公允价值计量。水产养殖的动物和植物的成本，包括在出售或入库前耗用的苗种、饲料、肥料等材料费、人工费和应分摊的间接费用等必要支出。ST獐岛消耗性生物资产采用成本计量，包括苗种材料费、人工费、借款费用及其他分摊的间接费用。期末计量采用成本和可变现净值孰低计量。从 2012 年开始，ST獐岛每年都会计提减值准备。

3. 会计师事务所对存货进行监督盘点是收集审计证据必要的环节。大华会计师事务所对 ST獐岛的水下消耗性生物资产实施了监盘，这是必要的审计程序。但根据记者调查发现，会计师事务所参与监盘时，由于受自然条件和专业水平的限制，参与监盘的会计师并不能完全按照审计计划实施监盘，所监盘的海域也是被审计单位提供，会计师并没有足够的专业能力获得充足恰当的审计证据。

4. 企业的内部控制存在的问题主要有以下几个方面：

① 公司治理结构不合理，政企不分；

② 原材料采购与播种过程不透明；

③ 存货日常监控不严，没有建立风险预警机制；

④ 管理层变动频繁。

5. ST獐岛盈利能力较弱，资产负债率上升较快，政府补助收入占比较高，占存货绝对比重的消耗性生物资产归集范围广，公司实施盈余管理的空间较大。

主要参考文献

1. 企业会计准则编审委员会.企业会计准则应用指南.上海：立信会计出版社，2015.

2. 新浪财经:2000人实名举报称獐子岛"冷水团事件"系"弥天大谎",http://finance.sina.com.cn/stock/t/2016-01-11/doc-ifxnkkux1100465.shtml.

3. 农博网:獐子岛扇贝劫:价值八亿元的扇贝"集体跑路",http://fishery.aweb.com.cn/20141110/659118_2.html.

4. 东方财富网:http://www.eastmoney.com.

5. 新浪财经股:http://www.sina.com.cn/.

6. 凤凰财经:证监会回应獐子岛信披造假案件核查情况,http://finance.ifeng.com/a/20160115/14170864_0.shtml.

7. 杨小舟,许建斌,李彬.獐子岛事件综合分析.财务与会计.2015.4:29-32.

案例五　固定资产核算

教学目标

1. 回顾固定资产折旧计提方法和会计估计变更方法；
2. 分析企业所得税法和固定资产会计准则中对企业变更固定资产折旧年限的规定；
3. 分析案例企业如何通过调整折旧年限，减少折旧费用，达到增厚业绩的目的。

案例分析

（一）案例介绍

变更固定资产折旧增厚业绩

案例1：八一钢铁

新疆八一钢铁股份有限公司（600581），简称 ST 八钢，主营钢铁冶炼。2015 年 6 月 20 日发布公告称：鉴于公司持续加大固定资产定期检修和技术改造力度，对房屋建筑物进行定期修缮，对设备及生产线进行维护保养，不断提高设备的使用性能，明显延长了固定资产的实际使用寿命，对公司各类固定资产的折旧年限和残值率进行调整。其中，构筑物折旧年限从 20～25 年变更为 25～40 年，机器设备从 5～14 年变更为 14～22 年，残值率从 3％变更为 5％。本次会计估计变更采用未来适用法进行会计处理，对公司前期财务状况、经营成果和现金流量没有影响，无须追溯调整，预计将增加公司 2015 年度合并利润总额约 29 015 万元。

ST 八钢年报显示，2014 年净利润—203 466 万元，2015 年净利润—250 862 万元，至 2015 年连续两年亏损。因变更折旧年限，导致 2015 年少提折旧 30 125.79 万元，增加利润总额 30 125.79 万元，减少了 2015 年的亏损。公司对这一会计估计变更采用未来适用法，虽然对以前年度没有影响，但使当期及以后年度利润有较大幅度提高。虽然 2015 年该公司未能盈利，但因延长折旧年限导致的每年少提折旧而调增的利润一定会使该公司 2016 年转为盈利，否则该公司会因三年持续亏损而被强制退市。截止案例撰写完成时，该公司发布了 2016 年年度业绩预盈公告：经财务部门初步测算，预计公司 2016 年年度经营业绩与上年同期相比，将实现扭亏为盈，实现归属于上市公司股东的净利润约为 2 000 万元，且公司 2016 年年末的净资产为正值。转亏为盈的主要原因中，延长折旧年限少提折旧费用作用明显。

案例 2：太钢不锈

山西太钢不锈钢股份有限公司(000825)，简称太钢不锈，主营不锈钢及其他钢材类产品的制造和销售。2016 年 4 月 28 日发布公告称：近年来公司不断加大对固定资产的投资力度，增加设备维修投入，定期对设备生产线进行全面检修及年修，对生产用房屋及建筑物等进行定期修缮，实际上延长了固定资产的使用寿命。按照《企业会计准则第 4 号——固定资产》规定，公司根据现在的固定资产的性质和使用情况对各类固定资产的预计使用年限和预计净残值重新进行了核定。房屋及建筑物折旧年限从 20～35 年变更为 20～45 年；机器设备折旧年限从 3～15 年变更为 3～18 年。将固定资产残值率从 3％调整为 5％。本次会计估计变更对公司的业务范围无影响，预计将影响公司 2016 年度固定资产折旧额减少 7.8 亿元，影响公司 2016 年利润总额增加 7.8 亿元。

2017 年 1 月 21 日太钢不锈发布了 2016 年度业绩预告。公告称预计 2016 年经营业绩扭亏为盈，归属于上市公司股东的净利润盈利可能为 10.5 亿～12.5 亿元区间，基本每股收益在 0.184 元～0.219 元区间。而上年同期为亏损 37.114 亿元，基本每股收益亏损 0.652 元。显然，因固定资产折旧额减少而为太钢不锈 2016 年实现盈利贡献巨大。

案例 3：厦门钨业

厦门钨业股份有限公司(600549)，简称厦门钨业，主营钨及有色金属等冶炼、加工、销售。2016 年 9 月 3 日发布公告称：由于近年来公司不断加大对固定资产的投资力度，对房屋及建筑物进行定期修缮，对生产设备进行定期检修维护和升级改造，提高了机器设备的使用性能和房屋建筑物的使用寿命，从而实际上延长了固定资产的使用寿命。因此，公司根据固定资产的性质和使用情况对部分固定资产的预计使用年限进行重新确定。厦门钨业对各分子公司的房屋建筑折旧年限都做了调整，大多数房屋建筑物的折旧年限延长了 10 年。此次会计估计变更采用未来适用法进行会计处理，预计将增加公司 2016 年度利润总额约 2 100 万元、归属于上市公司股东的净利润约 1 500 万元；增加公司以后年度利润总额增加约 4 200 万元，归属于上市公司股东的净利润约 3 000 万元。

2017 年 1 月 17 日，厦门钨业发布了 2016 年业绩快报，快报称公司 2016 年归属于上市公司股东的净利润预计为 14 399.12 万元，基本每股收益 0.133 1 元/股。上年同期净利润为 －66 248.27 万元，基本每股收益 0.612 5 元/股。

企业计提固定资产折旧年限是依据企业所得税法及实施条例所规定的最低折旧年限结合企业固定资产实际状况而确定的，一般采用直线法计提折旧。近几年，国家也出台了多项所得税税收优惠政策，包括允许一些企业采用加速折旧的方法计提折旧。包括生物药品制造业在内的六个行业和纺织业在内的四大领域研发设备价值 100 万元以内的可一次性计提折旧、所有企业 5 000 元以下的固定资产一次性计提折旧、生物药品制造业在内的六个行业和纺织业在内的四大领域 100 万元以下的固定资产可缩短折旧年限或采用加速折旧法。我们搜索公告时未发现有因变更折旧方法为加速折旧而导致当期利润减少的公告，对于上市公司而言，由于近几年经营业绩总体呈下滑趋势，主动采用加速折旧增加折旧费用的愿望不强烈，虽然加速折旧提高当期折旧费用可产生节税作用，但上市公司显然并不在乎少交所得税对企业盈利的贡献。盈利水平的平衡增长能有更多的定增机会或至少不会因连续亏损而被退市才是上市公司所真正关心的。所以主动延长折旧年限，减少折旧费用以增加盈利水平成为亏损企业常做的选择。

依据所得税法实施条例第六十八条规定:改建的固定资产延长使用年限的,除企业所得税法第十三条第(一)项和第(二)项规定外,应当适当延长折旧年限。显然,根据企业公告原因来看,是定期的修缮和升级改造而导致的延长使用年限的,延长折旧年限是符合所得税法规定的。同时,《企业会计准则第4号——固定资产准则》第十五条规定:"企业应当根据固定资产的性质和使用情况,合理确定固定资产的使用寿命和预计净残值。固定资产的使用寿命、预计净残值一经确定,不得随意变更。但是,符合本准则第十九条规定的除外。"第十九条规定:"企业至少应当于每年年度终了,对固定资产的使用寿命、预计净残值和折旧方法进行复核。使用寿命预计数与原先估计数有差异的,应当调整固定资产使用寿命。预计净残值预计数与原先估计数有差异的,应当调整预计净残值。与固定资产有关的经济利益预期实现方式有重大改变的,应当改变固定资产折旧方法。固定资产使用寿命、预计净残值和折旧方法的改变应当作为会计估计变更。"

上述三个案例是2015—2016年期间公告变更固定资产折旧的仅有三个公司,从变更的理由来看,基本都是加大了对固定资产的投资力度,对房屋建筑物进行了定期修缮,对生产设备进行定期检修维护和升级改造,从而延长了固定资产的使用寿命。因而总体来看,案例公司变更折旧年限,选择未来适用法进行核算是符合所得税法和企业会计准则要求的。但是不难看出,这三个公司都是属于前期亏损公司,变更折旧年限的根本原因可能不仅是使用年限延长,减少亏损或转亏为盈才可能是案例公司选择延长折旧年限的真正原因。

(二)分析思考

1. 如何评价案例公司延长固定资产折旧年限的行为?

2. 如何评价上市公司不选择加速折旧法而享受所得税税收减免政策带来的实惠?

3. 案例公司真是实行了固定资产的定期修缮吗? 如何判断?

4. 固定资产折旧变更为什么是会计估计变更,而不是会计政策变更? 这两种变更采用的核算方法有什么不同?

(三)分析建议

1. 上述三个案例公司披露变更折旧的原因都是因为追加了房屋建筑物修缮和机器设备更新改造的投资,延长了固定资产的使用年限,因而增加固定资产折旧年限是符合企业所得税法和企业会计准则规定的。但是,从实质上来看,三个案例公司都是前期亏损公司,如果持续亏损会出现退市的可能,所以减少亏损或转亏为盈是三个案例公司选择延长折旧年限的最直接动机。案例公司利用延长折旧年限方法,降低折旧费用,实施盈余管理。

2. 关于完善固定资产加速折旧企业所得税政策,国税总局出台了三个文件,文件中给出的优惠政策很多,包括:允许所有企业5 000元以下的固定资产可以一次性折旧,允许部分行业100万元以下研究开发用固定资产可以一次性折旧等等。目的是减轻企业投资初期的税收负担,改善企业现金流,调动企业提高设备投资、更新改造和科技创新的积极性。这样的利好政策应该是每个企业都尽量去创造条件予以实施的,但是显然并没有多少上市公司会主动享受该优惠政策。其主要原因是加速折旧法或者缩短折旧年限都会使固定资产使用初期折旧费用提高,从而减少利润。这在经济处于下行趋势的当今,上市公司盈利能力普遍下滑的情况下,不会采用使盈利水平更低缩短折旧年限的做法。这实际上也是盈余管理的目的。

3. 三个案例公司都在公告中披露了延长折旧年限的原因是增加了对固定资产的投资,对房屋建筑物进行了修缮,对机器设备进行了更新改造。特别是厦门钨业对各分子公司的房屋建筑物的折旧年限都做了调整,大多数房屋建筑物的折旧年限延长了 10 年。难道所有分子公司房屋建筑物都进行了修缮?其真实性有待进一步调查。如果要判断分子公司房屋建筑物是否都进行修缮,则需要调查管理费用明细账中的修理费用、列入长期待摊费用的大修理支出以及列入固定资产成本的资本性支出构成。以判断案例公司延长固定资产折旧年限的合理性。

4. 会计估计变更是指由于资产和负债的当前状况及预期经济利益和义务发生了变化,从而对资产或负债的账面价值或者资产的定期消耗金额进行调整。而会计政策变更是指企业在会计确认、计量和报告中所采用的原则、基础和会计处理方法发生了变化。固定资产折旧年限是依据其预计的使用年限而确定的,是一个估计数。当估计的依据发生变化时,则属于会计估计变更。固定资产成本为计提基数和折旧费用列入利润表项目归类都没有发生变化,所以,固定资产折旧所限的变更属于会计估计变更。根据企业会计准则规定,会计政策变更适用追溯调整法,而会计估计变更适用未来适用法。因而固定资产变更折旧年限属于会计估计变更,采用未来适用法,也就是不调整该固定资产以前按原折旧年限计提的折旧费用。

主要参考文献

1. 新浪财经:八一钢铁会计估计变更的公告,http://vip.stock.finance.sina.com.cn/corp/view/vCB_AllBulletinDetail.php? stockid=600581&id=1840303.

2. 新浪财经:＊ST八钢2016年年度业绩预盈公告,http://vip.stock.finance.sina.com.cn/corp/view/vCB_AllBulletinDetail.php? stockid=600581&id=3030679.

3. 新浪财经:太钢不锈关于调整固定资产折旧年限和残值率的公告,http://vip.stock.finance.sina.com.cn/corp/view/vCB_AllBulletinDetail.php? stockid=000825&id=2422870.

4. 新浪财经:太钢不锈2016年度业绩预告,http://vip.stock.finance.sina.com.cn/corp/view/vCB_AllBulletinDetail.php? stockid=000825&id=3015662.

5. 新浪财经:厦门钨业关于变更固定资产折旧年限的公告,http://vip.stock.finance.sina.com.cn/corp/view/vCB_AllBulletinDetail.php? stockid=600549&id=2735071.

6. 新浪财经:厦门钨业2016年度业绩快报公告,http://money.finance.sina.com.cn/corp/view/vCB_AllBulletinDetail.php? stockid=600549&id=3002811.

7. 国家税务总局：中华人民共和国企业所得税法，http：// www. chinatax. gov. cn/ n810341/index. html.

8. 国家税务总局：中华人民共和国企业所得税法实施条例，http：// www.chinatax.gov. cn/n810341/index. html.

9. 企业会计准则编审委员会.企业会计准则应用指南——固定资产准则.上海：立信会计出版社，2015.

10. 企业会计准则编审委员会.企业会计准则应用指南——会计政策、会计估计变更与会计差错.上海：立信会计出版社，2015.

11. 国家税务总局：关于企业固定资产加速折旧所得税处理有关问题的通知（国税发〔2009〕81 号），http：// www.chinatax.gov.cn.

12. 国家税务总局：财政部、国家税务总局关于完善固定资产加速折旧企业所得税政策的通知（财税〔2014〕75 号），http：// www.chinatax.gov.cn.

13. 国家税务总局：财政部国家税务总局关于进一步完善固定资产加速折旧企业所得税政策的通知（财税〔2015〕106 号），http：// www.chinatax.gov.cn.

案例六　收入的确认

教学目标

1. 回顾收入确认的原则，了解案例公司提前确认或虚计收入的手段；
2. 回顾审计程序，了解案例公司审计程序的不当之处；
3. 分析如何树立正确的投资理念。

案例分析

（一）案例介绍

大智慧违规确认收入

1. 公司简介

上海大智慧股份有限公司，证券简称大智慧，证券代码601519。大智慧于2011年1月28日在上海证券交易所挂牌上市，主要经营计算机软件服务，第二类增值电信业务中的信息服务业务(不含固定网电话信息服务)，互联网证券期货讯息类视听节目，计算机系统服务，数据处理，计算机、软件及辅助设备的零售，网络测试、网络运行维护等。

2. 上市后的经营业绩（差错更正前）

大智慧2011年上市以来，其经营业绩如表6-1和表6-2所示。

表6-1　利润表(2011—2016.9)(差错更正前)　　　　　　　　　　　　单位:万元

报表日期	2016年9月30日	2015年12月31日	2014年12月31日	2013年12月31日	2012年12月31日	2011年12月31日
一、营业总收入	51 663.80	65 134.10	82 045.20	89 426.20	47 013.80	57 082.90
营业收入	51 663.80	65 134.10	82 045.20	89 426.20	47 013.80	57 082.90
二、营业总成本	127 409.00	134 063.00	160 266.00	112 326.00	75 673.10	46 559.70
营业成本	15 645.40	23 843.40	39 768.40	17 568.90	16 107.90	16 540.60
税金及附加	235.35	636.60	1 878.48	2 799.10	947.45	1 533.20
销售费用	33 778.90	37 271.00	58 983.10	45 578.90	26 892.90	18 469.50

续　表

报表日期	2016 年 9 月 30 日	2015 年 12 月 31 日	2014 年 12 月 31 日	2013 年 12 月 31 日	2012 年 12 月 31 日	2011 年 12 月 31 日
管理费用	78 629.90	50 555.20	60 325.30	52 560.40	40 742.30	17 058.90
财务费用	−751.13	−711.68	−4 431.05	−6 089.80	−9 052.07	−7 245.56
资产减值损失	−128.94	22 468.20	3 741.71	−91.78	34.67	203.07
公允价值变动收益	−35.04	34.71	875.43	—	—	—
投资收益	1 375.15	25 736.80	91 831.80	23 302.20	555.45	110.14
三、营业利润	−74 405.50	−43 157.20	14 486.40	402.65	−28 103.80	10 633.30
营业外收入	1 524.43	993.14	3 791.32	3 910.27	2 775.63	1 450.87
营业外支出	301.85	1 074.09	267.76	20.81	57.14	7.35
利润总额	−73 182.90	−43 238.20	18 009.90	4 292.12	−25 385.30	12 076.90
所得税费用	1 548.73	2 186.11	4 162.34	1 872.75	1 187.02	1 477.20
四、净利润	−74 731.60	−45 424.30	13 847.60	2 419.37	−26 572.30	10 599.70

表 6-2　利润表（2013 四个季度利润）（差错更正前）　　　　单位:万元

报表日期	2013 年 10 月—12 月	2013 年 7 月—9 月	2013 年 4 月—6 月	2013 年 1 月—3 月
一、营业总收入	35 319.34	21 371.50	18 852.50	13 882.90
营业收入	35 319.30	21 371.50	18 852.50	13 882.90
二、营业总成本	37 261.40	27 197.60	24 481.10	23 385.90
营业成本	4 922.00	4 395.76	4 091.26	4 159.88
税金及附加	1 644.31	448.70	429.89	276.20
销售费用	16 564.70	10 361.50	10 141.30	8 511.40
管理费用	15 118.50	13 090.80	11 104.30	13 246.80
财务费用	−829.62	−1 099.17	−1 368.21	−2 792.80
资产减值损失	−158.78	—	82.52	−15.53
公允价值变动收益	—	—	—	—
投资收益	22 319.47	894.06	54.07	34.60
三、营业利润	20 377.65	−4 932.10	−5 574.52	−9 468.38
营业外收入	2 814.58	233.42	547.47	314.81
营业外支出	3.70	0.52	9.17	7.42
利润总额	23 188.51	−4 699.20	−5 036.21	−9 160.99
所得税费用	966.49	278.62	484.72	142.92
四、净利润	22 222.03	−4 977.80	−5 520.99	−9 303.91

公司上市当年营利,2012 年出现亏损。对于当时的大智慧而言,2012 年公司已经亏损
26 572.30 万元,如果 2013 年继续亏损,公司将被实施退市风险警示。2013 年,大智慧前三
季度合并利润表中显示的收入总额为 54 106.90 万元,利润总额为－18 896.40 万元,第四季
度单季收入为 35 319.34 万元,利润总额为 23 188.51 万元,全年利润总额为 4 292.11 万元。
第四季度实现收入占全年收入的 39.49%,实现利润占全年的 540.26%。

3. 证监会立案调查

2015 年 4 月 30 日,大智慧接到证监会调查通知书,称大智慧公司信息披露涉嫌违反证
券法律规定。

2015 年 11 月 5 日,大智慧收到中国证券监督管理委员会下发的《行政处罚及市场禁入
事先告知书》,证监会查实大智慧有六条违法事实。

2016 年 7 月 20 日,证监会向上海大智慧股份有限公司、张某虹、王某等 15 名责任人员
下达了行政处罚决定书。

证监会认为大智慧主要有如下六项违法行为:

(1) 2013 年涉嫌提前确认有承诺政策的收入 8 744.69 万元

2013 年 12 月,大智慧针对售价在 3.8 万元以上的软件产品(3.8 万元策略投资终端、9.8
万元投资家机构版、19.8 万元投资家 VIP 版、58 万元投资家至尊投顾版)制定了包含"若在
2014 年 3 月 31 日前不满意,可全额退款"条款的营销政策。2013 年 12 月 3 日至 11 日,此
营销政策在大智慧官方网站上进行过公开宣传;后虽在大智慧管理层要求下将"可全额退
款"的条款从网站删除,但 2013 年 12 月全月,大智慧所有营销区域的销售人员在营销中,均
向客户承诺"可全额退款"。

在无法预计客户退款可能性的情况下,大智慧仍将所有销售认定为满足收入确认条件,并按
收入确认方法确认为当期销售收入。由此导致大智慧 2013 年 12 月提前确认收入 8 744.69 万元。

(2) 2013 年以"打新"等为名营销,涉嫌虚增销售收入 287.25 万元

2013 年 12 月,大智慧电话营销人员向客户要约,让客户提前缴款参与大智慧集中打新
股或购买大智慧承诺高收益的理财产品。大智慧将上述收款直接以软件产品销售款为名虚
增 2013 年收入 287.25 万元。支付款项的客户并未购买和使用大智慧提供的软件产品。

(3) 涉嫌利用与广告公司的框架协议虚增 2013 年收入 93.34 万元

2013 年 12 月 24 日,大智慧与北京阳光恒美广告有限公司签订《阳光恒美——大智慧合
作合同》,合同金额 400 万元。2013 年 12 月 31 日,大智慧根据该合同和开出的 300 万元发
票确认了 283.01 万元的主营业务收入。审计机构将大智慧确认的收入按照服务时间 2013
年 9 月 1 日至 2014 年 12 月 31 日分摊后,调减了 188.67 万元到递延收入。实际上阳光恒美
为广告代理公司,合作合同仅为框架合同,需要有客户实际的广告投放需求才能执行,且会
根据客户的具体需求再行与大智慧另行签订合同。2013 年 9 月至 12 月,阳光恒美并未代
理客户向大智慧实际投放广告。

(4) 延后确认 2013 年年终奖减少应计成本费用 2 495.43 万元

大智慧将 2013 年年终奖 3 124.11 万元(含个人所得税)于 2014 年 1 月发放并计入
2014 年的成本费用,将 2012 年年终奖 628.67 万元(含个人所得税)于 2013 年 1 月发放并计
入 2013 年的成本费用。

（5）涉嫌虚构业务合同虚增 2013 年收入 1 567.74 万元

2013 年 11 月，大智慧子公司上海大智慧信息科技有限公司与天津渤海商品交易所股份有限公司签订合同，成为渤商所会员，一次性缴纳管理软件使用费 2 000 万元；同月，大智慧与渤商所签订合同，大智慧向渤商所提供相关产品及服务，向渤商所收取 2 000 万元。2013 年 12 月 9 日，大智慧信息科技汇款 2 000 万元给渤商所，次日渤商所即将该 2 000 万元转给大智慧，大智慧收到扣税后记入主营业务收入。2014 年 2 月，在合同尚未履行完成的情况下，大智慧请渤商所配合提供项目合作验收确认书，并将验收日期倒签为 2013 年 12 月 31 日。大智慧与渤商所的项目合作合同实际未履行或未在 2013 年履行完成，由此虚增 2013 年收入 1 567.74 万元。

（6）子公司涉嫌提前合并天津民泰，影响合并报表利润总额 825.01 万元，影响商誉 433.13 万元

大智慧信息科技在 2013 年 9 月底开始着手以 7 000 万元收购民泰（天津）贵金属经营有限公司 70% 股权事宜。9 月 29 日，天津民泰新老股东、大智慧信息科技、杨某萍、张某永签订《买卖协议》；10 月 8 日，大智慧对外公告《买卖协议》；10 月 15 日，大智慧信息科技支付第一笔收购款 4 000 万元，占转让总价的 57.14%，10 月 31 日支付尾款 3 000 万元；11 月 4 日，天津民泰新老股东办理了股权转让手续，天津民泰召开新股东会议，通过新的章程并任命新的管理层；11 月 4 日，天津民泰到天津市滨海新区工商行政管理局申请办理股权变更登记手续；11 月 15 日，天津民泰取得变更后的《企业法人营业执照》。在该事项中，大智慧信息科技将 2013 年 10 月 1 日作为购买日，将天津民泰财务报表纳入大智慧信息科技合并范围。根据《企业会计准则第 20 号——企业合并》第二条规定，大智慧信息科技在 2013 年 11 月 4 日之前并未控制天津民泰，根据大智慧提供的《情况说明》，购买日由 2013 年 10 月 1 日调整为 11 月 1 日，合并财务报表利润总额即将减少 825.01 万元，减少合并商誉 433.13 万元。

4. 大智慧遭受处罚

证监会对大智慧及其董事长在内的相关人员实施了处罚，包括对公司责令改正，给予警告，并处以 60 万元顶格罚款；对公司时任董事、监事、高级管理人员、相关中层人员给予警告，并依据其责任大小分别给予 30 万元到 3 万元不等的罚款处罚，对直接负责的主管人员和其他直接责任人员采取 5 年证券市场禁入措施。

大智慧于 2017 年 2 月 17 日发布了对 2012 年至 2015 年年度合并报表追溯调整的公告。经追溯调整，大智慧公司 2012 年至 2015 年利润表情况，如表 6 - 3 所示。

表 6 - 3

单位：万元

报表日期	2015 年 12 月 31 日	2014 年 12 月 31 日	2013 年 12 月 31 日	2012 年 12 月 31 日	2011 年 12 月 31 日
一、营业总收入	65 417.12	92 456.15	78 562.39	47 013.84	57 082.90
营业收入	65 417.12	92 456.15	78 562.39	47 013.84	57 082.90
二、营业总成本	133 489.33	160 876.67	111 596.02	76 293.71	46 559.70
营业成本	23 782.09	39 791.40	17 622.16	16 123.45	16 540.60
税金及附加	636.60	2 186.42	2 408.02	947.45	1 533.20

报表日期	2015 年 12 月 31 日	2014 年 12 月 31 日	2013 年 12 月 31 日	2012 年 12 月 31 日	2011 年 12 月 31 日
销售费用	37 173.48	58 707.45	45 359.29	26 968.78	18 469.50
管理费用	50 110.67	60 895.73	52 403.23	41 271.42	17 058.90
财务费用	−711.68	−4 431.05	−6 089.91	−9 052.07	−7 245.56
资产减值损失	22 498.17	3 726.71	−106.78	34.67	203.07
公允价值变动收益	34.71	875.43	—	—	—
投资收益	25 736.75	92 264.90	20 244.97	555.45	110.14
三、营业利润	−42 300.75	24 719.81	−12 788.65	−28 724.42	10 633.30
营业外收入	993.14	3 750.23	3 750.23	2 775.63	1 450.87
营业外支出	1 074.09	267.76	20.81	57.14	7.35
利润总额	−42 381.70	28 243.37	−9 059.23	−26 005.93	12 076.90
所得税费用	2 186.11	4 162.34	1 666.50	1 187.02	1 477.20
四、净利润	−44 567.81	24 081.03	−10 725.72	−27 192.94	10 599.70

经过调整,2013 年大智慧实际净利润为−10 725.72 万元。

5. 立信会计事务所连带受累

2016 年 7 月 20 日,证监会也给为大智慧出具 2013 年度审计报告的立信会计事务所出具了处罚决定书。证监会认为,立信会计师事务所在为大智慧开展 2013 年年报审计业务中未勤勉尽责,未执行必要的审计程序,未获取充分适当的审计证据。故决定责令立信会计师事务所改正违法行为,没收其业务收入 70 万元,并处以 210 万元罚款,具体违法事项如下。

(1) 未对销售与收款业务中已关注到的异常事项执行必要的审计程序

针对临近资产负债表日的软件产品销售收入大增,期后退货显著增加的情况,立信会计事务所在审计过程中未对退货原因进行详细了解。会计师仅执行了查验公司合同,抽样检查并获取软件开通权限单、销售收款单、退款协议、原始销售凭证等常规审计程序。没有根据公司销售相关的财务风险状况,采取更有针对性的审计程序,以获取充分的审计证据以支持审计结论。在面对客户数量较多,无法函证的情况下,也没有采取更有效的替代程序以获取充分适当的审计证据。

(2) 未对临近资产负债表日非标准价格销售情况执行有效的审计程序

2013 年 12 月,大智慧对部分客户以非标准价格销售软件产品。而审计师未能执行有效的审计程序,在审计工作底稿程序表中记录"获取产品价格目录,抽查售价是否符合价格政策"的程序未见执行记录。

(3) 未对抽样获取的异常电子银行回单实施进一步审计程序

立信会计事务所审计工作底稿中复印留存了部分软件产品销售收款的电子银行回单,其中摘要栏中的"打新股资金"、"理财投资资金"等备注存在明显异常。对此,会计师没有保持合理的职业怀疑态度,以发现的错报金额低于重要性水平为由,未进一步扩大审计样本量,以确认抽样总体不存在重大错报,审计底稿中也没有任何记录表明立信会计事务所已对该异常事项执行了任何风险识别和应对的程序。经查,如果立信会计事务所扩大银行回单的抽样范围,2013年12月存在异常摘要的银行进账单笔数将为48笔,合计金额873万元,明显高于底稿中抽样所涉及回单数量及对应金额。

(4) 调整年终奖未根据重要性按照权责发生制的原则

对于大智慧2014年跨期计发2013年年终奖的情况,立信会计事务所未根据重要性按照权责发生制的原则予以调整。

(5) 大智慧全资子公司股权收购购买日的确定未执行充分适当的审计程序

审计工作底稿"长期股权投资——成本法××子公司审核表"明细表编制不完整,确认合并日的审计表格未填列,无法确定其具体执行了何种审计程序以确定购买日。审计工作底稿后附的审计证据中,未见会计师所称据以认定购买日的支持性文件。

6. 中小投资者维权

2014年7月21日大智慧因重大资产重组宣布停牌,停牌前的最后一个交易日2014年7月18日收盘价仅为5.98元/股。2015年1月23日复牌开始,股价一路飙升,最高到2015年4月21日的35元/股。在2015年4月30日,大智慧公布了其接受证监会调查的公告,奇怪的是当天股票价格涨停,随后开始进入下跌通道,股价一路走低,到2015年7月9日最低时只有9.04元/股。一些中小投资者在持股过程中损失惨重。大智慧股价走势图,如图6-1所示。

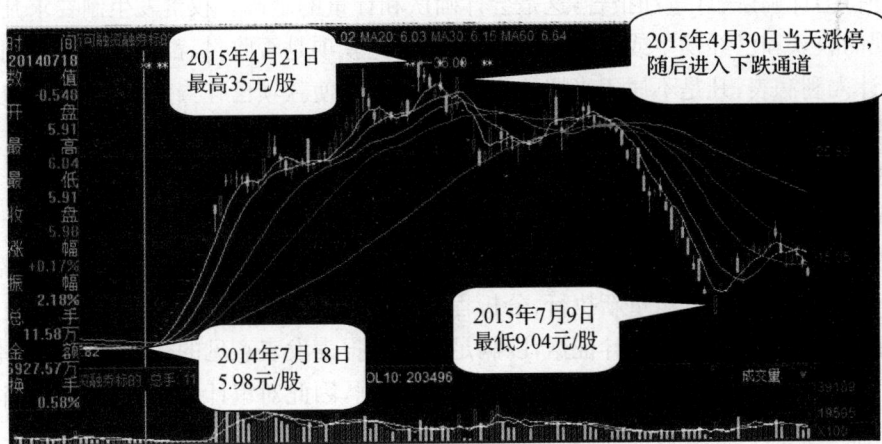

图6-1　大智慧股份趋势图

2015年11月5日,证监会查实大智慧的六条违法事实,并予以公布。从2016年8月3日开始,陆续有中小投资者个人或者组团请律师向法院提交诉状,诉大智慧、立信会计师事务所、大智慧原董事长等其他相关人员赔偿损失。至2017年3月3日,大智慧发布了23项关于收到《应诉通知书》的公告。有407个自然人股东向大智慧提出赔偿达6 038万元;有497个自然人同时向大智慧和立信会计事务所两个当事人提出赔偿达5 594.3万元;有25个自然人向包括大智慧、立信会计师事务所、原董事长张某虹等人提出赔偿达1 087.57万元。

（二）分析思考

1. 根据本案例,分析收入确认的原则是什么?
2. 根据本案例,分析费用确认的基础权责发生制的内涵?
3. 根据本案例,分析什么是审计程序?
4. 根据本案例,分析中小股民的投资理念?

（三）分析建议

1. 根据现行《企业会计准则 14 号——收入》准则的规定,收入确认要符合以下五个条件:一是企业已将商品所有权上的主要风险和报酬转移给购货方;二是企业既没有保留通常与所有权相联系的继续管理权,也没有对已售出的商品实施有效控制;三是收入的金额能够可靠地计量;四是相关的经济利益很可能流入企业;五是相关的已发生或将发生的成本能够可靠地计量。2015 年 12 月,财政部已经就第 14 号收入准则颁布了修订意见稿,对收入五个条件的表述会发生变化。其中第一点将用控制权转移代替风险和报酬转移,要求企业在履行合同中的履约义务,即客户取得相关商品(或服务)控制权时确认收入。就大智慧 4 项收入确认违法事实来看,不管是按照现行的收入确认条件还是按照将要修订的收入确认原则来判断,都属于违法确认收入。

2. 根据《企业会计准则——基本准则》总则部分第九条的规定,企业应当以权责发生制为基础进行会计确认、计量和报告,这是会计确认和计量的基础。权责发生制要求凡是当期已经实现的收入和已经发生或应当负担的费用,无论款项是否收付,都应当作为当期的收入和费用,计入利润表;凡是不属于当期的收入和费用,即使款项已在当期收付,也不应当作为当期的收入和费用。大智慧对于 2012 年和 2013 年的年终资金核算采用了顺延下一年度的做法是违背权责发生制要求的。

3. 审计程序是指注册会计师在审计过程中的某个时间,对将要获取的某类审计证据如何进行收集的详细指令。在审计过程中,注册会计师可根据需要单独或综合运用包括检查、观察、询问、函证、重新计算、重新执行、分析程序等在内的审计程序。注册会计师通过实施审计程序,获取充分、适当的审计证据,以满足对财务报表发表意见的需要。受到成本约束,注册会计师不可能对检查和评价所有可能获取的证据,因此对审计证据充分性、适当性的判断就显得非常重要。注册会计师在利用审计程序获取审计证据时需要考虑选用何种审计程序、选取多大的样本规模、在总体样本中选取哪些项目、什么时间执行这些程序。对大智慧进行审计的立信会计师事务所的注册会计师执行程序和选取样本存在不当之处。

4. 本案例中,在 2014 年 2 月 28 日至 2015 年 4 月 30 日期间买入大智慧股票,并且在 2015 年 5 月 1 日之后卖出或者一直持有该股票的投资者有望获赔,这是对中小股民的一种保护,但是在此次股票交易中发生重大的损失的股民应该认真反思自己的投资理念是否正确。那些提前获得内幕消息的基金在 2015 年 4 月 30 日大智慧公布了其接受证监会调查的公告当天,做庄拉起股票价格直到涨停,诱惑中小股民追涨接盘。如果中小股民在明知大智慧接受调查的情况下还跟风追涨,就说明这部分人的投资理念出现了偏差,这种追涨不是做投资而是在投机。中国股民往往容易追涨杀跌,炒作重组概念股、新股、ST 股等,不看股票的基本面,不懂得如何有效地规避风险。未来的投资市场,中小股民应该更深刻地理解价值投资和长期投资的内涵,做真正的价值投资者而不是价格投机者。

主要参考文献

1. 企业会计准则编审委员会.企业会计准则应用指南——基本准则.上海:立信会计出版社,2015.

2. 企业会计准则编审委员会.企业会计准则应用指南——收入准则.上海:立信会计出版社,2015.

3. 中国注册会计师协会.审计.北京:经济科学出版社,2015.

4. 新浪财经:上海大智慧股份有限公司关于收到中国证券监督管理委员会调查通知书的公告,http:// vip. stock. finance. sina. com. cn/corp/view/vCB_ AllBulletinDetail. php? stockid=601519&id=1771994.

5. 新浪财经:大智慧关于收到中国证券监督管理委员会《行政处罚及市场禁入事先告知书》的公告,http:// vip. stock. finance. sina. com. cn/corp/view/vCB_ AllBulletinDetail. php? stockid=601519&id=2046615.

6. 新浪财经:中国证监会行政处罚决定书(上海大智慧股份有限公司、张长虹、王玫等15名责任人员),http:// vip. stock. finance. sina. com. cn/corp/view/vCB_AllBulletinDetail. php? stockid=601519&id=2597083.

7. 新浪财经:中国证监会行政处罚决定书(立信会计师事务所、姜维杰、葛勤),http:// vip. stock. finance. sina. com. cn/corp/view/vCB _ AllBulletinDetail. php? stockid=601519&id=2597386.

案例七　费用的核算

教学目标

1. 了解研发支出的核算方法；

2. 学会透过同行业研发支出数据的对比，分析公司研发支出"资本化"还是"费用化"可能存在的动机；

3. 分析研发支出费用化与资本化的区别，掌握两者对当期及以后利润产生怎样的影响，学会结合行业特点分析研发支出；

4. 掌握准则关于研发支出信息披露的规定，能够针对医药行业提出建设性的研发支出信息披露完善措施。

案例分析

（一）案例介绍

研发费用"资本化"还是"费用化"——医药行业

1. 公司简介

海正药业公司是一家集原料药、制剂研发、生产和销售一体化的综合性制药企业，主营化学原料药和制剂的研发、生产和销售业务，具体包括：原料药的生产与销售、制剂的生产与销售和医药商业业务。公司实施从原料药向高端制剂、从化学药向生物药、从仿制向自主创新的业务转型和产业升级，着力推进盈利模式从"生产型"向"研发营销型"转型。每年研发投入占工业销售额的 8% 以上，专职研发人员 1 100 多人。

2. 公司主要财务数据

海正药业 2012—2015 年研发费用，如表 7-1 所示。

表 7-1　海正药业 2012—2015 年研发费用　　　　　　　　　　单位：元

时间 项目	2015 年	2014 年	2013 年	2012 年
本期费用化研发投入	445 703 045.39	417 632 176.56	396 648 866.65	291 738 841.98
本期资本化研发投入	382 209 341.69	140 398 637.35	83 296 892.93	54 604 266.17

时间 项目	2015 年	2014 年	2013 年	2012 年
研发投入合计	827 912 387.08	558 030 813.91	479 945 759.58	346 343 108.15
研发投入资本化比重	46.17%	25.16%	17.36%	15.77%
开发支出账面余额	334 132 038.55	60 493 571.68	0	0
营业收入	8 767 428 140.10	10 096 747 862.23	8 604 311 583.60	5 801 766 062.23
研发投入占营业收入比	9.44%	5.53%	5.58%	5.97%
净利润	126 300 672.27	551 970 494.24	507 521 314.41	269 052 077.31

从表 7-1 数据可以看出,海正药业 2015 年研发投入近 8.28 亿元,比 2014 年增加 48.36%,其中 46.17%用于资本化,明显高于 2014 年的资本化比率;开发支出账面余额为 3.34 亿元,较 2014 年大幅增加,增幅为 452.34%。但是,2015 年的营业收入有所下降,下降幅度分别为 13.17%;净利润下降为 1.26 亿元,下降幅度达到 77.11%。

有关媒体报道:海正药业报表化妆术——去年研发支出蹊跷大增 2.74 亿元;2015 年业绩出现断崖式下降。财报显示,海正药业 2015 年归属母公司股东的净利润为 0.14 亿元,下降 95.59%。值得注意的是,海正药业历史上净利润最高值曾经达到 5.04 亿元,公司 2015年净利润仅为高峰时的五十分之一。

2014 年四季,海正药业的开发支出项目才开始出现,而在此之前公司账面上从未有过开发支出。2015 年,海正药业为什么将巨额研发投入予以资本化呢? 有关记者报道,海正药业 2015 年业绩出现断崖式下跌,如果该上市公司 2015 年仍像之前一样不将研发投入资本化,那么当年新增的 2.74 亿元开发支出将全部被确认为费用,公司净利润将变为大幅亏损。

2016 年 5 月 9 日,海正药业收到上交所下发的《关于对浙江海正药业股份有限公司 2015 年年度报告的事后审核问询函》,关于公司研发情况如下:年报显示,你公司报告期末开发支出余额为 3.34 亿元,较期初大幅增加 452%。请补充披露:结合报告期内你公司产品研发进展情况,列出具体研发项目,并说明开发支出较往年突然大幅增加的具体原因,是否存在媒体报道所称的"利用开发支出调节利润,避免亏损"等情况。

3. 个案研发费用比对

根据《2016 中国药品研发综合实力百强榜》,恒瑞医药(股票代码 600276)夺得魁首,是最知名的研发驱动型医药企业,正大天晴和复星医药紧随其后,海正药业排名第 4 位。表 7-2 和表 7-3 分别是复星医药和恒瑞医药的研发费用情况。

表 7-2　复星医药 2012—2015 年研发费用

单位:元

时间 项目	2015 年	2014 年	2013 年	2012 年
本期费用化研发投入	670 035 800.00	564 218 000.00	437 613 400.00	3 060 300.00
本期资本化研发投入	160 167 500.00	120 392 400.00	67 070 600.00	638 600.00
研发投入合计	830 203 300.00	684 610 400.00	504 684 000.00	3 698 900.00

续　表

项　目 ＼ 时　间	2015 年	2014 年	2013 年	2012 年
研发投入资本化比重	19.29％	17.59％	13.29％	17.26％
开发支出账面余额	222 531 714.42	89 379 481.02	48 950 334.57	29 475 413.33
营业收入	12 608 648 314.38	12 052 532 045.42	9 996 409 009.20	7 340 782 721.14
研发投入占营业收入比	6.58％	5.68％	5.05％	0.05％
净利润	2 870 660 854.37	2 369 838 937.26	1 955 450 759.88	1 839 271 495.84

表 7－3　恒瑞医药 2012—2015 年研发费用　　　　　　　单位:元

项　目 ＼ 时　间	2015 年	2014 年	2013 年	2012 年
本期费用化研发投入	891 673 656.76	651 984 340.09	563 129 352.54	535 013 772.17
本期资本化研发投入	0.00	0.00	0.00	0.00
研发投入合计	891 673 656.76	651 984 340.09	563 129 352.54	535 013 772.17
研发投入资本化比重	0.00％	0.00％	0.00％	0.00％
开发支出账面余额	0.00	0.00	0.00	0.00
营业收入	9 315 960 168.40	7 452 253 087.84	6 203 074 355.43	5 435 067 561.20
研发投入占营业收入比	9.57％	8.75％	9.08％	9.84％
净利润	2 223 969 791.87	1 572 929 123.49	1 292 052 671.62	1 151 406 936.18

　　通过研发费用的对比可以看出:首先,复星药业研发投入资本化比重从 13％变动至 19％,变动幅度为 6％。其次,海正药业在 2012—2014 年的研发投入资本化比重从 15％变动至 25％,变动幅度为 10％,但是,到了 2015 年资本化比重达到 46.17％。最后,对于"研发之王"的恒瑞药业的资本化比重,各期均为 0。也就是说恒瑞药业将研发费用全部费用化,直接冲减当期的利润,更为保守稳健。由于研发费用资本化的主观性较大,资本化比重过高,计入利润的费用部分减少,从而增厚当期利润。对于海正药业,2015 年的净利润为 1.26 亿元,归属母公司股东的净利润为 0.14 亿元,如果按恒瑞药业的会计政策,将研发费用全部费用化,那么,也就意味着将 2.74 亿计入费用,将直接导致 2015 年出现亏损。因此,通过和同行业其他药业公司的对比,海正研发费用过高的资本化比重难免引起"利用开发支出调节利润,避免亏损"之嫌。

4. 资本化披露众象

　　上交所下发的《关于对浙江海正药业股份有限公司 2015 年年度报告的事后审核问询函》文件要求:说明公司将内部研究开发项目支出资本化具体时点的政策,并说明在此时点内部研发项目是如何满足内部研发支出资本化条件的;公司内部开发支出资本化比率进行同行业比较,并说明其合理性。

　　(1) 各公司资本化标准不一致

　　海正药业对其研发支出部分,直接影响资本化比重的研究阶段和开发阶段和的确认标准回复如下:研究阶段起点为将立项资料提交公司内部研究院并审核通过,终点为经过前期研究开发项目可以进入临床试验或者进入申报期。开发阶段的起点为项目可以进入临床试验或者进入申报期,终点为项目取得新药证书或生产批件。

在回复公告中,海正药业对同行业上市公司开发支出余额前10家公司的研究阶段和开发阶段的具体标准予以列示。笔者经过整理,发现存在以下三种情形:首先,复星等4家对两阶段的确认标准为:在研发项目取得相关批文或者证书(根据国家食品药品监督管理总局颁布的药品注册管理办法批准的"临床试验批件"或"药品注册批件"或者法规市场国际药品管理机构的批准)之后的费用,方可作为资本化的研发支出,其余研发支出,则作为费用化的研发支出。其次,华北等3家将为获取新的技术和知识等进行的有计划的调查阶段确定为研究阶段;在进行商业性生产或使用前,将研究成果或其他知识应用于某项计划或设计,以生产出新的或具有实质性改进的材料、装置、产品等阶段确定为开发阶段,即可以进行资本化。最后,还有华润、双鹤2家未披露确定的标准,此外还有1家,即海正药业。

(2) 各项目资本化条件有差异

同时,对于2015年新增的2.74亿元,海正药业将其具体分为4个项目,如表7-4所示。

表7-4　海正药业2015年新增研发项目支出　　　　　　　　　单位:万元

时间 项目名称	2014年12月31日	2015年12月31日	增加金额
制剂药	2 648	13 594	10 946
创新药	3 362	12 918	9 556
生物药		5 919	5 919
转移对接项目		867	867
其他	40	116	76
合计	6 050	33 414	27 364

从表7-4可以看出,其中前两个项目净增2.05亿元,占研发投入净增的74.82%。对于不同的项目进行资本化的标准进一步说明。对于制剂药项目,海正药业将已进入到开发阶段且开发成功可能性较大的品种进行资本化处理。对于创新药项目,有部分是以取得批件且成功性很大为资本化条件,有部分则以公司专业团队评估其开发成功可能性很大,且已进入开发阶段为资本化条件。对于生物药项目,有部分产品已进入临床试验,有部分将来转入生产可能性非常大作为资本化条件。对于转移对接项目,则已实现生产的可能性非常大作为资本化条件。

5. 行业研发披露弥境

据相关媒体报道,我国多家药企研发费用投入占比不足1‰。医药行业2012年至2015年研发支出情况,如表7-5所示。

表7-5　医药行业研发费用情况

时间 项目	2015年	2014年	2013年	2012年
开发支出零余额(家)	74	72	68	78
开发支出非零余额(家)	90	77	72	67

时 间 项 目	2015 年	2014 年	2013 年	2012 年
医药上市公司（家）	164	149	140	143
开发支出零余额比重（%）	45.12%	48.32%	48.57%	54.55%
研发投入占营业收入比（%）	4.19%	4.46%	2.63%	1.94%

从表 7-5 可以看出，2012 年至 2015 年，医药行业近半数的上市公司开发支出账面余额为零。是这些上市公司将研发费用全部费用化还是未进行研发投入？

对于研究费用是否费用化，国际上的处理基本以谨慎性原则为基础。究竟是予以资本化还是费用化，各国在会计处理方面没有统一的规定，目前主要有三种：以美国、加拿大、德国为代表的费用化核算方式，以荷兰、瑞士和巴西为代表的全部资本化核算方式；以国际会计准则为代表的在一定条件下的资本化核算方式。对于这些开发支出零余额的公司，有学者进行深入研究，发现有部分公司全部进行费用化，有部分公司未进行研发投入。

对于是否进行研发投入，表 7-5 中，剔除开发支出为零余额的上市公司，研发投入占营业收入比重虽然近几年有所上升，但是，相比欧美大型药企的研发投入，国内大部分医药企业的研发投入占营收比例并不高。一般情况下，国际上新药研发费用大约需要 5 亿美元至 10 亿美元，占营业收入的比例超 10%。

（二）分析思考

1. 对于 2015 年海正药业披露的研发支出，为什么有"利用开发支出调节利润，避免亏损"之嫌？

2. 研发费用资本化需要满足哪些条件？医药行业研发费用资本化存在哪些问题？

3. 研发费用资本化还是费用化，存在哪些盈余管理的空间？

4. 结合现行准则规定，我国医药行业的研发披露是否令人困惑？如何完善我国的研发披露以促进医药行业健康发展？

（三）分析建议

1. 根据海正药业 2015 年年报数据显示，开发支出账面余额为 3.34 亿元，较 2014 年大幅增加，增幅为 452.34%。首先，与海正药业以前期间相比，46.17% 的资本化率，明显高于前三年的资本化比率，几乎达到 2014 年的两倍。其次，与同行业的复星相比，资本化比率同样明显偏高，复星资本化比率近四年最高不足 20%，海正药业 2015 年资本化比率是复星的 2.3 倍。最后，与同行业的恒瑞相比，恒瑞资本化比重为零，海正药业资本化比率更是偏高。需要特别注意的是，两公司近四年的研发投入总额基本相当，但近四年的资本化比率却大相径庭。总之，海正药业 2015 年的研发费用资本化比率明显偏高，过高的资本化比率意味着计入当期的费用减少，从而增厚了当期利润，所以存在"利用开发支出调节利润，避免亏损"之嫌。

2. 企业内部研究开发项目研究阶段的支出,应当于发生时计入当期损益。企业内部研究开发项目开发阶段的支出,同时满足下列五个条件的,才能确认为无形资产,才能予以资本化:

① 完成该无形资产以使其能够实用或出售在技术上具有可行性。

② 具有完成该无形资产并使用或出售的意图。

③ 无形资产产生经济利益的方式。包括能够证明运用该无形资产生产的产品存在市场或无形资产自身存在市场,如果无形资产将在内部使用,应当证明其有用性。

④ 有足够的技术、财物资源和其他资源支持,以完成该无形资产的开发,并有能力使用或出售该无形资产。

⑤ 归属于该无形资产开发阶段的支出能够可靠计量。

只有同时满足以上五个条件,研发费用才可以计入无形资产。

对于医药上市公司而言,药品作为一种特殊的商品,其研发过程有其更为特殊的一面,即高风险、高投入、高回报。研发费用资本化需要满足五大条件,其中,最具有不确定是其中的第一项,即如何证明"完成该无形资产以使其能够使用或出售在技术上具有可行性"。对于该项,医药行业存在很大差异,有以下几种情形:复星等以取得相关批文或者证书为资本化时点;海正以进入临床试验或者进入申报期为资本化时点;华北等以准则规定为资本化标准,并未结合本行业进行具体标准的说明;华润、双鹤等未披露确定的时点;恒瑞将研发费用全部费用化,不存在资本化时点。海正在申报期即予以资本化,但申报后是否能取得批件还存在很大的不确定性,而复星等则更加稳健,在取得批件后予以资本化。以上几种情形是医药行业前10家研发支出资本化的确认时点,没有行业统一的标准。此外,对于不同的医药项目,如制剂药、创新药、生物药等也没有行业统一的标准。海正公司对这些项目,部分项目以批件为资本化时点,部分项目以公司专业团队评估其开发成功可能性很大等存在多种情形。

3. 研究费用资本化还是费用化,对企业的影响主要表现在下面几个方面:

① 影响当期资产和收益。由于生物医药上市公司研发费用多,如果将应当费用化的研发费用进行资本化,可以直接增加当期资产和收益,进而影响到公司资产负债表和利润表的相关数据。甚至可以人为的调整比例,从而达到"预期的"增加资产和收益。

② 影响税收优惠享受幅度。按照我国现行会计准则规定,企业可以享受研发费用加计扣除的税收优惠政策。如果企业盈利处于相对比较稳定的情况下,投入研发费用过高,研发投入的回收慢,势必会影响利润的稳定性,出现较大的波动,甚至出现大亏大盈的局面。如果利润出现负值,难以享受税收优惠。故有的公司可能会"合理地"分配资本化和费用化的比例,创造税收优惠享受条件。

③ 影响当期管理者的业绩。对于医药行业,研发支出高投入、高风险、回报慢。但是,医药上市公司的管理者在被考核时,可能会以利润作为主要的业绩考核指标,这两者之间就会存在矛盾。如果管理者在任期投入的研发费用过多,必然会引起任期利润的下降。显然,管理者任期并不是永久性的,由于研发支出回报较慢,所以,管理者在任期可能会避免研发支出过大化,或研发支出"人为的"资本化。

4. 在国家大力推进医药产业创新升级时,提升药企的研发能力也是重要环节之一。对于促进我国医药行业研发能力提升的信息披露,主要存在以下问题:披露研发支出基础数据的公司不多;披露的格式和内容缺乏具体规定;披露的会计政策缺乏行业性;披露未来研发投入计划过于简单。

针对现行问题,可以从以下几方面予以完善:

① 结合行业性。医药行业的研发有其自身的特点,周期长、见效慢、风险大,资本化开始时间受多方面的影响,应结合行业性、重要性制定行业研发费用信息披露规定。

② 突出一致性。整个行业应按规定严格披露,使得信息披露有章可循。避免"无任何披露"、"粗略披露",做到"规范、全面披露",提高研发信息披露的透明度。

③ 明确可能性。将医药行业高风险的特点予以考虑,完善研发费用信息披露。

④ 加大惩罚性。对于未严格按照规定予以披露的公司予以惩罚、公告,提升惩罚力度。

主要参考文献

1. 企业会计准则编审委员会.企业会计准则应用指南.上海:立信会计出版社,2015.

2. 新浪网行情中心:http://vip.stock.finance.sina.com.cn/mkt/.

3. 同花顺财经:http://www.51ifind.com/.

4. 网易财经:双成药业研发支出费用化降低涉嫌虚增利润,http://money.163.com/13/0424/10/8T7HFTA700253B0H.html.

5. 中国证券时报网:双鹭药业(002038)研发支出费用化降低涉嫌虚增利润,http://stock.stcn.com/common/finalpage/lcNews/2013/20130424/420117620006.shtml.

6. 和讯网:海正药业报表化妆术去年研发支出蹊跷大增2.74亿,http://stock.hexun.com/2016-04-18/183370153.html.

7. 财经网:双成药业自主研发能力存疑,http://stock.caijing.com.cn/2012-12-07/112342819.html.

8. 中商情报网:2016中国药品研发综合实力百强榜 恒瑞医药夺得魁首,http://www.askci.com/news/dxf/20160926/09035765003.shtml.

9. 中商情报网:2016年上半年医药研发投入分析:恒瑞为研发之王,http://www.askci.com/news/dxf/20160906/10395859930.shtml.

10. 中国会计视野论坛:医药企业研发费用账务处理的讨论,http://bbs.esnai.com/thread-4731838-1-1.html.

11. 新华网:多家药企研发费用投入占比不足1% 新药不新现象严重,http://news.xinhuanet.com/fortune/2016-02-17/c_128726347.htm.

案例八　企业合并的会计政策选择

教学目标

1. 回顾企业合并的分类,熟悉同一控制下企业合并和非同一控制下企业合并在合并当日账务处理的差异;
2. 回顾什么是会计政策,思考企业应该如何选择恰当的会计政策;
3. 了解选择不恰当的会计政策产生的后果。

案例分析

(一)案例介绍

洛阳玻璃的会计政策选择

1. 公司简介

洛阳玻璃股份有限公司,1994 年由洛玻集团发起设立,实际控制人为国资委。1994 年 6 月 29 日,洛阳玻璃股份有限公司发行了 250 000 000 股 H 股,并于 1994 年 7 月 8 日在香港联合交易所挂牌上市。

1995 年 9 月 29 日,洛阳玻璃股份有限公司发行了 40 000 000 股 A 股予社会公众、10 000 000 股 A 股予本公司的员工,分别于 1995 年 10 月 30 日及 1996 年 5 月 10 日在上海证券交易所上市流通。证券代码 600876,证券简称洛阳玻璃。公司主营业务是浮法平板玻璃的生产及销售。

2. 相关财务数据

洛阳玻璃是世界三大浮法玻璃工艺——"洛阳浮法"的诞生地,拥有国家级技术中心。但是该技术属于传统工艺产品,市场竞争激烈,需求低迷,公司业绩持续下降。公司的命运也如同很多国企一样,营收下降、利润亏损。入不敷出的经营困境,使上市公司在二十几年间一直徘徊被 ST 甚至退市的边缘。上市期间仅有过一次配股分红,从上市至 2015 年年末,其中有 9 年是亏损,其主营业务利润为盈利的情况很少出现,能够因亏损而不被退市的主要秘诀是依靠当地政府源源不断的补助和对旗下资产的出售。2015 年净利润 1.34 亿元,其中主要的贡献是资产重组而处置子公司资产产生的投资收益 6 个多亿。洛阳玻璃相关财务数据,如表 8-1 所示。

表 8-1　相关财务数据　　　　　　　　　　　　　　单位：万元

日期 项目	2016 年 9 月 30 日	2015 年 12 月 31 日	2014 年 12 月 31 日	2013 年 12 月 31 日	2012 年 12 月 31 日
资本公积	144 932.00	92 220.70	85 745.00	85 745.00	85 745.00
未分配利润	−161 053.00	−121 025.00	−135 989.00	−137 590.00	−127 691.00
投资收益	—	60 345.80	9 884.25	241.06	179.32
营业利润	−7 059.26	14 484.40	−6 325.66	−13 552.70	−6 426.55
利润总额	−6 707.13	14 430.70	846.83	−10 756.70	423.23
净利润	−7 104.49	13 441.10	34.28	−11 085.40	−808.81

3. 资产重组

2015 年 12 月 31 日及 2016 年 2 月 4 日,洛阳玻璃公布了其重大资产置换及发行股份并支付现金购买资产并募集配套资金暨关联交易实施情况。2015 年度洛阳玻璃以持有的子公司和参股公司股权及对子公司的应收债权,与公司控股股东中国洛阳浮法玻璃集团有限责任公司持有的蚌埠中建材信息显示材料有限公司 100% 股权进行等值资产置换,并以发行股份及支付现金方式支付资产置换的差额。重组完成后,洛阳玻璃将不再经营普通浮法玻璃业务,将主要生产超薄玻璃基板,实现从普通浮法玻璃向电子玻璃转型的规划,向高档化、超薄化、高性能化的方向发展。

参与资产重组的相关公司股权结构关系,如图 8-1 所示。

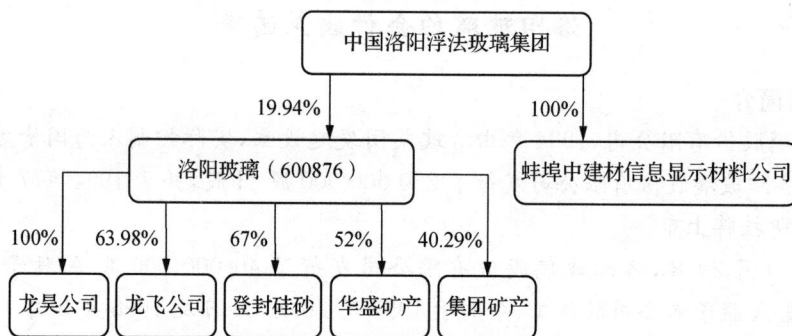

图 8-1

此次重组,洛阳玻璃以持有的子公司龙昊公司 100% 股权、龙飞公司 63.98% 股权、登封硅砂 67% 股权、华盛矿产 52% 股权、集团矿产 40.29% 股权及对比等公司的债权,与控股股东中国洛阳浮法玻璃集团有限责任公司持有的蚌埠中建材信息显示材料有限公司 100% 股权进行等值资产置换,并以发行股份及支付现金方式支付资产置换之差额。

置换入资产,如表 8-2 所示。

表 8-2　置入公司净资产　　　　　　　　　　　　　单位：万元

公司名称	净资产审计值	净资产评估值	作价
蚌埠中建材信息显示材料公司	66 548.67	67 490.92	67 490.92

支付对价信息,如表 8-3～表 8-6 所示。

表 8-3 支付对价 1——置出公司净资产 单位:万元

公司名称	净资产审计值	净资产评估值	作价
龙昊公司	−24 539.36	−17 830.51	0.000 1
龙飞公司	−20 568.50	−14 517.25	0.000 1
登封硅砂	1 005.55	3 005.61	2 013.76
华盛矿产	402.01	3 779.32	1 965.24
集团矿产	−3 231.08	2 429.88	979
净资产合计	−46 931.38	−23 132.95	4 958.00

表 8-4 支付对价 2——置出公司债权 单位:万元

公司名称	账面价值	评估价值	作价
应收龙昊公司债权	24 755.93	25 053.24	25 053.24
应收龙飞公司债权	10 784.35	10 899.49	10 899.49
应收龙翔公司债权	6 312.92	6 274.27	6 274.27
应收华盛矿产债权	2 098.74	2 098.74	2 098.74
应收集团矿产债权	134.20	134.20	134.20
债权合计	44 086.14	44 459.94	44 459.94

表 8-5 支付对价 3——置出公司现金 单位:万元

现金	9 072.97

表 8-6 支付对价 4——发行股票

发行对象	配售股数(股)	发行价(元/股)	配售金额(万元)	锁定期
第一创业证券股份有限公司	1 202 185	18.30	2 200.00	12 个月
财通基金管理有限公司	10 546 448	18.30	19 300.00	12 个月
合 计	11 748 633		21 500.00	

因此项重组,洛阳玻璃产生了重组收益。2016 年 1 月 30 日,洛阳玻璃发布了业绩预增公告,预计 2015 年年度实现归属于上市公司股东的净利润与上年同期相比将增加 770%以上,其主要原因是 2015 年置入蚌埠中建材信息显示材料有限公司 100%股权而产生的重组收益。

4. 重组产生的投资收益

在 2015 年度财务报告中,洛阳玻璃确认了重组净收益 32 923.81 万元,其中置出股权确认的投资收益 60 345.79 万元,对不再纳入合并财务报表的该等子公司债权损失 27 421.98 万元。洛阳玻璃是按照《企业会计准则 33 号——合并财务报表准则》规定做出的账务处理。该准则第五十条规定:"处置股权取得的对价与剩余股权公允价值之和,减去按原持股比例计算应享有原有子公司自购买日或合并日开始持续计算的净资产的份额之间的差额,计入丧失控制权当期的投资收益,同时冲减商誉。"洛阳玻璃将对巨额亏损的子公司长期股权投资账面价值减记为零,并作价1元,按1元计算的长期股权投资账面价值与换入股权账面价值之差计入资本公积。但又将巨额亏损子公司至处置日的账面价值与换入股权账面价值的差额计入投资收益。例如,龙昊公司净资产作价1元,但账面净资产为−24 539.36万元。计入资本公积的差额是按1元计算,计入投资收益的差额是按−24 539.36万元。由于换入的蚌埠中建材信息显示材料公司股权所支付的对价有四类,所以无法直接计算出龙昊公司对应的换入股权价值,加之公告披露的资料所限,无法确定洛阳玻璃产生的60 345.79万元投资收益的具体计算过程。

5. 会计差错更正

上海证券交易所和中国证监会河南监管局于2016年4月和5月分别向洛阳玻璃发出问询函,就该公司对同一控制下企业合并产生的差额调整投资收益问题进行问询,最终确认为洛阳玻璃确认投资收益的做法属于重大会计差错。监管部门认为:同一控制下的企业合并,合并方在企业合并中取得的资产和负债,应当按照合并日在被合并方的账面价值计量。合并方取得的净资产账面价值与支付的合并对价账面价值的差额,应当调整资本公积。上市公司置出资产股权的净资产账面价值为负,公司应将从控股股东置入资产入账价值与置出资产账面价值的差额确认为资本公积,作为权益性交易进行会计处理。

2016年8月30日,洛阳玻璃发布了关于会计差错更正事项的公告。因会计差错导致对合并资产负债表和合并利润表的影响数,如表8-7和表8-8所示。

表8-7 对合并资产负债表的影响　单位:万元

资产负债表项目	更正前金额	更正金额	更正后金额
资本公积	92 220.72	32 923.81	125 144.53
未分配利润	−121 024.60	−32 923.81	−153 948.41

表8-8 对合并利润表的影响　单位:万元

利润表项目	更正前金额	更正金额	更正后金额
资产减值损失	32 301.77	−27 421.98	4 879.80
投资收益	60 345.79	−60 345.79	—
营业利润	14 484.40	−32 923.81	−18 439.41
利润总额	14 430.70	−32 923.81	−18 493.11
净利润	13 441.10	−32 923.81	−19 482.71

更正后,洛阳玻璃合并利润表从盈利1.34亿元,变更为亏损1.95亿元。

6. 遭遇处罚

2017年1月上海证券交易所做出通告,上交所决定对洛阳玻璃及其时任副总经理兼财务总监马炎、大信会计师事务所(特殊普通合伙)的注册会计师乔冠芳、汪海洲予以监管关注的处罚措施。

（二）分析思考

1. 根据本案例分析同一控制下企业合并和非同一控制下企业合并在确认计量方面的区别？

2. 根据本案例分析为什么洛阳玻璃会确认投资收益？

3. 如何看待会计政策选择？

（三）分析建议

1. 将两个或两个以上单独的企业合并形成一个报告主体的交易或事项就是企业合并。我国企业合并准则将企业合并按照合并双方合并前、后最终控制方是否变化划分为两大基本类型——同一控制下的企业合并与非同一控制下的企业合并。同一控制下的企业合并，是指参与合并的企业在合并前、后均受同一方或相同多方最终控制且该控制并非暂时性的。非同一控制下的企业合并，是指参与合并的各方在合并前、后不属于同一方或相同的多方最终控制。

同一控制下控股性企业合并确认和计量原则如下：对同一控制下通过控股合并取得的长期股权投资，应当按照合并日享有的被合并方所有者权益账面价值的份额作为其初始投资成本。支付的资产和承担的负债按其账面价值结转；发行的股份按面值总额确认。不管是以哪种方式支付对价，合并方都不会因失去的资产、承担负债及新发行的权益性证券而产生任何收益。合并方支付的合并对价与取得的净资产或股权之间差额应该调整资本公积。

非同一控制下控股性企业合并确认和计量原则如下：控股合并情况下，购买方按合并成本作为长期股权投资的初始投资成本确认计量；购买方合并成本以付出的资产、承担的负债及发行的权益性证券的公允价值计量；合并成本大于取得的可辨认净资产或股权的公允价值份额的差额，在合并财务报表中应予列示的商誉；合并成本小于取得的可辨认净资产或股权的公允价值份额的差额，体现在购买方合并当期的合并利润表的营业外收入项目，不影响购买方的个别利润表。

本案例洛阳玻璃合并蚌埠中建材信息显示材料公司是在中国洛阳浮法玻璃集团统一控制下实施的合并，是典型的同一控制下的合并。合并对价包括拥有的子公司的股权、拥有的子公司的债权、支付现金、发行股票。但不管是以哪种方式支付对价，合并方都不会因失去的资产、承担负债及新发行的权益性证券而产生任何收益。合并方支付的合并对价与取得的净资产或股权之间差额应该调整资本公积。

2. 首先，洛阳玻璃有盈余管理的迫切需求。因为，洛阳玻璃的主营业务一直处于亏损之中，因亏损退市是案例公司最担心发生的事情。因而选择一种能提高本公司盈余的资产重组核算原则是解决燃眉之急的最佳途径。其次，公司会计负责人和聘用的审计师都认为《企业会计准则33号——合并财务报表准则》第五十条的规定，可以作为本次重组业务的确认和计量原则。33号准则第五十条规定：处置股权取得的对价与剩余股权公允价值之和，减去按原持股比例计算应享有原有子公司自购买日或合并日开始持续计算的净资产的份额之间的差额，计入丧失控制权当期的投资收益，同时冲减商誉。这条规定确实看起来是可以将差额计入投资收益项目。但是这种自欺欺人的做法，却因对当期损益影响金额巨大而引起了监管部门的注意,从而使案例公司遭遇处罚。在分析案例时要注意,洛阳玻璃将差额做投资收益并不是按照非同一控制下确认和计量原则做出的处理。

3. 会计政策是指企业在会计确认、计量和报告中所采用的原则、基础和会计处理方法。在会计活动中,经济业务发生存在大量的不确定性,资产、负债、收入、费用等要素的确认和计量经常需要判断、选择和估计。而判断、选择和估计的依据是我国的企业会计准则,当准则中所遵循的原则、基础和会计处理方法有多种选择时,企业就会按照有利于自身信息披露的目标做出选择。同时,由于企业会计准则过于抽象,有些原则性的规则没有具体业务事项做解释,因会计人员的职业判断能力不高而用错会计政策的情况时有发生。

本案例中,洛阳玻璃的会计师和审计师基于自己对会计准则的理解,选择了对自己案例公司信息披露更为有利的会计政策进行资产重组事项的确认和计量。这一方面说明我国的会计准则体系还存在一些自相矛盾或不协调的内容有待完善,另一方面说明会计政策的选择是需要监管的,如果监管部门没有发现或者不主动去发现案例公司选择了不恰当的会计政策来实施盈余管理,损失的是因信息不对称而被蒙蔽的广大中小投资者。

主要参考文献

1. 企业会计准则编审委员会.企业会计准则应用指南——会计政策、会计估计变更及差错更正.上海:立信会计出版社,2015.

2. 企业会计准则编审委员会.企业会计准则应用指南——长期股权投资准则.上海:立信会计出版社,2015.

3. 企业会计准则编审委员会.企业会计准则应用指南——企业合并准则.上海:立信会计出版社,2015.

4. 企业会计准则编审委员会.企业会计准则应用指南——合并财务报表准则.上海:立信会计出版社,2015.

5. 新华网:洛阳玻璃上市 18 年七度亏损　靠政府补助幸存 http：// news. xinhuanet. com/finance/2013 - 01/21/c_124257499.htm.

6. 新浪财经:洛阳玻璃重大资产置换及发行股份并支付现金购买资产并募集配套资金暨关联交易实施情况报告书, http：// vip. stock. finance. sina. com. cn/corp/view/vCB_AllBulletinDetail.php? stockid＝600876＆id＝2132620.

7. 新浪财经:洛阳玻璃 2015 年年度业绩预增公告, http：// vip. stock. finance. sina. com. cn/corp/view/vCB_AllBulletinDetail.php? stockid＝600876＆id＝2178287.

8. 新浪财经:洛阳玻璃关于会计差错更正事项的公告, http：// vip. stock. finance. sina. com. cn/corp/view/vCB_AllBulletinDetail.php? stockid＝600876＆id＝2720888.

9. 新浪财经:会计差错更正情况专项说明, http：// file. finance. sina. com. cn/211.154. 219.97：9494/MRGG/CNSESH_STOCK/2016/2016 - 8/2016 - 08 - 30/2720894.PDF.

10. 和讯财经:洛阳玻璃财报出重大差错　马炎与大信会计事务所 2 人被监管,http：// stock.hexun.com/2017 - 01 - 22/187893183.html.

案例九 上市公司的会计差错

教学目标

1. 回顾会计差错的含义与类型,了解现行证券市场上市公司披露的会计差错的类型;
2. 学会透过会计差错公告深挖财务信息,透过会计差错更正看清企业经营实质;
3. 能够结合财务报表进行会计差错动机分析,掌握会计差错对利润产生的影响;
4. 回顾现行准则关于会计差错信息披露的规定,能够提出建设性的完善措施。

案例分析

(一)案例介绍

是"会计差错"还是"有心之错"

案例1:大智慧

2016年7月26日,上海大智慧股份有限公司(以下简称大智慧)收到中国证券监督管理委员会《行政处罚决定书》(〔2016〕88号)。该《行政处罚决定书》指出大智慧2013年信息披露存在6项违法事实。

2017年2月17日,大智慧发布了关于会计差错更正及其追溯调整的公告,针对上述《行政处罚决定书》所述财务数据错报金额进行了复核确认和重新计算,并对上述事项作为前期差错进行了相应的追溯调整:

① 2013年大智慧提前确认收入87 446 901.48元,虚增利润68 269 813.05元。

② 2013年大智慧虚增销售收入2 872 486.68元,虚增利润2 780 279.86元。

③ 大智慧利用框架协议虚增2013年收入和利润943 396.23元。

④ 大智慧减少2013年应计成本费用,虚增利润24 954 316.65元。

⑤ 2013年大智慧相关项目未履行完成,虚增收入15 677 377.40元,虚增利润15 468 181.70元。

⑥ 大智慧提前确认购买日,虚增2013年合并财务报表利润总额8 250 098.88元,虚增商誉4 331 301.91元。

从上述公告可以看出,该公司存在较多的收入确认和计量的重大差错,有提前确认收入和虚增收入,还有减少成本费用,这些项目将直接影响当期净利润。然而,这些项目是影响利润的主要项目、常规项目。会计准则都有明确规定,规定了其确认的时点、条件,强调符合规定的情形才可予以确认和计量,明确禁止不得提前确认,等等。同时,证监会对存在此类差错的上市公司也给予警示,甚至给予相应的处罚。相关媒体也对此类收入确认事件给予极大的报道与关注。但是,对于这样的会计差错还是屡禁不止,似乎愈演愈烈,每年总有一些上市公司出现收入确认的会计差错。

根据上述追溯调整事项,公告中显示:对该公司 2012—2015 年度合并财务报表的"归属于母公司所有者的净利润"这一项目的影响,如表 9-1 所示。

表 9-1　大智慧会计差错部分调整项目

项　目 年　度	调整前金额	调整金额	调整后金额	调整幅度
2012 年	−266 998 829.34	−6 206 061.86	−273 204 891.20	2.32%
2013 年	11 661 405.57	−129 594 646.79	−117 933 241.22	−1 111.31%
2014 年	106 924 126.07	102 334 443.21	209 258 569.28	95.71%
2015 年	−456 016 604.74	8 564 539.44	−447 452 065.30	−1.88%

从表 9-1 可以看出,因为这些会计差错,对 2013 年的净利润影响幅度为 −1 111.31%,调整幅度很大。调整前 2012 年亏损,但 2013 年、2014 年盈利,而且 2014 年明显比 2013 年盈余幅度大。但是,调整后,2012 年和 2013 年连续亏损,而且亏损金额较大。显然,调整后与调整前相比,呈现出的业绩状况不同,这样的业绩状况会对报表使用者做出决策产生较大的影响。

案例 2:三峡新材

2014 年 4 月 10 日,三峡新材公告对 2013 年度前期差错更正事项说明如下:

三峡新材在 2011 年、2012 年成本核算过程中,分别少计原材料成本 75 816 787.00 元、15 677 273.96 元,导致 2011 年、2012 年营业成本分别少计 75 816 787.00 元、15 677 273.96元,导致 2011 年、2012 年所得税费用分别多计 11 372 518.05 元、2 351 591.09 元,导致 2011年、2012 年应交税费分别多计 11 372 518.05 元、13 724 109.14 元,导致 2011 年、2012 年度留存收益分别多计 64 444 268.95 元、77 769 951.82 元。

为了进一步探索三峡新材该项差错对公司的影响,笔者在一些财经类公开网站搜集其近几年的利润表。对于"归属于母公司所有者的净利润"这一项目,2011 年、2012 年网站上公布的年报数据显示为 19 053 600.00 元、14 638 400.00 元。进一步搜集公司公告,才发现存在差错公告,公告中关于这两个会计年度的利润存在差错,涉及净利润的调整,如表 9-2 所示。

表 9-2　三峡新材会计差错更正的部分报表项目

时　间		2011 年 12 月 31 日	2012 年 12 月 31 日
年报公告		19 053 600.00	14 638 400.00
差错公告	追溯重述前	19 053 644.52	14 638 382.12
	重述金额	−64 444 268.95	−13 325 682.87
	追溯重述后	−45 390 624.43	1 312 699.25
调整幅度		−338.23%	−91.03%

从表 9-2 可以看出,差错公告的数据和年报公布的数据相差甚远。作为投资者,如果只是单纯查看网站公布的年报数据,而没有结合其差错公告,那么,对其财务状况的认识可

能存在较大的偏差。如表 9 - 2 所示,2011 年调整前的数据为 19 053 644.52 元,但是,追溯重述后转为负向,变为 -45 390 624.43 元,调整幅度为 -338.23%。2012 年调整前的数据为 14 638 382.12 元,但是,追溯重述后仅为 1 312 699.25 元,调整幅度为 -91.03%。从调整金额和调整幅度看,该项会计差错对三峡新材利润的影响非常大。

接着,笔者对三峡新材上市后几年的利润进行搜集整理,结果如表 9 - 3 所示。

表 9 - 3　三峡新材上市后归属于母公司净利润情况　　单位:元

时　间	2006 年 3 月 31 日	2006 年 12 月 31 日	2007 年 12 月 31 日	—
净利润	-8 689 530.00	4 826 300.00	6 935 150.00	—
时　间	2008 年 12 月 31 日	2009 年 12 月 31 日	2010 年 12 月 31 日	
净利润	-73 339 100.00	21 757 900.00	48 379 600.00	
时　间	2011 年 12 月 31 日	2012 年 12 月 31 日	2013 年 12 月 31 日	2014 年 12 月 31 日
净利润	-45 390 624.43	1 312 699.25	31 041 100.00	11 376 600.00
时　间	2015 年 12 月 31 日	2016 年 09 月 30 日	—	—
净利润	-66 269 500.00	21 036 600.00	—	—

从表 9 - 3 可以看出,该公司从 2006 年 3 月 31 日以来,业绩呈现"先巨亏后盈利的业绩组合"现象。在 2006 年至 2007 年的阶段里,先出现亏损为 -8 689 530.00 元,但到了年末即转为盈利,2007 年持续盈利。在 2008 年至 2010 年的阶段里,先出现巨亏为 -73 339 100.00 元,在接下来的 2009 年和 2010 年两年持续盈利。但是,两年的盈利总额不能弥补前面 2008 年出现的亏损。在 2011 年至 2014 年的阶段里,先出现巨亏为 -45 390 624.43 元,在接下来的三年持续盈利。但是,三年的盈利总额不能弥补前面 2011 年出现的亏损。在 2015 年至今的这一阶段里,又是先出现巨亏为 -66 269 500.00 元,在接下来的 2016 年第三季报中显示盈利。如果从 2006 年至今整个阶段来看,巨亏和盈利相抵后仍显示为亏损近 5 000 万元。

案例 3:欣泰电气

2015 年 7 月 14 日,欣泰电气因涉嫌违反证券法律法规被中国证券监督管理委员会立案调查。

2016 年 4 月 25 日,欣泰电气发布了 2015 年度会计差错更正的专项说明。会计差错涉及如下 4 个会计年度:

① 调整 2011 年少确认应收账款,调增应收账款期末余额 101 560 000.00 元;

② 调整 2012 年少确认应收账款,调增应收账款期末余额 117 922 296.48 元;

③ 调整 2013 年少确认应收账款,调增应收账款期末余额 183 775 388.85 元;

④ 调整 2014 年少确认应收账款,调增应收账款期末余额 72 623 673.80 元。

因会计差错更正涉及的部分报表项目,如表 9 - 4 所示。

表 9-4 欣泰电气会计差错更正的部分报表项目   单位：元

年　度	报表项目	调整前金额	调整金额	调整幅度
2011年	应收账款	135 310 619.98	94 961 614.92	70.18%
	其中：应收账款账面余额	143 645 093.67	101 560 000.00	70.70%
	应收账款坏账准备	8 334 473.69	6 598 385.08	79.17%
2012年	应收账款	168 834 097.40	105 894 370.92	62.72%
	其中：应收账款账面余额	179 651 295.08	117 922 296.48	65.64%
	应收账款坏账准备	10 817 197.68	12 027 925.56	111.19%
	其他应收款	6 346 265.46	32 002 640.68	504.28%
	其中：其他应收款账面余额	6 836 190.50	33 840 000.00	495.01%
	其他应收款坏账准备	489 925.04	1 837 359.32	375.03%
2013年	应收账款	207 819 469.93	161 061 558.84	77.50%
	其中：应收账款账面余额	220 942 297.51	183 775 388.85	83.18%
	应收账款坏账准备	13 122 827.58	22 713 830.01	173.09%
	其他应收款	6 915 821.62	58 410 148.53	844.59%
	其中：其他应收款账面余额	7 601 049.83	61 962 054.14	815.18%
	其他应收款坏账准备	685 228.21	3 551 905.61	518.35%
2014年	应收账款	390 049 011.15	49 019 248.20	12.57%
	其中：应收账款账面余额	414 386 112.04	72 623 673.80	17.53%
	应收账款坏账准备	24 337 100.89	23 604 425.60	96.99%
	其他应收款	14 753 762.89	68 488 190.38	464.21%
	其中：其他应收款账面余额	16 132 690.20	74 780 299.60	463.53%
	其他应收款坏账准备	1 378 927.31	6 292 109.22	456.30%

　　从表 9-4 可以看出，欣泰电气对于应收账款、其他应收款、坏账准备调整的幅度非常大，调整金额几乎相当于调整前金额。应收账款只是列示了一部分，还有 70% 之多并未列示。欣泰电气为什么会将如此之多、如此之大的应收款项记错？经查阅，2009 年 9 月，欣泰电气首次提交 IPO 申报材料，但因"所并购资产持续盈利能力不足"等原因被否。2011 年 11 月，欣泰电气向证监会再次提交 IPO 申请。鉴于第一次申请 IPO 被否认，欣泰电气在编制 2011 年年底模拟财务报表编制时发现，公司存在经营性现金流量为负、应收账款余额较大等问题，而这些项目对 IPO 至关重要。因此减少庞大的应收账款期末余额势在必行。但是，欣泰电气之前为了 IPO 申请成功，追求短期销售额，放松了客户信用管理，在增加收入的同时，也增加了大量的应收账款。由于这些低质量的货款回笼速度较慢，所以，产生大量积压应收账款。显然，这些应收账款能在短期内大量收回是个棘手的问题。据相关媒体和专业人士分析，欣泰电气通过向个人和公司借款、制作虚假进账单和对账单等自制应收账款的收回，从而减少应收账款期末余额。待被深交所要求立案调查时，欣泰电气以会计差错的

形式公告说明。公告中只是说明少确认应收账款的事实，并未提及少确认的原因。值得注意的是，对于应收账款这么大幅度的调整似乎还不符合我国会计准则的相关规定，因此对于该项会计差错进行审计的华普天健会计师事务所，出具了无法表示意见的审计报告（报告编号：会审字〔2016〕2891号）。审计报告最后指出：由于我们对欣泰电气2015年度财务报表审计报告（会审字〔2016〕2891号）发表了无法表示意见，根据《中国注册会计师审计准则第1603号——对单一财务报表和财务报表特定要素审计的特殊考虑》第十八条，我们不对欣泰电气上述会计差错更正是否恰当以及会计处理是否符合企业会计准则的相关规定发表意见。

（二）思考题

1. 根据《企业会计准则》的规定，收入的确认需要满足哪些条件？你觉得大智慧的会计差错是否有盈余管理的倾向？

2. 关于上市公司的盈利状况，证监会有哪些硬性规定？如何看待"先巨亏后盈利的业绩组合"现象？

3. 很多学者和实务工作者认为IPO上市存在盈余管理，结合案例谈谈你的观点？

4. 面对日益频发的会计差错，有专业人士认为是"有心之错"，必须加以抑制。有哪些措施可以有效抑制这种行为？

（三）分析提示

1. 根据《企业会计准则》规定第14号规则，销售商品收入同时满足下列五个条件的，才能加以确认：① 企业已将商品所有权上的主要风险和报酬转移给购货方；② 企业既没有保留通常与所有权相联系的继续管理权，也没有对已售出的商品实施有效控制；③ 收入的金额能够可靠地计量；④ 相关的经济利益很可能流入企业；⑤ 相关的已发生或将发生的成本能够可靠地计量。

在利润方面，证监会对上市公司有着硬性规定。为了保证上市的资格，上市公司可能会绞尽脑汁进行盈余管理。作为影响利润的主要因素——收入，通常被许多上市公司作为盈余的要素。为此，《企业会计准则》明确规定对于收入的确认和计量要按照规定进行，证监会对违反规定的行为也在不断明令禁止。但是，大智慧在2013年仍旧提前确认收入、虚增收入，这些行为都违反《企业会计准则》。而且幅度非常大，达到$-1\,111.31\%$，2013年也是因为此项差错，使得当年的利润从亏损变为盈利，使得性质发生变化，这样的差错难免有"盈余管理"之嫌。

2. 根据《深圳证券交易所股票上市规则》的规定，如果公司最近三年连续亏损，那么应当暂停上市。为了避免出现连续3年出现亏损，有些上市公司就有可能会人为的调整利润所属期间。比如对利润人为的平滑，使得上市各期利润相当，或呈现稳步增长的态势，从而对投资者留下业绩良好的形象。有的上市公司经营业绩不佳，按照实际经营状况是连续出现亏损，这样的业绩会被暂停上市，甚至终止上市。为了扭转颓势，有的上市公司索性将亏损聚集在一个期间，把盈余留置于后期。呈现先亏损后盈余的局面，从而对投资者留下成功扭转的印象。但是,从整个期间看,整体还是亏损的。当然,如何将亏损聚集,将盈余后置,这会涉及许多盈余管理的手段。比如资产减值准备的大计提,后期再将其转回;将收入递延到后期等。如果这样的手段没有被发现,那么企业会幸运地避免被暂停上市的情形,后期一旦被发现,再以会计差错的形式来更正前几期的报表,有的差错跨越几个会计期间,风险似乎已事过境迁,容易被投资者忽视。所以,对上市期间的利润进行"先巨亏后盈利的业绩组合"正是一种逃避监管,避免暂停退市的手段。

3. 在我国,上市公司与非上市公司在融资、政策优惠、社会认可方面存在很大差异,很多企业为了生存发展,挤破头皮地在争取上市的资格。但上市的资格条件是有严格规定的,对财务状况有着高标准的要求,有些企业在不达标的情况下,努力粉饰自己的财务报表,让其报表表面上看起来合规好看,也就是进行所谓的盈余管理。当然,盈余管理的手段很多,有的盈余管理手段只是人为的调整利润的期间,如提前或推迟确认收入,研发费用资本化和费用化比例人为调整等。但是,有的盈余管理手段则涉及欺诈,需要强有力的措施予以监管制止。欣泰电气在第一次申请 IPO 失败的情况下,为了确保第二次申请成功,从 2011 开始,对财务报表进行一系列的盈余管理。这期间,涉及制造虚假应收账款回收、虚增货币资金收回、虚增经营活动产生现金流量等。因涉嫌 IPO 财务造假,欣泰电气可能成为发行退市第一股。

4. 根据《企业会计准则》第 28 号,前期差错是指由于没有运用或错误运用下列两种信息,而对前期财务报表造成省略或错报:① 编报前期财务报表时预期能够取得并加以考虑的可靠信息;② 前期财务报告批准报出时能够取得的可靠信息。前期差错通常包括计算错误、应用会计政策错误、疏忽或曲解事实、舞弊产生的影响以及存货、固定资产盘盈等。

但是,纵观上市公司的会计差错公告,会计差错似乎总是伴随着高报盈余、扭亏为盈、虚假陈述等特殊目的。而且,有些金额小的、不重要的会计差错是上市公司自动更正,但是,更多的涉及金额大的、影响性质的会计差错似乎都是被动更正,而且只是提及出现差错,需要更正这一事实,对于更正的原因或者只字不提,或者陈述不详。由于上市公司对于财务报告的合规好看有着强烈的愿望,所以在《企业会计准则》的不完善,证监会的监管不力的环境下,"有心之错"就成为可能。甚至有些上市公司都是"常规错"、"累错"、"累犯"、"累罚"。

如何抑制这些变相过度的会计差错呢?这需要多方的努力。首先,《企业会计准则》需要完善关于会计差错的信息披露规则,提升披露的规范性,体现披露的重要性,减少披露的灵活性,增强披露的操作性。其次,强化对会计差错的监管,构建信息披露评价指标,建立信息披露信用体系,最后,对于报表使用者,应结合会计差错综合评价公司经营状况,因为会计差错等公告可能是隐藏公司重大财务信息的"有心之错"。

主要参考文献

1. 企业会计准则编审委员会.企业会计准则应用指南——收入.上海:立信会计出版社,2015.

2. 企业会计准则编审委员会.企业会计准则应用指南——会计政策、会计估计变更与会计差错.上海：立信会计出版社，2015.

3. 证券日报：上海大智慧股份有限公司关于会计差错更正及其追溯调整的公告，http：//zqrb.ccstock.cn/html/2017－02/17/content_254700.htm.

4. 新浪财经：上海大智慧股份有限公司年报的公告，http：//vip.stock.finance.sina.com.cn/corp/go.php/vCB_Bulletin/stockid/601519/page_type/ndbg.phtml.

5. 新浪财经：湖北三峡新型建材股份有限公司关于湖北三峡新型建材股份有限公司前期差错更正的专项说明，http：//vip.stock.finance.sina.com.cn/corp/view/vCB_AllBulletinDetail.php? stockid＝600293＆id＝1356740.

6. 新浪财经：三峡新材（600293）利润表，http：//vip.stock.finance.sina.com.cn/corp/go.php/vFD_ProfitStatement/stockid/600293/ctrl/part/displaytype/4.phtml.

7. 新浪财经：欣泰电气年报公告，http：//vip.stock.finance.sina.com.cn/corp/go.php/vCB_Bulletin/stockid/300372/page_type/ndbg.phtml.

8. 新浪财经：欣泰电气：关于公司 2015 年度会计差错更正的专项说明，http：//vip.stock.finance.sina.com.cn/corp/view/vCB_AllBulletinDetail.php? stockid＝300372＆id＝2412663.

9. 东方财富：欣泰电气坐实 IPO 财务造假　或成欺诈发行退市第一股，http：//finance.eastmoney.com/news/77428,20160602629778427.html.

10. 网易新闻，欣泰电气 IPO 造假遭顶格处罚，http：//news.163.com/16/0602/00/BOH279O300014AED.html.

11. 金融界：欣泰电气虚构收回应收款 4.69 亿会计差错还是财务造假？http：//stock.jrj.com.cn/2015/11/30012020153084.shtml.

12. 同花顺：会计差错，http：//www.iwencai.com/search? ts＝1＆querytype＝＆tid＝info＆qs＝sl_box_main_ths＆w＝会计差错.

案例十　关联方交易

教学目标

1. 回顾关联交易的含义与类型，了解证监会关于我国《首次公开发行股票并上市管理办法》；

2. 熟悉《公开发行证券的公司信息披露内容与格式准则》，了解现行证券市场上市公司关联交易信息披露的现状；

3. 学会透过招股说明书深挖关联交易信息，能够结合反馈意见进行关联交易动机分析；

4. 掌握分析关联交易对发行方产生怎样的影响。

案例分析

（一）案例介绍

IPO 否决之关联交易

2015 年 12 月 30 日,证监会网站发布证监会令第 121 号《关于修改〈证券发行与承销管理办法〉的决定》、证监会令第 122 号《关于修改〈首次公开发行股票并上市管理办法〉的决定》、证监会令第 123 号《关于修改〈首次公开发行股票并在创业板上市管理办法〉的决定》,自 2016 年 1 月 1 日起施行。同时,证监会公告〔2015〕32 号《公开发行证券的公司信息披露内容与格式准则第 1 号——招股说明书(2015 年修订)》,自 2016 年 1 月 1 日起施行。

自 IPO 新政正式实施后,深入分析 IPO 被否的原因,对于企业 IPO 申请成功具有风向标意义。据专业人士分析,公司独立性和盈利能力一直都是 IPO 过会关注的焦点。其中,独立性的审查主要指关联交易。通过对 2016 年 1 月 1 日施行以后 IPO 被否的案例进行查阅,发现很多首发申请都存在对关联交易信息披露不规范、不完整的情形,有些上市公司的关联交易问题甚至很严重,抱有"带病上会"碰碰运气的侥幸,下面将对 IPO 被否的案例进行探讨。

1. 购销业务关联比重高

（1）南航传媒

据南航传媒首次公开发行股票招股说明书中显示,报告期内,公司与关联方发生销售关联交易情况,如表10-1所示。

表10-1　南航传媒销售关联交易情况

项　目	2015年1—6月		2014年		2013年		2012年	
	金额 (万元)	占收入 比例(%)	金额 (万元)	占收入 比例(%)	金额 (万元)	占收入 比例(%)	金额 (万元)	占收入 比例(%)
媒体经营	2 231.37	13.44	5 470.29	13.10	5 963.59	13.96	1 692.12	4.00
公关与设计	352.90	2.13	1 807.73	4.33	1 603.53	3.75	2 654.40	6.27
客户代理	2.52	0.02	60.04	0.14	296.47	0.69	567.63	1.34
销售商品	217.72	1.31	511.83	1.23	400.98	0.94	1 189.81	2.81
合　计	2 804.52	16.89	7 849.90	18.80	8 264.57	19.35	6 103.96	14.43

报告期内,公司与关联方发生采购关联交易情况,如表10-2所示。

表10-2　南航传媒采购关联交易情况

项　目	2015年1—6月		2014年		2013年		2012年	
	金额 (万元)	占成本 比例(%)	金额 (万元)	占成本 比例(%)	金额 (万元)	占成本 比例(%)	金额 (万元)	占成本 比例(%)
采购商品或 接受劳务	103.24	1.34	563.14	2.91	350.32	1.98	208.97	1.30
采购媒 体资源	1 940.08	25.20	5 112.10	26.46	4 934.77	27.90	4 110.68	25.62
合　计	2 043.31	26.54	5 675.24	29.37	5 285.09	29.88	4 319.64	26.93

从上述南航传媒IPO说明书披露的信息可以看出,南航传媒向关联方销售商品及提供劳务的交易金额比重较高。而且,与关联方的交易比重呈上升趋势,仅2015年半年就已达到16.89%,接近前一期全年的水平。向关联方采购的交易金额存在同样的问题。即该公司主要业务与关联方关系紧密,可操作的空间大。

证监会对此项关联交易的反馈意见为:公司存在如下情况:2012年度、2013年度、2014年度和2015年1—6月,发行人向关联方销售商品及提供劳务的交易金额分别为6 103.96万元、8 264.57万元、7 849.90万元和2 804.52万元,占营业收入的比重分别为14.43%、19.35%、18.80%和16.89%;向关联方采购的交易金额分别为4 319.65万元、5 285.09万元、5 675.24万元和2 043.31万元,占营业成本的比例分别为26.93%、29.88%、29.37%和26.54%;请说明发行人与控股股东下属公司间的多项关联交易,是否对发行人独立性产生不利影响,是否对控股股东产生重大依赖。

(2) 华龙讯达

据华龙讯达首次公开发行股票招股说明书中显示,报告期内,2013年、2014年、2015年、2016年1—6月,发行人对中臣数控关联销售产生的毛利金额分别为283.46万元、1 054.02万元、1 145.09万元、863.08万元,占当年毛利总额的比例分别为4.76%、17.93%、18.22%、33.92%。

根据上述报告内容可以看出,发行人向关联销售产生的毛利比例逐年上升,而且上升的幅度很大,仅2016年上半年就已达到2013年的7倍多,是2015年全年的2倍之多。这样的关联交易难免产生业务独立性不强,对关联方存在依赖的嫌疑。

此外,据IPO说明书显示,发行人向中臣数控销售的配件毛利率与非关联方毛利率,如表10-3所示。

表10-3　华龙讯达与中臣数控关联毛利情况

年　度	关联交易金额(万元)	关联交易毛利率	非关联交易毛利率
2016年1—6月	21.86	67.64%	62.11%
2015年	271.66	81.79%	60.39%
2014年	126.01	78.51%	73.71%
2013年	104.56	54.96	53.05%

表10-3可以看出,报告期各期关联交易毛利率均高于非关联交易毛利率,尤其是2015年度,IPO申请的前一期,高于非关联交易毛利率的幅度达21.4%。

对此,证监会对此反馈意见为:说明发行人向中臣数控销售毛利率各期各种类均高于非关联交易毛利率的原因及合理性;结合无关联第三方市场价格,说明报告期内发行人与中臣数控之间关联交易的定价方式、公允性及对发行人的影响。

2. 关联定价依据未披露

据南航传媒首次公开发行股票招股说明书中显示,南航传媒与关联方的关系,如表10-4所示。

表10-4　南航传媒与关联方关系

序号	关联方名称	与本公司的关联关系
1	南航集团	控股股东,持有公司60%的股份
2	南方航空	持有公司40%的股份

据南航传媒IPO公告显示:2008年11月11日,南航传媒与南方航空签署《无形资产特许使用协议》,约定南方航空将其拥有的机上报刊发行渠道,以及机上闭路电视、客舱座椅头巾、小桌板等广告资源18年特许使用权提供给公司使用,总价为3503.66万元。并先后与南方集团旗下的贵州航空、重庆航空、厦门航空签订了媒体资源使用协议,约定将其拥有的机上相关广告媒体经营权委托给发行人经营。

从南航传媒公告的信息可以看出,其受南航集团和南方航空两大股东控制。将2008年与持有其40%的股东签订的协议与其提供的其他协议相比,该价格平均每年200万元,与其他协议价和市场价存在较大差距。

证监会对此反馈意见为:进一步核查说明发行人与南方航空签订的《无形资产特许使用协议》,及与贵州航空、重庆航空、厦门航空等签订媒体资源使用协议的主要权利义务约定情况,并结合发行人与无关联第三方的交易定价情况,进一步分析说明发行人与上述公司间交易定价的依据和公允性,说明发行人股东是否存在利益输送的情形。

3. 存在大额关联资金占用

（1）南航传媒

据南航传媒首次公开发行股票招股说明书中显示，报告期内，发行人大部分资金存放于南航财务。2012年度、2013年度和2014年度，发行人分别取得存款利息收入628.45万元、816.80万元和1 233.68万元。截至报告期末，公司及分、子公司在南航财务共开设23个账户，其中基本户二级账户7个、一般户二级账户2个，其相应的一级账户均开设在国有商业银行；定期存款账户7个、通知存款账户7个。

根据南航传媒披露的存款利息收入金额之大，可以推断出发行人有很多资金存放于南航财务，资金缺乏独立性。值得注意的是，南方财务为南航集团下属的单位，即控股股东的下属公司。这种关联业务属于控股股东占用资金，侵占上市公司的利益的情形。

证监会对此项披露的反馈意见为：进一步说明发行人将资金安排存放于南航集团下属南航财务的背景。

（2）广东达安

据广东达安首次公开发行股票招股说明书中显示，报告期内，发行人与关联方的关联借款，具体如表10-5所示。

表10-5　广东达安关联借款情况

发生期间	借款人	借款金额（万元）	借款日期	还款日期	年利率	支付利息（万元）
2013年度	吴君晔	600.00	2013/5/10	2013/12/27	—	—
合　计		600.00				
2014年度	吴君晔	1 000.00	2014/3/27	2014/12/26	6.00%	69.51
2014年度	吴君晔	650.00	2014/5/14	2014/12/29		
合　计		1 650.00				69.51
2015年度	吴君晔	1 650.00	2015/1/4	2015/6/24	6.00%	47.30
合　计		1 650.00				47.30

从该项借款明细可以看出，报告期内发行人与吴君晔之间发生较多的借款，借款金额巨大，而且近3年，均有借款发生。根据公告说明，吴君晔为实际控制人之一，这样的关联借款是否必要、是否合理、是否会损害中小股东的利益值得商榷。

对此，证监会关于该项披露的反馈意见为：报告期内发行人与实际控制人之一吴君晔存在较多关联借款。请发行人说明发生关联方借款的原因、相关资金用途、吴君晔出借资金来源、关联交易的必要性及公允性、利息水平的合理性、是否存在利益输送。

4. 关联业务有失公允性

据南航传媒首次公开发行股票招股说明书中显示，2010年4月，公司租用南方航空位于深圳市南山区南山大道2006号南方航空大厦旧楼二层北面半层，面积为300平方米的办公场所，月租金为20元/平方米，租赁期限为2010年4月1日至2013年3月31日。2011年9月，公司租用南方航空位于深圳市南山区南山大道2006号南方航空大厦旧楼一楼北面半层，面积为175平方米的办公场所，月租金为30元/平方米，租赁期限为2011年12月1

日至 2013 年 3 月 31 日。2013 年 3 月，公司向南方航空续租上述两处房产，月租金为 35 元/平方米，租赁期限为 2013 年 4 月 1 日至 2016 年 3 月 31 日。

从上述报告内容可以看出，南航传媒向南方航空（持有其 40％ 的股份）租用两处房产。2013 年 3 月，续租上述两处房产时房租比之前有大幅下降。下降的动因是否存在利润输送的可能，该价格与同类房产非关联方相比，是否合理，这些都需要进一步核实。

对此，证监会关于该项披露的反馈意见为：结合与无关联第三方比较，说明发行人租赁南航集团相关物业的定价依据及公允性。

（二）思考题

1. 什么是关联方交易？结合历史背景，谈谈关联方交易的产生？不正当的关联交易会有哪些危害？

2. 根据《公开发行证券的公司信息披露内容与格式准则第 1 号——招股说明书（2015 年修订）》，申请首次公开发行股票，对于发行人的独立性有哪些要求？

3. 2016 年施行的首发办法删除独立性的法定要求，改为应披露达到的要求，是否是对关联方交易监管的放松？

4. 2016 年 1 月 1 日起开始实施的 IPO 新政，建立了券商先行赔付制度，有媒体评价证监会是在重拳出击，你如何看待？

（三）分析提示

1. 关联方交易，是指关联方之间转移资源、劳务或义务的行为，而不论是否收取价款。关联方交易的类型通常包括下列各项：购买或销售商品、购买或销售商品以外的其他资产、提供或接受劳务、担保、提供资金（贷款或股权投资）、租赁、代理、研究与开发项目的转移、许可协议、代表企业或由企业代表另一方进行债务结算、关键管理人员薪酬。

在我国，由于历史原因，很多上市公司是从母公司"分拆"出的一部分，与母公司及其下属子公司之间有着千丝万缕的联系。它们之间存在着大量的关联购销、资金往来以及担保、租赁等关联交易行为。如果这种关联交易是公允的，那么有利于企业集团降低成本、提高企业效率和市场竞争力。但是，很多上市公司与母公司及其下属子公司之间的这种关联交易可能不公允，它们为保住上市公司的配股资格或实现扭亏，或避免摘牌，或通过上市公司融资"圈钱"等目的，进行不公开、不真实和不公允的关联交易，成为上市公司向控股股东进行利益输送的工具。

不正当的关联交易所带来的负面影响很大，证券市场上也曾发生过这样影响重大的实例。它的危害可以分为以下几个方面：首先，扰乱证券市场的正常秩序，破坏市场资源配置功能。上市公司对关联交易披露的信息不实，将误导投资者，大量资源便流向实际生产经营能力不佳而报表表面信息优良的企业。证券市场泡沫因此生成。其次，损害中小股东的利益，由于这种行为并没有真正改善上市公司的经营管理水平。但由于这些上市公司对相关信息披露进行了操纵，最终误导投资者的决策甚至坑害中小投资者和债权人的利益。最后，损害国家利益，通过这种行为可能进行税收减负，转移国有资产。

2. 根据 IPO 新政,发行人应披露已达到发行监管对公司独立性的下列基本要求:

① 资产完整方面。生产型企业具备与生产经营有关的主要生产系统、辅助生产系统和配套设施,合法拥有与生产经营有关的主要土地、厂房、机器设备以及商标、专利、非专利技术的所有权或者使用权,具有独立的原料采购和产品销售系统;非生产型企业具备与经营有关的业务体系及主要相关资产。

② 人员独立方面。发行人的总经理、副总经理、财务负责人和董事会秘书等高级管理人员不在控股股东、实际控制人及其控制的其他企业中担任除董事、监事以外的其他职务,不在控股股东、实际控制人及其控制的其他企业领薪;发行人的财务人员不在控股股东、实际控制人及其控制的其他企业中兼职。

③ 财务独立方面。发行人已建立独立的财务核算体系,能够独立做出财务决策,具有规范的财务会计制度和对分公司、子公司的财务管理制度;发行人未与控股股东、实际控制人及其控制的其他企业共用银行账户。

④ 机构独立方面。发行人已建立健全内部经营管理机构、独立行使经营管理职权,与控股股东和实际控制人及其控制的其他企业间不存在机构混同的情形。

⑤ 业务独立方面。发行人的业务独立于控股股东、实际控制人及其控制的其他企业,与控股股东、实际控制人及其控制的其他企业间不存在同业竞争或者显失公平的关联交易。

发行人应披露保荐人对前款内容真实、准确、完整发表的结论性意见。

3. 对于"发行人的业务独立,与控股股东、实际控制人及其控制的其他企业间不得有同业竞争或者显失公平的关联交易"的要求,2016 年施行的首发办法将其从"发行条件"调整为"信息披露要求"。但是,这项调整并不是意味 IPO 审核对关联交易要求的放松,尤其在主板首发办法,财务与会计部分的第二十五条、第三十条均保留了对关联交易相关问题的条款。重要关联方、关联交易是否披露完整,关联交易价格是否公允,关联交易的规模如何,是否通过关联交易操纵利润,发行方的经营业绩是否对关联方存在重大依赖,发行方降低过高关联交易的措施如何等依然是 IPO 审核的关注点。

4. 2015 年 11 月重启新股发行时,证监会对新股发行制度进行了完善,简化了发行条件,突出了审核重点,同时对保荐机构自行承诺先行赔付作了安排。根据新政,招股说明书扉页应载有如下声明及承诺:"保荐人承诺因其为发行人首次公开发行股票制作、出具的文件有虚假记载、误导性陈述或者重大遗漏,给投资者造成损失的,将先行赔偿投资者损失。"这意味着券商先行赔付制度建立,目的在于有效落实中介机构责任,遏制欺诈发行行为,强化对投资者的保护。先行赔付本质上是一种便利投资者获得经济赔偿的替代性制度安排,对于投资者因欺诈发行等严重违法行为而遭受的损失,由承担保荐责任的保荐机构基于其事先的自律承诺先行赔付投资者,并相应取得向发行人依法追偿的权利。这一制度安排,有万福生科等案例行之有效的实践经验可以借鉴,是基于我国市场目前的法治和诚信环境,是有效落实投资者权益保护的有益探索。

主要参考文献

1. 中国证券监督管理委员会：广东达安项目管理股份有限公司创业板首次公开发行股票招股说明书，http://www.csrc.gov.cn/pub/zjhpublic/G00306202/201701/t20170118_309654.htm#.

2. 中国证券监督管理委员会：广东达安项目管理股份有限公司创业板首次公开发行股票申请文件反馈意见，http://www.csrc.gov.cn/pub/newsite/fxjgb/scgkfxfkyj/201701/t20170118_309653.html.

3. 中国证券监督管理委员会：中国南航集团文化传媒股份有限公司首次公开发行股票招股说明书，http://www.csrc.gov.cn/pub/zjhpublic/G00306202/201601/t20160121_290091.html.

4. 中国证券监督管理委员会：中国南航集团文化传媒股份有限公司首次公开发行股票申请文件反馈意见，http://www.csrc.gov.cn/pub/newsite/fxjgb/scgkfxfkyj/201601/t20160121_290090.html.

5. 中国证券监督管理委员会：金龙羽集团股份有限公司首次公开发行股票招股说明书，http://www.csrc.gov.cn/pub/zjhpublic/G00306202/201702/t20170217_312355.html.

6. 中国证券监督管理委员会：金龙羽集团股份有限公司首次公开发行股票申请文件反馈意见，http://www.csrc.gov.cn/pub/newsite/fxjgb/scgkfxfkyj/201702/t20170217_312349.html.

7. 中国证券监督管理委员会：深圳华龙讯达信息技术股份有限公司创业板首次公开发行股票招股说明书，http://www.csrc.gov.cn/pub/zjhpublic/G00306202/201612/t20161213_307734.html.

8. 中国证券监督管理委员会：深圳华龙讯达信息技术股份有限公司创业板首次公开发行股票申请文件反馈意见，http://www.csrc.gov.cn/pub/newsite/fxjgb/scgkfxfkyj/201612/t20161213_307732.html.

9. 中国投资指南：证监会公告〔2015〕32号 公开发行证券的公司信息披露内容与格式准则第1号——招股说明书（2015年修订），http://www.fdi.gov.cn/1800000121_23_72757_0_7.html.

10. 中国证券监督管理委员会：关于修改《证券发行与承销管理办法》的决定，http://www.csrc.gov.cn/pub/zjhpublic/G00306201/201512/t20151231_289350.html.

11. 中国证券监督管理委员会：关于修改《首次公开发行股票并上市管理办法》的决定，http://www.csrc.gov.cn/pub/tianjin/tjfzyd/tjjflfg/tjbmgz/201602/t20160226_293144.html.

12. 企业会计准则编审委员会.企业会计准则应用指南——收入.上海：立信会计出版社,2015.

13. 企业会计准则编审委员会.企业会计准则应用指南——关联方披露.上海：立信会计出版社,2015.

案例十一　上市公司信息披露失真

1. 了解上市公司信息失真的几种类型；
2. 掌握目前关于上市公司信息披露的有关政策法规；
3. 能够对目前我国上市公司信息披露失真原因进行具体分析，并能从中找到解决这一问题的方法与思路。

案例分析

案例1　昆明机床信披违法　中德证券未尽责各领罚单

2016年2月，云南证监局在日常监管中发现辖区上市公司昆明机床及其第一大股东沈机集团、股份拟受让方紫光卓远涉嫌信息披露重大遗漏。经查，在沈机集团拟向紫光卓远转让昆明机床股份过程中，昆明机床、沈机集团未披露"3个月自动解除"等协议生效条件和特殊条款，紫光卓远未完整披露协议的生效条件，信息披露存在重大遗漏；且沈机集团、紫光卓远未按照规定披露沈机集团回购昆明机床资产的股份转让补充协议。中德证券作为紫光卓远聘请的财务顾问，未勤勉尽责，未发现紫光卓远信息披露存在重大遗漏。证监会行政处罚委已对昆明机床、沈机集团、紫光卓远下发《行政处罚事先告知书》，对中德证券责令改正，并处共计600万元的罚没款。

昆明机床是A＋H公司，该案中，上市公司的老机床业务逐渐衰落，而股权拟受让方隶属于全国知名的高科技、信息化产业集团，如果股权转让成功，未来进行资产重组的概率很大，因此市场反应强烈。

2015年10月，昆明机床发布股权转让公告，股价涨幅一度超过90%。2016年2月之后，股价走势出现逆转，迅速跌回了公告之前的价格。短短5个月时间，昆明机床股价波动幅度接近100%，最高日换手率超过20%。

而公司股价大幅上涨和大幅下跌的界线，是2016年2月5日的一纸公告，该公告本应于2015年10月公告股权转让事项时就应予以披露。

证监会查明，2016年2月5日中午，昆明机床发布《重大事项进展情况公告》，提示协议中存在"3个月自动解除"条款，股权转让协议将在2月8日自动解除，转让双方正在协商是否延期。2016年春节后，昆明机床即发布《股权转让等重大事项终止暨股票复牌提示性公告》,由于股权转让协议生效条件未达成,项目终止。

上述"3个月自动解除"条款在2015年10月签署的《股权转让协议》中就已经存在。但昆明机床以及沈机集团、紫光卓远,或仅仅履行了形式上的披露程序,或仅仅考虑了自身的投资风险,而没有及时把"3个月自动解除"这一关键的风险点披露给市场普通投资者。

在上述股权转让过程中,昆明机床、沈机集团、紫光卓远分别按照《证券法》等相关法规履行了信息披露义务,但3家公司均出现了重大遗漏;中德证券作为紫光卓远聘请的财务顾问,也没能发现紫光卓远信息披露存在重大遗漏。

本案中,紫光卓远是紫光集团的子公司,紫光集团的控股股东为清华控股有限公司,实际控制人为教育部,为全国知名的高新技术、信息产业和投资集团;沈机集团为沈阳国资委下属大型国有企业;昆明机床也是国内机床行业的骨干企业,曾是内地首批9家到香港上市的股份制试点企业之一,涉案主体的社会影响力较大。

办案人员表示,2016年5月,调查组兵分5路,对多个涉案主体同时进场调查。虽然面临着部分调查对象不配合、不理解、互相推诿、"遗忘""丢失"相关证据材料的困难,但由于前期分析较为细致、透彻,调查方案完整覆盖了各个调查地点、调查对象和主要违法事项,做好了充分的预案,稽查总队和云南证监局调查同志密切配合,全面取得了相关证据,在2个工作日内基本完成了现场调查。

案例2 时空客信披违法新三板公司首个市场禁入者"诞生"

2016年4月中旬,新三板挂牌公司时空客的主办券商向监管机构报告,时任时空客董事长王恩权涉嫌占用公司资金。大连证监局立即进场对时空客展开专项核查,根据前期现场核查情况,在对案情进行充分研判的基础上,决定立案稽查。时空客成立于2010年1月28日,公司股票2014年11月13日在新三板挂牌交易,原董事长王恩权直接持有公司11%的股份,2016年5月17日前,王恩权通过采取一致行动人的方式共同控制53.12%的股份,为公司实际控制人。

2016年5月17日,因王恩权存在占用公司资金行为,公司18位股东与实际控制人王恩权签署《解除一致行动协议》。截至作出行政处罚日,共有353名投资者持有该股。

2016年10月27日,大连证监局依法认定时空客信息披露违法,决定对时空客给予警告,并处40万元罚款;对直接负责的主管人员、原董事长、实际控制人王恩权给予警告,并处30万元"顶格"罚款,同时采取5年市场禁入措施;对其他直接责任人员时任董事兼副总经理臧宇和时任董事兼财务总监贺云霞给予警告,并处3万元罚款。

王恩权也因此成为新三板挂牌公司中首个被市场禁入者。

办案人员介绍,本案违规手法呈现出以下突出特点:

① 公司实际控制人"一言堂"。王恩权授权及主导的一系列违法违规事项,均未履行公司董事会、股东大会决议程序,未履行定期报告或临时公告义务。

② 公司内控制度完全失效。管理层法律、合规意识淡薄,相关制度制定不合理,缺乏针对性和可执行性。对于实际控制人在长达1年多时间内,多次通过虚构合同或利用其他员工大额频繁申请备用金等方式转出资金的异常行为,管理层绝大多数不知情,少数知情董事

和高管在对上述事项的审核中没有表示任何异议或向公司董事会、股东大会提请关注就签字审批。

③ 公司存在大量账外或有债务。转出的资金最终全部转入王恩权个人账户,再从王恩权个人账户流入百余个其他个人账户。调查中,经常有自称是时空客的债权人来到公司讨债,王恩权承认这些债务,但债务在时空客账务上没有任何体现。调查时还有多家高利贷公司向王恩权追债,时空客被多个债权人起诉到法院,公司所有账号均被冻结。

④ 违法行为认定较为复杂。2016 年 5 月 12 日,王恩权主动到公安机关自首,称其"占用公司资金",接受调查组多次询问时,他坚称所借债务"是为了公司发展",调查中大部分相关人员均认可其说法,不相信王恩权会将转出的资金占为己有或挥霍了。

根据实质重于形式原则,调查组坚持依法、审慎原则,大连证监局最终将违法行为定性为"关联交易",根据《证券法》第 193 条规定,认定为"信息披露违法"进行处罚。

时空客案件的线索来源于中介机构的自查,实际上是公司实际控制人的资金链断裂,导致风险暴露,王恩权以"占用公司资金问题"为由到公安机关自首。

办案人员表示,该案的查处为股转系统挂牌公司实际控制人、大股东、董、监、高划定了醒目的红线,也郑重提醒市场挂牌企业。

股转系统挂牌公司作为公众公司,必须依法履行信息披露义务,信息披露行为必须恪守"真实、准确、完整、及时"的要求。

股转系统挂牌公司的实际控制人和董、监、高必须加强对相关法律法规的学习,遵法守法,畏法敬法,不断完善公司治理,加强内部控制,切实提高规范运作水平。

股转系统挂牌公司的主办券商应切实履行持续督导义务,督促挂牌公司真实、准确、完整披露信息,发现违法违规线索的,应及时向监管机关报告。

案例 3 "妖股"安硕信息及东方证券从业人员信息误导

2015 年 1 月 1 日至 5 月 13 日,安硕信息股价大幅上涨,期间累计涨幅高达 703%,股价最高达 473 元/股,成为当年 A 股市场与全通教育齐名的妖股之一。

安硕信息原本仅为一家以金融 IT 软件为主营业务的公司,不到一年时间,在主业没有根本转变的情况下,"华丽转身"为互联网金融业务公司——它背后是公司编制从事互联网金融相关业务这一具有诱导性的故事。

公司利用市场题材热点,为迎合市场提升市场知名度,虚实相间乃至偷换概念地披露信息,为投资者描绘出公司发展的广阔前景,在研究咨询等人员的配合下,大量传播误导性信息,短期内吸引了大量基金及个人投资者扎堆买入该股,导致该股短期内股价大幅上涨,严重偏离市场指数,扰乱了市场秩序,造成了恶劣影响。

从调查情况看,该案中研究员想要"扬名",公司想"得利"(涨股价),而违法过程可以分解为"编故事、讲故事、信故事、炒故事"。

"编故事"即编制亦真亦假的信息,找热点题材,编制公司发展设想和计划,再夸张渲染。安硕信息宣传披露涉案信息分两个阶段:一是 2014 年 5 月至 2014 年 11 月,主要以"征信、数据、小贷云"为主要披露和宣传内容,二是 2014 年 11 月至 2015 年 5 月,开始披露并宣传布局互联网金融相关业务。

期间,安硕信息向东方证券研究员浦俊懿、郑奇威提供了其向互联网转型的各种设想和计划,浦、郑二人脱离公司实际,大量使用不符合公司实际的夸张性语言和评价对其进行"推销"。研报中不时出现"极具业务延展性……""强烈看好……""最优质的银行 IT 标的……""无与伦比……""绝对领先"等词语,极具诱导性和蛊惑性。

"讲故事"即对上述"故事"进行传播、扩散。东方证券研究团队是传播故事的主要力量,这主要基于其作为"卖方"的影响力和专业性。

浦、郑二人作为东方证券研究所研究员,利用卖方接触基金公司等机构投资者的优势,夸大并传播安硕信息开展互联网金融相关业务的涉案信息。传播方式包括:邮件、召开现场会、登门路演、组织基金经理和研究人员到上市公司调研等。

证监会查明,安硕信息在"编故事"过程中存在以下信息披露违法行为:向东方证券研究员、部分基金公司这样的特定机构发布其向互联网金融转型的规划和部分具体措施,但未说明其在互联网业务上的真实投入和项目的实际进展,属不适当披露及误导性陈述;2015 年 2 月披露成立西昌互联网信息公司,该信息披露让投资者误以为安硕信息在互联网业务上取得的实质性进展,但经现场调查,该公司实际上为"七无公司"(无人员、无业务、无收入、无资金、无技术、无场所、无规划)的空壳公司,属误导性陈述。

证监会最终认定安硕信息对外披露、宣传行为构成误导性陈述行为,并依法对安硕信息给予警告,并处以 60 万元罚款,对直接负责的主管人员高鸣给予警告,并处 30 万元罚款;对直接负责的其他人员曹丰给予警告,并处 20 万元罚款。

认定东方证券浦俊懿、郑奇威未能客观、谨慎、诚实、勤勉尽责地开展投资咨询服务,使用夸张误导性语言广泛传播涉案信息,构成在证券交易活动中做出信息误导的行为,并依法对浦俊懿责令改正、处以 20 万元罚款,对郑奇威责令改正、处以 15 万元罚款。

案例 4 舜天船舶信披违法违规被重罚

2015 年,江苏证监局在调查"舜天船舶"股票异常交易过程中,发现舜天船舶涉嫌信息披露违法违规的事实和证据,随后立案,并被作为 2015 年"证监法网专项执法行动"A 类案件进行集中部署。

2016 年 10 月 25 日,证监会认定舜天船舶信息披露违法,并依法对舜天船舶及时任责任人作出行政处罚,舜天船舶被处以 60 万元的"顶格"罚款,直接负责的主管人员王军民、曹春华被处以 30 万元的"顶格"罚款。

该案的办案人员介绍,本案违规手法呈现出三个突出特点:

① 公司内控制度几近失效,虽为国有控股公司,但公司时任董事长王军民"一言堂",一手策划、组织实施了与明德重工的关联交易、财务造假行为;

② 公司信息披露违法事实结构复杂、层次众多,存在关联方关系未披露、关联交易未披露、财务造假等多重违法行为,财务造假违法行为下又存在横跨两个年度、多个科目财务数据不真实的情况;

③ 办案期间,公司高层频繁更换,新任董事长、董事履职期间,仍受到前任董事长施加

的压力,为调查组查实公司违法违规行为设置了人为障碍。

办案人员介绍,案件办理过程中,调查组遇到了重重困难。

① 公司本身的业务模式复杂,在主营业务萎缩的情况下,发展了大量盘根错节的借贷业务,部分业务的账面描述与实质存在较大差距;

② 公司为伪装其借贷业务,形成了极其烦琐的核算方式,账簿数量众多,有多种账外账;

③ 公司人员变动较大,相关业务主要决策人员被双规,重要合作方的账目被封存,在岗人员不了解情况;

④ 公司的以前年度事项众多,财务风险集中爆发,多因素交织,对违法行为认定形成干扰。

对此,调查组成员齐心协力、攻坚克难,拿出了两大招数:

① 全面细致取证。为明确业务模式,与相关当事人反复谈话,对单方无法解释清楚的事项,采用双向印证的方式。在相关当事人已被采取刑事强制措施的情况下,积极协调当地公安机关,进入看守所与之谈话,找到突破口。

② 大胆严谨认定。由于违规事项错综复杂,调查组在取证的同时花费了大量的精力讨论和剖析案情,深度运用财务专业理论和法律法规条款,使整个案情条理清楚,认定准确,形成了逻辑完整、证据扎实的认定链条。

证监会相关部门负责人表示,舜天船舶的信息披露违法违规行为误导和欺骗了广大投资者,在证券市场上造成了较为恶劣的影响,公司和相关负责人员依法承担了相应的法律后果。

发行人、上市公司必须严格履行信息披露义务,提高内控治理水平,切莫触碰法律底线,否则必将付出沉重的代价。

上市公司的董事、监事和高级管理人员也要增强守法合规意识,提高专业水平,切实做到勤勉尽责,确保上市公司信息披露的真实、准确和完整。

(二)分析思考

1. 上市公司频频发生信息披露失真的问题,其根本原因是什么?

2. 你认为解决会计信息披露失真问题,有哪些有效的解决方法?

(三)分析建议

1. 会计信息与失真。

会计信息是指企业生产经营过程中价值运动所产生的数据。会计信息由规定的会计制度、法规把它们集合加工成有助于财务决策的信息。其本质是会计人员辛勤劳动的成果,反映过去所发生的经济活动的财务信息。会计单位通过财务报表、财务报告或附注等方式向使用者展现企业的财务状况和经营成果的信息。

会计信息质量特征可以满足企业的利益相关者对企业信息的了解和掌握,因为它在评价或选择可供取舍的会计准则、程序和方法方面有重要指示作用。它的主要功能是辨别什么样的会计信息有助于决策。会计信息质量特征包括：客观性、可比性、明晰性、相关性、实质重于形式、谨慎性、重要性、及时性。

会计信息失真主要是指会计信息的形成与提供过程违背了客观的真实性原则，未能正确反映会计主体真实的财务状况和经营成果。会计信息失真又可以分为无意失真和故意失真两类。本文只研究故意失真这一方面，所以下文所指的会计信息失真都是故意会计信息失真。故意失真是会计人员为了相关利益主体的局部利益，通过伪造、篡改会计凭证。漏报、虚报、瞒报会计资料进而造成财务造假和欺诈现象。

2. 上市公司会计信息披露存在的问题及其原因。

① 会计信息披露制度的缺失。

我国上市公司会计信息披露制度的法律规范，是在参考欧美发达国家证券市场信息披露制度的基础之上再根据我国市场经济的实情而形成的。由于市场经济的持续增长，新兴经济业务行为跟新兴经济工具的问世，导致了当前法律的暂时落后。比如，《会计法》和《证券法》当中均不存在有关公布不真实的会计信息、制造假账等行为的具体惩治措施。此类暂时缺失或者不明确的规定，就造成了在实际生活中很难实施的窘境，并且会出现部分上市公司在利益的诱惑下通过违法的方式谋求自身利益的最大化。

② 我国上市公司内部治理结构存在不足。

我国上市公司当中很大一部分前身是国企，因此便出现了组织庞杂、股权结构不科学和监事会的监督效力低下等情况。

首先，组织庞杂，结果造成了公司内部的管理缺陷，未能建立可靠的内部管理制度，只简单的为公司"一把手"最大，由此造成了公布虚假会计内容的情况。

其次，股权结构不科学，结果造成了股东大会只是走个过场。比如部分前身是国企的上市公司，为了保护国有资产，必定会频繁发生国有控股或者是国有股份占据有利地位的情况。导致国有股份"一股独大"，以及由内部人员操纵的现象。此种情形下，必定会使会计信息变得虚假不可信，影响决策的有用性，由此造成了公开虚假会计信息的状况。

最后，监事会的监督效力低下。在我国《公司法》中尽管对监事会的职能跟责任有了具体的阐述，然而，怎样让监事会最大限度的利用职权、起到相应的作用，其中并未有可靠的操作办法，并且法律也并未规定监督管理委员会拥有直接变动企业董事跟经理人员举止的具体职权跟方法。所以，监事会所展开的工作内容，在大部分企业中至多只是发挥咨询跟建议的作用。由此便非常容易导致监事会变作形式部门，基本上做不到对董事会的决策起到有效的监督。

③ 第三方会计监管不规范。

第三方会计监管即为具备注会资质会计师事务所，对上市公司履行审计监督管理职责。会计师事务所的审计对于信息公开来说极为关键，投资人持有的信息基本上均由其来提供。审计的根本属性即为自身的独立属性，然而在实际工作当中，却频繁出现会计师事务所伙同上市公司一起造假账的情况，由此便会出现所公开的会计信息是不真实的，由此就会对投资人带来不利影响，更不利于证券市场的稳步发展。

④ 会计信息披露本身存在固定的局限性。

a. 会计信息披露内容形式较为死板，并围绕会计报表，要求包含的项目必须要遵循一定的要素含义跟计量规范,由此造成了部分本来应该公开的关键信息根本表达不出来,部分新的经济活动也体现不了。

b. 会计信息披露有定期性,我国上市公司的财会报告是在特定的时间制作和公开的,一般并不会在一个会计周期接近末尾的时候披露当期的会计信息。对于上市公司的相关会计信息获取不够及时,那对于投资者来说,将失去原本的价值,甚至会对投资者造成不可估量的损失。

c. 披露的会计信息有些按历史成本计量,上市公司的资产在会计报表上反映的是历史成本,有可能与其现时价值有较大差距,从而使信息披露失真。尤其是衍生金融工具的成长给公司的财务情形带来了巨大的冲击,而衍生的金融工具却不能够采取历史成本来计量,由此造成了有关内容不能在财务报表当中实实在在地体现出来。

d. 由于公允价值的引入和会计估计的存在,导致在会计业务的处理中,一些数据可以被会计人员所估计。收入的确认、坏账估算、固定资产折旧估算跟无形资产摊销年限估算、净残值率估算,在建工程竣工时间的预测等均是有关的会计工作者凭借自身的职业判断力得出来的,本身就属于不够准确的数据。更何况还有一些会计人员滥用会计制度给予上市公司运用会计政策和会计方法创造一定的机动性跟灵活性,结果会造成信息内容品质很大程度的降低,所以我国上市公司公开的部分内容受到会计工作者的影响巨大。

主要参考文献

1. 企业会计准则编审委员会.企业会计准则应用指南.上海:立信会计出版,2015.

2. 钟骏华,顾芳宇.关于上市公司会计信息披露问题的探讨.中小企业管理与科技(上旬刊),2014,(02).

3. 王睿.上市公司会计信息披露存在问题及对策探讨——基于公司内部治理视角.经济研究导刊,2014年第6期:186-187.

4. 罗晓光,贾辉.我国上市公司内部控制报告现状及对策.科学管理,2014年02期:224.

5. 闫烨.上市公司信息披露质量存在的问题及对策.中外企业家,2013(32):11-13.

6. 孙国庆.论当前我国上市公司信息披露存在的问题与对策.行政事业资产与财务,2012(4):74-74.

7. 刘存学.论上市公司会计信息披露中存在的问题与对策.中国乡镇企业会计,2012(6):179-180.

8. 齐杰.我国上市公司会计信息披露存在的问题原因及对策.中国外资,2013(15):32-32.

9. 郑爱贞.我国上市公司会计信息披露问题分析及对策研究.财经界(学术版),2011(20):246-247.

财务成本管理篇

案例十二　预算管理

教学目标

1. 掌握制造企业全面预算的编制过程,熟悉制造企业各个环节预算编制的方法和技巧;

2. 理解各种先进预算方法的特点,分析企业自身经营特点和需求,建立适合企业自身情况的全面预算管理体系;

3. 充分运用全面预算这一管理工具提高企业的整体运行效率和管理水平。

📮 **案例分析**

(一)案例介绍

S公司全面预算管理案例分析

1. 公司概况

S公司是一家以加工定制零件为主业的中小型机械加工企业。十几年来凭着质优价廉的产品和良好的信誉,S公司在行业内积累了一定的市场,并且得到几家大型机械制造商的青睐,每年的产品订单为公司的稳步发展提供了充分的保障。但随着内外部运营环境的一系列变化,S公司各项管理工作的复杂性和不确定性日益提升,企业管理不再拘泥于传统模式,事前对经营活动进行科学规划预测,事中对运营过程进行有效控制,事后对运营效果进行合理评价显得越发必要。在此背景下,S公司以实现企业价值增值为目标,以推进管理会计工具运用为切入点,S公司初步建立起业务与财务交汇融合,有利于落实战略、前瞻规划、过程控制、评价标杆的全面预算管理体系,有效提升企业管理决策的质量。

2. 业务预算编制

2014年年底,S公司接到某大型机械制造商的一单生意,2015年公司全年为一位老客户——某大型机械制造商生产4 600件某种专用备件。S公司的财务总监估计,如果接下这份订单,公司将再无剩余生产能力生产其他产品。

根据合同规定,该专用备件的价格是每件12 000元,S公司需按季度向客户交货,四个季度的供货量分别为800件、1 100件、1 500件和1 200件。合同规定的付款方式为:各季度的货款应在当季支付60%,其余40%在下季付讫。目前,该客户尚欠S公司500万元货款,预计将在 2015 年第一季度付清。S 公司 2015 年度销售预算,如表 12-1 所示。

表 12-1　S 公司 2015 年度销售预算　　　　　　金额单位:元

季　度	第 1 季度	第 2 季度	第 3 季度	第 4 季度	全　年
预计销售量(件)	800	1 100	1 500	1 200	4 600
预计单价(元/件)	12 000	12 000	12 000	12 000	12 000
销售收入	9 600 000	13 200 000	18 000 000	14 400 000	55 200 000
预计现金收入					
期初应收账款	5 000 000				5 000 000
第 1 季度	5 760 000	3 840 000			9 600 000
第 2 季度		7 920 000	5 280 000		13 200 000
第 3 季度			10 800 000	7 200 000	18 000 000
第 4 季度				8 640 000	8 640 000
合　计	10 760 000	11 760 000	16 080 000	15 840 000	54 440 000
预计年末应收账款					
期初应收账款					5 000 000
加:预计全年销售收入					55 200 000
减:预计全年收回货款					54 440 000
期末应收账款					5 760 000

　　S 公司预计,为保证供货的连续性,预算期内各季度的期末产品库存量应达到下期销售量的 20%。同时,根据与客户的长期合作关系来看,公司预算年末的产品库存量应维持和年初相一致的水平,大约为 200 件左右,能够保证及时为客户供货。据此,S 公司编制 2015 年度生产预算,如表 12-2 所示。

表 12-2　S 公司 2015 年度生产预算　　　　　　金额单位:元

季　度	第 1 季度	第 2 季度	第 3 季度	第 4 季度	全　年
预计销售量(件)	800	1 100	1 500	1 200	4 600
加:预计期末产品存货	220	300	240	200	200
减:预计期初产品存货	200	220	300	240	200
预计生产量	820	1 180	1 440	1 160	4 600

　　S 公司生产该备件主要使用一种合金材料。根据以往的加工经验来看,平均每件产品需用料 5 公斤。这种合金材料一直由公司以每公斤 2 000 元的价格跟一位长期合作的供应商定购,并且双方约定,购货款在购货当季和下季各付一半。目前,S 公司尚欠该供应商货款 4 000 000 元,预计将在 2015 第一季度付清。公司为保证生产的连续性,规定预算期内各期末的材料库存量应达到下期生产需要量的 10%,同时规定各年年末的预计材料库存应维持在 600 公斤左右。据此,S 公司编制 2015 年度直接材料预算,如表 12-3 所示。

表 12-3 S公司 2015 年度直接材料预算 金额单位:元

季 度	第1季度	第2季度	第3季度	第4季度	全 年
预计生产量(件)	820	1 180	1 440	1 160	4 600
单位产品材料用量(件/千克)	5	5	5	5	5
生产需用量	4 100	5 900	7 200	5 800	23 000
加:预计期末材料存货	590	720	580	600	600
减:预计期初材料存货	600	590	720	580	600
预计材料采购量	4 090	6 030	7 060	5 820	23 000
材料单价(元/公斤)	2 000	2 000	2 000	2 000	2 000
预计采购金额	8 180 000	12 060 000	14 120 000	11 640 000	46 000 000
预计现金支出					
期初应付账款	4 000 000				4 000 000
第1季度	4 090 000	4 090 000			8 180 000
第2季度		6 030 000	6 030 000		12 060 000
第3季度			7 060 000	7 060 000	14 120 000
第4季度				5 820 000	5 820 000
合 计	8 090 000	10 120 000	13 090 000	12 880 000	44 180 000
预计年末应付账款					
期初应付账款	4 000 000				
加:预计全年采购金额	46 000 000				
减:预计全年支付货款	44 180 000				
期末应付账款	5 820 000				

S公司根据以往的加工经验预计,生产一件备件大约需要 7 个工时。而依据公司与工人签订的劳动合同规定,每工时需要支付工人工资 25 元。据此,S公司 2015 年度的直接人工预算可编制,如表 12-4 所示的预算。

表 12-4 S公司 2015 年度直接人工预算 金额单位:元

季 度	第1季度	第2季度	第3季度	第4季度	全 年
预计生产量(件)	820	1 180	1 440	1 160	4 600
单位产品工时(件/小时)	7	7	7	7	7
人工总工时	5 740	8 260	10 080	8 120	32 200
每小时人工成本(元)	25	25	25	25	25
人工总成本	143 500	206 500	252 000	203 000	805 000

S公司根据以往的生产经验估计,公司下年度可能会发生以下几项制造费用:辅助材料与水电费为变动费用,每工时的开支额分别是 3 元和 2 元;车间管理人员工资和设备折旧费

为固定费用,估计每季度的开支总额分别为 30 000 元和 35 000 元;设备维护费为混合成本,每季度要进行一次基本维护,费用大约为 23 550 元,日常维护费用则与开工时数有关,估计每工时的维护费约为 10 元。据此,S 公司可编制制造费用预算,如表 12-5 所示。

表 12-5 S 公司 2015 年度制造费用预算 　　　　　　　　金额单位:元

季 度	第 1 季度	第 2 季度	第 3 季度	第 4 季度	全 年
变动制造费用					
人工总工时	5 740	8 260	10 080	8 120	32 200
辅助材料(3 元/工时)	17 220	24 780	30 240	24 360	96 600
水电费(2 元/工时)	11 480	16 520	20 160	16 240	64 400
设备维护费(10 元/工时)	57 400	82 600	100 800	81 200	322 000
合 计	86 100	123 900	151 200	121 800	483 000
固定制造费用					
管理人员工资	30 000	30 000	30 000	30 000	120 000
设备折旧费	35 000	35 000	35 000	35 000	140 000
设备维护费	23 550	23 550	23 550	23 550	94 200
合 计	88 550	88 550	88 550	88 550	354 200
预计现金支出					
变动制造费用合计	86 100	123 900	151 200	121 800	483 000
固定制造费用合计	88 550	88 550	88 550	88 550	354 200
减:设备折旧费	35 000	35 000	35 000	35 000	140 000
现金支出额	139 650	177 450	204 750	175 350	697 200

S 公司依据直接材料、直接人工、制造费用三项预算,结合 2015 年度预计销售量和期末产品库存量情况,可编制 2015 年度产品成本预算,如表 12-6 所示。

表 12-6 S 公司 2015 年度产品成本预算 　　　　　　　　金额单位:元

成本项目	单位产品成本			生产成本 (4 600 件)	期末存货 (200 件)	销售成本 (4 600 件)
	每公斤或每小时	投入量	成本			
直接材料	2 000	5	10 000	46 000 000	2 000 000	46 000 000
直接人工	25	7	175	805 000	35 000	805 000
变动制造费用	15	7	105	483 000	21 000	483 000
固定制造费用	11	7	77	354 200	15 400	354 200
合 计	—	—	2 357	10 842 200	471 400	47 642 200

S 公司预计 2015 年度的销售费用只有运输费一项,按照与运输公司的合同约定,每季度支付 130 000 元运费;管理费用包括管理人员工资、办公费和房租三项,均属于固定成本,

每季开支额分别为 60 000 元、40 000 元和 100 000 元。据此,S 公司可编制销售及管理费用预算,如表 12-7 所示。

表 12-7 S公司 2015 年度销售及管理费用预算　　　金额单位:元

季　度	第1季度	第2季度	第3季度	第4季度	全　年
销售费用					
运输费	130 000	130 000	130 000	130 000	520 000
管理费用					
管理人员工资	60 000	60 000	60 000	60 000	240 000
办公费	40 000	40 000	40 000	40 000	160 000
房租	100 000	100 000	100 000	100 000	400 000
合　计	330 000	330 000	330 000	330 000	1 320 000

3. 财务预算编制

S 公司财务部门根据公司的经营特点和现金流转状况,确定公司的最佳现金持有量是 10 000 元。当预计现金收支净额不足 10 000 元时,通过变现有价证券及申请短期银行借款来补足;预计现金收支净额超过 10 000 元时,超出部分用于归还借款和购入有价证券。S 公司估计,2015 年年初公司大约会有 200 000 元左右的有价证券储备。此外,公司已和银行商定了为期一年的信贷额度,公司随时可按 6% 的年利率向银行借款,借款为 10 000 元的整数倍。

除了日常经营活动所引起的各项现金收支外,S 公司估计 2015 年还会发生如下现金支付业务:

① 公司的一台专用机床必须在一季度更新,预计需要支出购置及安装等费用共计 1 800 000 元。

② 公司将在 2015 年年初向股东派发 2014 年度的现金股利 1 000 000 元。

③ 估计公司每个季度需要缴纳所得税款 400 000 元。

根据这些资料,S 公司可编制现金预算,如表 12-8 所示。

表 12-8 S公司 2015 年度现金预算　　　金额单位:元

季　度	第1季度	第2季度	第3季度	第4季度	全　年
期初现金余额	10 000	66 850	62 900	66 150	10 000
加:销售现金收入	10 760 000	11 760 000	16 080 000	15 840 000	54 440 000
减:各项现金支出					
材料采购	8 090 000	10 120 000	13 090 000	12 880 000	44 180 000
直接人工	143 500	206 500	252 000	203 000	805 000
制造费用	139 650	177 450	204 750	175 350	697 200
销售及管理费用	330 000	330 000	330 000	330 000	1 320 000
所得税	400 000	400 000	400 000	400 000	1 600 000

续　表

季　度	第1季度	第2季度	第3季度	第4季度	全　年
购置设备	1 800 000				1 800 000
分配利润	1 000 000				1 000 000
支出合计	11 903 150	11 233 950	14 276 750	13 988 350	51 402 200
现金收支净额	−1 133 150	592 900	1 866 150	1 917 800	3 254 700
现金筹集和运用					
出售有价证券	200 000				200 000
购入有价证券			1 800 000	800 000	2 600 000
申请银行借款	1 000 000				1 000 000
归还银行借款		500 000		1 000 000	1 500 000
短期借款利息		30 000		60 000	90 000
期末现金余额	66 850	62 900	66 150	57 800	57 800

　　S公司财务人员估计,如果前面各项日常业务预算和现金预算都能在预算期内予以落实的话,那么公司在2015年度的盈利前景还是相当乐观的(见表12-9)。并且,估计公司2015年度的股利分配额能在2014年基础上增长50%,达到3 000 000元。

表 12-9　S公司2015年度预计利润表

金额单位:元

项　目	金　额	资料来源
销售收入	55 200 000	销售预算
销售成本	47 642 200	产品成本预算
毛利	7 557 800	
销售及管理费用	1 320 000	销售及管理费用预算
利息费用	90 000	现金预算
利润总额	6 147 800	
所得税	1 600 000	现金预算
净利润	4 547 800	
加:年初未分配利润	580 800	公司预计值
可供分配的利润	5 128 600	
减:利润分配	3 000 000	公司预计值
年末未分配利润	2 128 600	

　　S公司结合预算期内的各项业务活动的情况,预计2015年年末的资产负债表,如表12-10所示。

表 12 - 10　S公司 2015 年度预计资产负债表　　　　金额单位:元

项　　目	年初数	年末数	资料来源
资产			
现金	10 000	57 800	现金预算
短期投资	200 000	2 600 000	现金预算
应收账款	5 000 000	5 760 000	销售预算
材料存货	1 200 000	1 200 000	直接材料预算
产品存货	471 400	471 400	产品成本预算
固定资产	8 580 000	10 380 000	预计购置 1 800 000 元
累计折旧	1 380 600	1 520 600	制造费用预算预计提取折旧 140 000 元
资产总额	14 080 800	18 948 600	
负债及所有者权益			
应付账款	4 000 000	5 820 000	直接材料预算
应付利润	1 500 000	3 000 000	预计利润表
实收资本	8 000 000	8 000 000	
未分配利润	580 800	2 128 600	预计利润表
负债及所有者权益合计	14 080 800	18 948 600	

4. 全面预算管理实施效果

按照管理学大师德鲁克的观点,如果没有罗盘,航船将会在大海上随波逐流,任意航行,不知道最后会偏到什么方向,可能永远达不到想要去的港口。但是有了罗盘,虽然航船可能会偏离航道,但是最终它一定会达到想要去的地方,这就是全面预算的价值。

S公司在初步实施全面预算管理后,其对收入、成本、费用和资金等管理水平有了显著提升,从企业内部来看,实施全面预算后取得以下主要效果:

① 通过全面预算加强了对费用支出的控制,有效降低了企业的营运成本。各项费用率同比降低 3.2%,采购成本下降 2.2%。

② 通过全面预算的编制,S公司初步建立起部门之间和公司上下级之间沟通的桥梁和平台,促进了预算目标的达成一致。

③ 通过全面预算的编制,S公司实现了企业内部各项资源的深入挖掘和合理有效配置。

④ 全面预算管理,对于S公司实现统一领导与分权管理的有效协同,保证企业多业务快速成长和稳健运行,做出了很大帮助。

⑤ 通过全面预算的实施,S公司的市场占有率和利润率实现了同步增长,促进了企业业务的发展。

（二）分析思考

1. S公司的全面预算编制目前主要运用固定预算方法进行编制,有何局限性? 如果要改善预算的编制方法,还可以综合运用哪些先进的预算方法? 具体如何运用?

2. S公司的全面预算管理机构还不够完善,如何构建功能到位的全面预算管理组织机构?

3. 大多公司都很重视全面预算的编制工作,但普遍存在一种现象预算编制投入大量时间和精力,但预算的执行大多草草了事,尤其容易疏忽预算的后期分析,如何才能真正提高全面预算在企业的整体运用效果?

（三）分析建议

1. 根据公司不同规模、生命周期和市场环境,选择固定预算、弹性预算、滚动预算、概率预算、零基预算等不同的预算编制方法。全面预算编制方法的特点,如表 12－11 所示。

12－11　全面预算编制方法的特点

预算方法	特　点	使用项目举例
固定预算	以固定业务量编制	销售、研发、业务部门预算
弹性预算	按照可能发生的业务量编制预算	生产成本预算
零基预算	以零为基数编制预算,不考虑过去费用	进入新领域
滚动预算	始终以 12 个月作为预算期	多种预算
概率预算	针对不确定性项目,估计发生的概率,测算	新产品、新业务

2. 建立完善的预算管理组织机构,需要根据企业的大小、性质和组织设置。可以参照表 12－12 列出的模式。

表 12－12　全面预算管理组织机构

机构或部门	主要成员	主要职责
预算管理委员会（常设机构）	董事长或 CEO、总经理、副总经理、CFO、职能部门或责任单位负责人	审议确定政策或目标 审定下达预算 根据需要调整修订预算 分析预算执行报告,制定奖惩规定 仲裁预算冲突
财务总监		组织协调预算编制,报告预算执行
财务部门	财务经理、主管或预算人员	在预算委员会和财务总监领导下,编制预算,测定目标、初审、汇总平衡预算表,控制、考核、分析各部门预算执行情况,提出修改建议,协调解决问题
其他职能部门	职能部门负责人和预算人员	编制、上报本部门预算,控制、考核和分析本部门预算执行情况
作业单位	车间、班组负责人及有关人员	提供预算编制基础数据,编制预算草案,控制、考核和分析本单位预算执行情况

3. 全面预算作为一种全方位、全过程、全员参与编制与实施的预算管理模式,凭借其计划、协调、控制、激励、评价等综合管理功能,通过将企业的资金流与实物流、业务流、信息流、人流相整合。将企业内部责、权、利关系全面规范,优化企业资源配置,提升企业运行效率,从而成为促进实现企业发展战略的重要抓手。全面预算的执行效果如何主要从以下三个方面着手:

① 全方位全面预算的"全方位",体现在企业的一切经济活动,包括经营、投资、财务等各项活动,以及企业的人、财、物各个方面,产、供、销各个环节,都必须纳入预算管理。因此,全面预算不仅限于财务预算,而是由经营(业务)预算、投资预算、筹资预算、财务预算等一系列预算组成的相互衔接和勾稽的综合预算体系。只有将资源的使用与相关活动结合起来以达到有效控制,确保企业目标的实现。

② 全过程全面预算的"全过程",体现在企业组织各项经济活动的事前、事中和事后都必须纳入预算管理,即全面预算不仅限于预算编制、分解和下达。而是由预算编制、执行、分析、调整、考核等一系列环节所组成的管理活动。这些全过程活动体现了全面预算的规划、控制、协调、激励、评价等综合性管理功能的发挥。

③ 全员参与全面预算的"全员参与",包括企业内部各部门、各单位、各岗位,上至最高负责人,下至各部门负责人、各岗位员工,"全员"都必须参与预算编制与实施。使得企业的各个层级、各个单位、各个成员都明确其在企业整体发展中所处的地位、作用和承担的责任,自觉树立成本效益意识,将自身行动有机融入企业整体发展和目标实现当中,减少企业内部目标不一致、步调不协调等问题。全面预算管理就是全方位、全过程和全员参与的预算管理,是企业经营思路和经营责任的体现,是下级单位对上级单位的业绩合同和业绩的承诺,是企业内部的一项管理机制和管理控制的工具。

"罗马城不是一天建成的",一个相对完善的全面预算管理体系需要企业经过至少3~5 年的推敲运用修缮改进,特别是刚刚推行全面预算管理的企业,千万要注意很多基础数据的整理与收集,因为基础数据的改善与提升是推进预算的基础。而管理工作的改善,不是一天能做到的,基础数据也不是一天可以拿到的。预算的精确性和执行效果需要企业在实践中反复应用、不断调整、总结提高,最终摸索出一套相对完善的有针对性的全面预算循环体系。

主要参考文献

1. 财政部.财政部关于全面推进管理会计体系建设的指导意见.2014‐10‐27.

2. 温兆文.全面预算管理:让企业全员奔跑.北京:机械工业出版社.2015.

3. 龚巧莉.案例与实务指引.北京:机械工业出版社.2012.

4. 冯巧根.全面预算管理(管理者终身学习).北京:中国人民大学出版社.2015.

5. 冯巧根.基于环境不确定性的管理会计对策研究团.会计研究.2014(9):21‐28.

6. 许蔚君.基于战略导向的企业全面预算管理体系构建——来自广东省电信公司的实

例检验.财会通讯.2012,27:16 - 22.

7. 胡如月.关于全面预算管理与企业战略关系的探讨.技术与市场.2009,5:25 - 28.

8. 张素会.论全面预算管理在我国企业中的运用.经济论坛.2011,8:13 - 19.

9. 翟晓东.浅析企业全面预算管理.当代经济.2012,12:18 - 22.

10. 刘国辉.全面预算管理的五大误区.财会月刊.2006(s):s8 - s9.

案例十三　成本管理与核算

教学目标

1. 了解成本核算的基本方法——品种法、分批法和分步法；
2. 掌握品种法、分批法和分步法的适用条件；
3. 掌握分步法中逐步结转分步法和平行结转分步法，并熟悉逐步结转分步法中综合结转分步法和分项结转分步法。

案例分析

（一）案例介绍

案例 1　HM 服装企业成本核算

HM 企业是江苏一上市公司与台湾南纬合资的现代化服装有限公司。HM 服装企业有进料加工和来料加工生产形式。进料加工由 HM 服装企业采购面料和辅料进行服装生产，生产完工的服装成本主要由直接材料成本（包括面料和辅料）、直接人工以及其他间接费用构成。来料加工由委托方提供原材料，HM 企业进行裁剪等后续加工生产，生产完工的服装成本主要由直接人工和其他间接费用构成，若生产过程中涉及使用到辅料时，辅料成本也包括其中。HM 服装企业根据订单进行生产，既有大批量生产，也有工艺相对复杂的小批量多批次生产，其成本计算适用分批法，按订单归集生产费用。同时，由于服装制作需要分裁剪、缝制、后道等生产步骤完成工艺制作流程，因而采用分批法和分步法进行组合计算每批产品的生产成本，成本计算对象为订单加步骤。如果一份订单中有若干不同款式的服装，则需要将订单拆分为不同批号服装进行成本核算。各步骤之间的成本结转采用逐步结转法。

HM 服装企业采用分批法结合逐步结转分步法进行成本计算时，首先计算裁剪车间各订单或批号的产品生产成本，编制裁剪车间制造费用分配表和裁剪车间成本计算单，见表 13-1 和表 13-2。将裁剪车间工资、折旧费、动力费用等制造费用归集记入制造费用分配表，根据各批产品计件工资计算制造费用分配率，进而分配每批产品的制造费用。将面料消耗成本、生产工人计件工资、制造费用分配数归集记入生产成本计算单，计算本步骤半成品的总成本和单位成本，未完成的半成品成本作为在产品留待下月结转；其次将裁剪车间结转过来的半成品成本，加上本步骤上期留存的成本和本月新发生的直接费用和间接费用计算缝制车间产品生产成本,在完工半成品和在产品之间进行分配,编制缝制车间制造费用分配表和缝制车间成本计算单,见表13-3和表13-4。成本计算和费用分配原理同裁剪车间的成本计算。如果有外发加工的半成品或内部其他特殊工艺车间制作的半成品,还需要单独进行成本费用的归集,并同步结转入该批服装的缝制车间的产品生产成本中;最后进行后道车间成本计算,将缝制车间不同批次的半成品成本结转入后道车间,加上本步骤上期留存的成本和本月新发生的直接费用和间接费用计算缝制车间完工产品生产成本,编制后道车间制造费用分配表和后道车间成本计算单,见表13-5和表13-6。由于服装企业每批产品按生产周期计算成本,待每批服装全部完工后才计算完工产品成本,因而每批服装在最后步骤的生产成本不需要在完工产品和在产品之间进行分配。待产品完工经质检部门检验合格后验收入库,成品入库明细表见表13-7。服装企业产品成本计算流程见图13-1。

表13-1 裁剪车间制造费用分配表

年 月 日

项 目			款号1	款号2	款号3	款号4	款号5	小计
	工价							
	计件工资							
制造费用	产量	分配率						
工资								
折旧								
机物料								
动力								
保险费								
水费								
办公费								
其他								
合计								

表13-2 裁剪车间成本计算单

年 月 日

项 目	款号1	款号2	款号3	款号4	款号5	小计
上月在产品数量						
面料						
辅料						
绣花费						
工资						
制造费用						

项　　目	款号1	款号2	款号3	款号4	款号5	小计
小计						
本月裁剪数						
面料						
辅料						
绣花费						
工资						
制造费用						
小计						
面料分配率						
辅料分配率						
绣花费分配率						
工资分配率						
制造费用分配率						
小计						
转入缝制车间数量						
面料						
辅料						
绣花费						
工资						
制造费用						
小计						
转入外发加工厂数量						
面料						
辅料						
绣花费						
工资						
制造费用						
小计						
月末在产品数量						
面料						
辅料						
绣花费						
工资						
制造费用						
小计						

表 13-3 缝制车间制造费用分配表

年 月 日

项目			款号 1	款号 2	款号 3	款号 4	款号 5	小计
工价								
计件工资								
制造费用	产量	分配率						
工资								
折旧								
机物料								
动力								
保险费								
水费								
修理费								
其他								
合计								

表 13-4 缝制车间成本计算单

年 月 日

项目	款号 1	款号 2	款号 3	款号 4	款号 5	小计
上月在产品数量						
面料						
辅料						
绣花费						
工资						
制造费用						
小计						
裁剪车间转入数						
面料						
辅料						
绣花费						
工资						
制造费用						
小计						
本期发生数						
面料						
辅料						
绣花费						

项 目	款号 1	款号 2	款号 3	款号 4	款号 5	小计
工资						
制造费用						
小计						
面料分配率						
辅料分配率						
绣花费分配率						
工资分配率						
制造费用分配率						
小计						
转后道数						
面料						
辅料						
绣花费						
工资						
制造费用						
小计						
传样						
面料						
辅料						
绣花费						
工资						
制造费用						
小计						
月末在产品数量						
面料						
辅料						
绣花费						
工资						
制造费用						
小计						

表 13 - 5 后道车间制造费用分配表

年 月 日

项 目	款号 1	款号 2	款号 3	款号 4	款号 5	小计
工价						
计件工资						

项　目	款号1	款号2	款号3	款号4	款号5	小计
制造费用	产量	分配率				
工资						
折旧						
机物料						
动力						
保险费						
水费						
修理费						
蒸气费						
其他						
合计						

表 13-6　后道车间成本计算单

年　月　日

项　目	款号1	款号2	款号3	款号4	款号5	小计
上月在产品数量						
面料						
辅料						
绣花费						
工资						
制造费用						
加工费						
小计						
缝制车间(加工、返修)转入数						
面料						
辅料						
绣花费						
工资						
制造费用						
小计						
本期发生数						
面料						
辅料						
绣花费						
工资						

项　　目	款号1	款号2	款号3	款号4	款号5	小计
制造费用						
加工费						
小计						
面料分配率						
辅料分配率						
绣花费分配率						
工资分配率						
制造费用分配率						
加工费分配率						
小计						
完工入库数						
面料						
辅料						
绣花费						
工资						
制造费用						
加工费						
小计						
月末在产品数						
面料						
辅料						
绣花费						
工资						
制造费用						
加工费						
小计						

表 13-7　成品入库明细表

年　月　日

序　号	款　号	单　位	数　量	单　价	金　额
合　计					

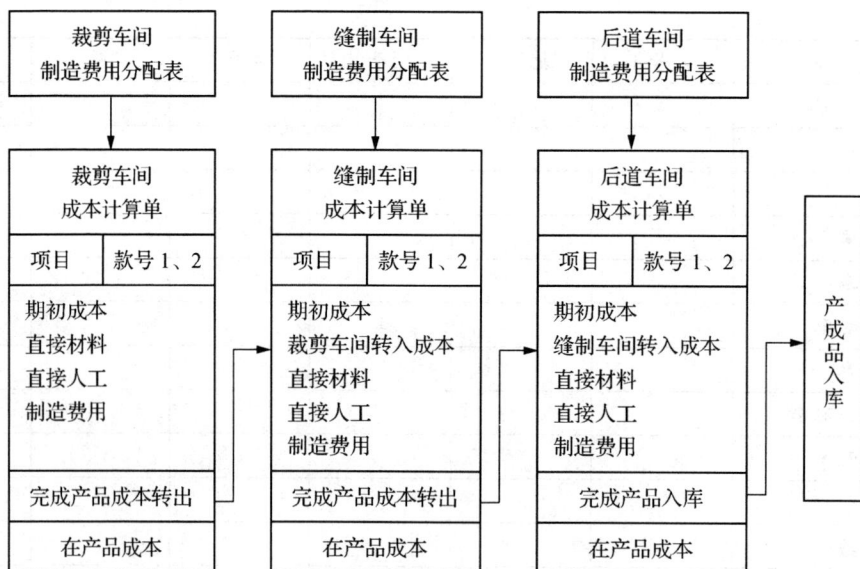

图 13-1 产品成本计算流程图

2010 年 8 月，HM 服装企业生产 PG52374J、21384R、SM1148J、EO7772、SM30198X、SM52605X、SM8102J、SM8102X、259206、HA233218MI、KZ-34、CW30189K、CW52525K、YB-210、Y1117、WB050、KM5417K、PE7485P、PJO-1800、PJO-1796、PJO-1798、PJO-1801、PJO-1799、珊瑚绒长裤、ST-133、SM52505K、HT52505K 等 27 种型号服装，裁剪车间裁剪完工 148 448 件服装，其中 259206 型号 51 508 件，工价 0.11 元/件，完工后的半成品直接转入到缝制车间。缝制有一车间、二车间、三车间和四车间四个车间。其中 259206、YB-210、KZ-34、ST-133 型号转入一车间；PG52374J、21384R、SM1148J、EO7772、SM30198X、SM52605X 转入二车间；SM8102J、SM8102X、HA233218MI、CW30189K、CW52525K 转入三车间；Y1117、WB050、KM5417K、PE7485P、PJO-1800、PJO-1796、PJO-1798、PJO-1801、PJO-1799、珊瑚绒长裤、SM52505K、HT52505K 转入四车间。缝制车间完工后的半成品直接转入后道车间，最后完工入库。

HM 服装企业生产的服装型号比较多，此案例中选择 259206 型号进行分析。259206 型号在裁剪车间完工 51 508 件，工价 0.11 元/件，完工的半成品分别转入一车间 9 786 件，二车间 7 118 件，三车间 33 727 件，四车间 9 676 件。缝制车间共计完工 77 389 件，其中一车间所有型号完工 20 671 件，259206 型号完工 11 090 件，二车间所有型号完工 6 387 件，259206 型号完工 1 784 件，三车间所有型号完工 33 832 件，259206 型号完工 31 446 件，四车间所有型号完工 16 499 件，259206 型号完工 8 778 件，工价 2.48 元/件。后道车间所有型号完工 125 326 件，其中 259206 型号完工 67 770 件，工价 0.8 元/件。（该企业成本在完工产品和在产品之间分配时采用产品数量为分配标准；面料和辅料的发生额为已知条件）

成本资料，如表 13-8、表 13-9 所示。

表 13-8　上月在产品资料　　　　　　　　　　　金额单位:元

项　目	裁剪车间		缝制一车间		后道车间	
	数量(件)	金额	数量(件)	金额	数量(件)	金额
在产品数量	8 799		1 304		7 670	
工资		967.89		220.63		40 460.75
制造费用		1 018.26		232.12		37 225.15
小　计		1 986.15		452.75		77 685.9

表 13-9　本月发生制造费用资料　　　　　　　　　　金额单位:元

项　目		工资	折旧	机物料	动力	保险费	水费	蒸汽费	其他	合计
裁剪车间	数量(件)									148 448
	金额	12 310	617.79	2 887.71	1 635.38	4 251.3	220.22		29 654.4	51 576.8
缝制车间	一车间 数量(件)									20 671
	一车间 金额	23 160	28 954.87	260.64	5 821.95	7 066.35	784.02		24 850.3	90 898.13
	二车间 数量(件)									6 387
	二车间 金额	20 410	12 159.62	34.25	5 036.97	2 252.04	678.31		28 199.15	68 770.34
	三车间 数量(件)									33 832
	三车间 金额	22 800	16 118.26	36.04	4 579.06	5 067.09	616.64	44 363.6		
	四车间 数量(件)									16 499
	四车间 金额	16 670	178.54	500	3 467	3 251.67	466.89		39 339.7	63 873.8
后道车间	数量(件)									125 326
	金额	40 086	22 001.26	9 861.04	7 326.5	8 950.71	986.63	25 048.86		114 261

案例 2　F 公司成本核算

　　广州 F 公司是专业从事研发、生产、销售 LED 及 LED 应用产品的国家高新技术企业、国家火炬计划重点高新技术企业。公司占地面积 9.26 万平方米,厂房面积 19.9 万平方米。公司建于 1969 年,1976 年开始涉足 LED 封装,是国内最早生产 LED 的企业之一。经过四十多年的发展,公司借助资金、技术、人才和管理等方面的优势为行业所认可。

　　创新推动发展,科技引领未来。公司内部设有博士后科研工作站(国家人力资源和社会保障部批准成立)、半导体照明材料及器件国家地方联合工程实验室(国家发改委批准筹办)、广东省企业技术中心、广东省光电子工程技术研究开发中心、广东省半导体照明材料及器件工程实验室。现有博士 15 名,硕士 150 名,本科及以上技术人员 700 多名。近年来,公司先后承担了国家"863"计划项目、国家"863"计划引导项目、国家火炬计划项目、国家"十二五"科技支撑计划项目等国家级科研项目 20 多项,省部级以下项目 80 多项。公司产品多次获国家级、省级重点产品称号,科技成果多次荣获省市科技进步奖等荣誉。

　　产品是基础,质量是关键。公司先后通过了 ISO 9001 质量管理体系认证、ISO 14001 环境管理体系认证、ISO/TS16949质量管理体系认证、OHSAS18001职业健康安全管理体系认证。

F公司在做大做强LED封装主营业务的同时,兼顾上游LED芯片、下游LED照明产品的发展,建立完善的LED全产业链,实现垂直一体化。未来,F公司将坚持LED产业链整合,坚持科技兴企、人才领先、管理规范、文化优秀,致力于成为中国大陆全面领先的LED企业,努力推动中国LED产业的发展。

F公司的生产主要分为前道、后道两大工序。前道工序有清洗、抽测光刻、蒸镀、等离子流程;后道工序有DBR、测试、分选、技术入库站、目检、切割、研磨等流程。前道工序完工后直接投入到后道生产,没有在产品。

2016年6月该公司前道工序生产15种产品分别为3AB0608A100B(蓝光0608-COW片)、3AD4545A300A(倒装4545-COW片)、3AD4545A400A(倒装4545-COW片)、3AG0808A300A(绿光0808-COW片)、3AW1428A400A(白光1428-COW片)、3AW0921A200A(白光0921-COW片)、3AW0921B100A(白光0921-COW片)、3AW0921B200A(白光0921-COW片)、3AW1020A200A(白光1020-COW片)、3AW1224A100A(白光1224-COW片)、3AW1224A200A(白光1224-COW片)、3AW1428A100A(白光1428-COW片)、3AW1632A100A(白光1632-COW片)、3AW1735A100A(白光1735-COW片)、3AW1735A600A(白光1735-COW片)。

后道工序生产16种产品分别为1BW0507A100C(白光0507-圆片(COT))、1BW1224A100C(白光1224-圆片(COT))、1BW1735A100C(白光1735-圆片(COT))、1CB0608A100B(蓝光0608-方片(COT))、1CG0808A300B(绿光0808-方片(COT))、1CW0911A200A(白光0911-方片(COT))、1CW0921A200A(白光0921-方片(COT))、1CW0921B100A(白光0921-方片(COT))、1CW0921B200A(白光0921-方片(COT))、1CW1020A200A(白光1020-方片(COT))、1CW1224A100A(白光1224-方片(COT))、1CW1224A200A(白光1224-方片(COT))、1CW1428A100A(白光1428-方片(COT))、1CW1428A400A(白光1428-方片(COT))、1CW1735A100A(白光1735-方片(COT))、CW1735A600A(白光1735-方片(COT))。

F公司在材料购进和领用时采用加权平均法核算材料单价,在产品生产时采用品种法进行成本核算。本期消耗的材料成本分配过程:每一道工序中一种材料可能有多种产品共同耗用,那么需要根据每种产品消耗该种材料的单位定额消耗量(单位权重)计算该种产品的总定额耗用量(总权重)。用该种产品总权重除以所有产品总权重合计数计算该种产品耗用该种材料的分配率(分摊比例),最后用分摊比例乘以该种材料实际发生额即可计算该种产品使用的该种材料的成本(见表13-10和表13-11)。

本期发生的人工成本核算是直接人工成本加上间接人工成本,其中直接人工成本合计为直接人工的计件工资,间接人工成本为车间工人的月薪合计。人工成本分配按照每种产品实际耗用工时(单位权重)乘以产品入库数量作为总权重,然后用每种产品的总权重除以所有产品总权重的合计数作为每种产品耗用人工成本的分配率(分摊比例),最后用分摊比例乘以该种产品总权重即可计算该种产品所耗用的人工成本。本期发生的制造费用成本核算与人工成核算流程相同,都是以工时作为单位权重(见表13-12)。

本案例中仅选择0608A100B(蓝光0608)和0808A300B(绿光0808)进行成本核算分析,期末全部完工。

表 13-10 前道产品发生材料成本分配表 金额单位:元

序号	工序	材料品名	单位	产品品号						总权重	材料实际发生额
				产品品名							
				入库数	单位权重	总权重	分摊比例	分摊金额			
1	清洗										
2											
3	抽测										
4											
5	光刻										
6											
7											
8	蒸镀										
9											
10	等离子										
11											

表 13-11 后道产品发生材料成本分配表 金额单位:元

序号	工序	材料品名	单位	产品品号						总权重	材料实际发生额
				产品品名							
				入库数	单位权重	总权重	分摊比例	分摊金额			
1	DBR										
2											
3	测试										
4											
5	分选										
6											
7	技术入库站										
8											
9	目检										
10											
11	切割										
12											
13	研磨										
14											

表 13-12　人工、制造费用成本分配表

项　目		产品品号						总权重	实际发生额
		产品品名							
			入库数	单位权重	总权重	分摊比例	分摊金额		
直接人工									
制造费用	人工								
	折旧								
	电费								
	其他								

(二) 成本资料(见表 13-13 至表 13-17)

表 13-13　前道、后道产品工时　　　　单位:秒

项　目	产品品号	折　旧	电　费	人　工
前　道	3AB0608A100B	197.54	197.54	197.54
	3AG0808A300A	197.54	197.54	197.54
后　道	1CB0608A100B	279.17	279.17	36.67
	1CG0808A300B	213.75	213.75	36.67

表 13-14　前道、后道产品期初情况　　　　金额单位:元

项　目	产品品号	数　量	金　额
前　道	3AB0608A100B	508	3 500
	3AG0808A300A	345	3 450
后　道	1CB0608A100B	20	220
	1CG0808A300B	30	270

表 13-15　前道、后道发生额情况　　　　金额单位:元

项　目		折　旧	电　费	人　工	
				直接人工	间接人工
前　道	生产成本			14 206.6	
	制造费用	23 355.02	3 602.92		5 840.78
后　道	生产成本			19 326.07	
	制造费用	28 919.25	2 261.58		4 923.48

表 13 - 16　前道产品材料发生情况表　　　　　　　　　　　　金额单位:元

序号	工序	材料品名	单位	产品品号	3AB0608A100B		3AG0808A300A		材料实际发生额
				产品品名	蓝光 0608 - COW 片		绿光 0808 - COW 片		
					入库数	单位权重	入库数	单位权重	
1		丙酮	升		2 184	32.28	1 709	32.28	561.27
2		异丙醇	升		2 184	30	1 709	30	584.35
3		去胶液	升		2 184	44.86	1 709	44.86	3 049.57
4		双氧水	升		2 184	3.91	1 709	3.91	60.58
5	清洗	氟化铵(BOE)	升		2 184	9.83	1 709	9.83	201.65
6		盐酸	升		2 184	18.66	1 709	18.66	184.52
7		硫酸	升		2 184	13.78	1 709	13.78	218.65
8		ITO 蚀刻液	升		2 184	27.62	1 709	27.62	427.92
9		蓝膜 SPV - 224S	米		2 184	42.94	1709	42.94	249.55
10	抽测	铍铜探针	根		2 184	6.28	1 709	6.28	302.67
11		丙酮	加仑		2 184	1.056	1 709	1.056	265.75
12		正性光刻胶	加仑		2 184	0.45	1709	0.45	1 162.91
13	光刻	负性光刻胶	加仑		2 184	0.242	1 709	0.242	3 589.68
14		HMDS 增黏剂	加仑		2 184	0.001	1 709	0.001	4.90
15		显影剂	升		2 184	25.35	1 709	25.35	525.07
16		铝	克		2 184	61.66	1 709	61.66	67.29
17	蒸镀	钛	克		2 184	3.92	1 709	3.92	32.91
18		铬	克		2 184	146.96	1 709	146.96	373.75
19		ITO 锭	个		2 184	3.5	1 709	3.5	1 326.70
20		高纯氧气(O_2)	psi		2 184	126.4	1 709	126.4	25.90
21		超高纯硅烷(SiH_4)	千克		2 184	0.016	1 709	0.016	770.10
22		高纯氧化亚氮(N_2O)	千克		2 184	0.888	1 709	0.888	127.86
23	等离子	高纯氯气(Cl_2)	千克		2 184	0.165	1 709	0.165	79.86
24		高纯三氯化硼(BCl_3)	千克		2 184	0.035	1 709	0.035	25.45
25		高纯度氦气(He)	psi		2 184	1.47	1 709	1.47	0.58
26		高纯四氟化碳(CF_4)	psi		2 184	36.8	1 709	36.8	105.77
27		超高纯氩气(Ar)	psi		2 184	1.47	1 709	1.47	5.11

表 13-17 后道产品发生材料情况表 金额单位:元

序号	工序	材料品名	单位	产品品号	1CB0608A100B		1CG0808A300B		材料实际发生额
				产品品名	蓝光0608-方片(COT)		绿光0808-方片(COT)		
					入库数	单位权重	入库数	单位权重	
1	DBR	二氧化硅	克		255		190		0.00
2	测试	铍铜探针	根		255	488.029	190	366.022	2 257.47
3		蓝膜SPV-224S	米		255	214.88	190	214.88	179.93
4	分选	吸嘴	颗		255		190	136.882	165.12
5		顶针	颗		255	13.371	190	10.028	14.83
6		吸嘴	颗		255	182.498	190		582.91
7	技术入库站	屏蔽袋	pc		255	130.993	190	130.993	1.80
8		标签	卷		255	1.417	190	1.417	6.75
9		碳带	卷		255	0.286	190	0.286	4.68
10	目检	无硅网纹离型纸	片		255	1 002.2	190	1 002.2	140.43
11		蓝膜SPV-224S	米		255	265.45	190	265.45	276.95
12	切割	白膜SPV-224S	米		255	265.45	190	265.45	276.53
13		mylar膜	米		255	158.62	190	158.62	141.67
14		接着蜡	克		255	153	190	153	0.70
15		丙酮	升		255	8.56	190	8.56	46.49
16		异丙醇	升		255	17.96	190	17.96	50.03
17		钻石抛光液	毫升		255	2 430	190		0.00
18		钻石抛光液	毫升		255		190	2 430	0.11
19	研磨	去蜡液	升		255	25.54	190	25.54	373.91
20		软吸蜡纸	张		255	110	190	110	62.46
21		硬吸蜡纸	张		255	225	190	225	144.93
22		砂轮	pc		255	0.125	190	0.125	209.45
23		标签	卷		255	0.729	190	0.729	5.48
24		碳带	卷		255	0.699	190	0.699	4.75

(二)分析思考

1. 案例1中服装企业成本核算应该选择哪种基本核算方法?

2. 案例1中259206型号服装核算过程中为什么没有面料成本?

3. 案例1中编制259206型号服装企业成本核算成本计算单。

4. 案例 2 中按照经济用途分析产品成本有哪些构成？

5. 案例 2 中产品成本核算的基本方法有哪些？该企业应该采用哪种成本核算方法？

6. 案例 2 中编制该企业的产品成本计算单。

（三）分析建议

1. HM 服装企业应根据订单或批次进行成本核算，该服装企业生产的服装型号比较多，因此需采用分批法和分步法相组合的方法进行成本核算，其中分步法采用逐步结转分步法中的分项结转分步法。

2. 该服装企业服装型号比较多，有些是进料加工，成本核算过程中涉及面料成本；有些是来料加工，成本核算过程中不涉及面料成本，成本项目仅包括直接人工和制造费用的分配。259206 型号服装为来料加工，因此不涉及面料成本。

3. 根据已知资料 259206 型号服装成本核算如下：

裁剪车间 259206 型号服装计价工资：$51\,508 \times 0.11 = 5\,665.88$（元）

表 13‑18　裁剪车间 259206 型号服装制造费用分配表

2010 年 8 月

金额单位：元

项　目	所有型号制造费用		分配率	259206 型号制造费用
	数量（件）	金额		
工资		12 310	0.08	4 271.28
折旧		617.79	0	214.36
机物料		2 887.71	0.02	1 001.97
动力		1 635.38	0.01	567.44
保险费		4 251.3	0.03	1 475.1
水费		220.22	0	76.41
其他		29 654.4	0.2	10 289.39
合　计	148 448	51 576.8	0.34	17 895.95

表 13‑19　裁剪车间 259206 型号服装成本计算单

2010 年 8 月

金额单位：元

项　目	金　额
上月在产品数量（件）	8 799
工资	5 665.88
制造费用	17 895.95
小计	23 561.83
转入一车间数量（件）	9 786
工资	1 076.46

续　表

项　目	金　额
制造费用	3 069.2
小计	4 145.66
转入二车间数量(件)	7 118
工资	782.98
制造费用	2 232.43
小计	3 015.41
转入三车间数量(件)	33 727
工资	3 709.97
制造费用	10 577.87
小计	14 287.84
转入四车间数量(件)	9 676
工资	1 064.36
制造费用	3 034.7
小计	4 099.06
合　计	49 109.8

缝制车间 259206 型号服装计价工资:11 090×2.48＝27 503.2(元)

表 13－20　缝制车间 259206 型号服装制造费用分配表

2010 年 8 月

金额单位:元

项　目	一车间所有型号制造费用		分配率	259206 型号 制造费用
	数量(件)	金额		
工资		23 160	1.12	12 425.35
折旧		28 954.87	1.4	15 534.3
机物料		260.64	0.01	139.83
动力		5 821.95	0.28	3 123.48
保险费		7 066.35	0.34	3 791.1
水费		784.02	0.04	420.63
其他		24 850.3	1.2	13 332.2
合　计	20 671	51 576.8	4.39	48 766.89

表 13-21 缝制车间 259206 型号服装成本计算

2010 年 8 月

金额单位:元

项 目	金 额
上月在产品数量(件)	1 304
工资	220.63
制造费用	232.12
小计	452.75
裁剪车间转入数(件)	9 786
工资	1 076.46
制造费用	3 069.2
小计	4 145.66
本期发生数	
工资	27 503.2
制造费用	48 766.89
小计	76 270.09
合 计	80 868.5

后道车间 259206 型号服装计价工资:67 770×0.8＝54 216(元)

表 13-22 后道车间 259206 型号服装制造费用分配表

2010 年 8 月

金额单位:元

项 目	所有型号制造费用		分配率	259206 型号制造费用
	数量(件)	金额		
工资		40 086	0.32	21 676.49
折旧		22 001.26	0.18	11 897.18
机物料		9 861.04	0.08	5 332.35
动力		7 326.5	0.06	3 961.8
保险费		8 950.71	0.07	4 840.09
水费		986.63	0.01	533.52
蒸气费		25 048.86	0.2	13 545.16
合 计	125 326	114 261	0.92	61 786.59

表 13-23 后道车间 259206 型号服装制成本计算单

2010 年 8 月   金额单位:元

项 目	金 额
上月在产品数量(件)	7 670
工资	40 460.75
制造费用	37 225.15
小计	77 685.9
一车间转入数量	11 090
工资	28 800.29
制造费用	52 068.21
小计	80 868.5
二车间转入数量	8 786
面料	13.15
辅料	73.78
工资	5 495.01
制造费用	21 725.51
小计	27 307.45
三车间转入数量件	31 446
辅料	207.02
工资	81 639.06
制造费用	96 399.1
小计	178 245.18
四车间转入数量	8 778
工资	22 811.51
制造费用	36 560.76
小计	59 372.26
后道工资	54 216
后道制造费用	61 786.6
完工入库数量	47 916

项　目	金　额
面料	9.3
辅料	198.54
工资	165 038.79
制造费用	216 187.86
小计	381 434.49
月末在产品数量	19 854
面料	3.85
辅料	82.26
工资	68 383.84
制造费用	89 577.47
小计	158 047.42
合　计	539 481.91

表 13-24　完工产品入库明细表

2010 年 8 月　　　　　　　　　　　　　　　　　金额单位:元

序　号	款　号	单　位	数　量	单　价	金　额
1	259206	件	47 916	7.96	381 434.49

4. 按照经济用途产品成本由直接材料、直接人工和制造费用构成。若材料成本由多种产品共同消耗,需要根据一定的标准进行分配;制造费用也需要按照一定的标准进行分配。

5. 产品成本核算的基本方法主要有品种法、分批法和分步法。该企业的生产属于大量大批且管理上也不要求核算每一步骤的产品成本,因此选择品种法。

6. 企业产品成本计算单。

表 13 – 25　前道产品材料成本分配表

金额单位:元

序号	工序	材料品名	单位	产品品号 3AB0608A100B 产品品名 蓝光0608-COW片 入库数	单位权重	总权重	分摊率	分摊额	3AG0808A300A 绿光0808-COW片 入库数	单位权重	总权重	分摊率	分摊额	材料实际发生额
1	清洗	丙酮	升	2 184	32.28	70 499.52	56.10%	314.88	1 709	32.28	55 166.52	43.90%	246.39	561.27
2		异丙醇	升	2 184	30	65 520	56.10%	327.82	1 709	30	51 270	43.90%	256.53	584.35
3		去胶液	升	2 184	44.86	97 974.24	56.10%	1 710.83	1 709	44.86	76 665.74	43.90%	1 338.74	3 049.57
4		双氧水	升	2 184	3.91	8 539.44	56.10%	33.99	1 709	3.91	6 682.19	43.90%	26.59	60.58
5		氟化铵(BOE)	升	2 184	9.83	21 468.72	56.10%	113.13	1 709	9.83	16 799.47	43.90%	88.52	201.65
6		盐酸	升	2 184	18.66	40 753.44	56.10%	103.52	1 709	18.66	31 889.94	43.90%	81.00	184.52
7		硫酸	升	2 184	13.78	30 095.52	56.10%	122.66	1 709	13.78	23 550.02	43.90%	95.99	218.65
8		ITO蚀刻液	升	2 184	27.62	60 322.08	56.10%	240.07	1 709	27.62	47 202.58	43.90%	187.85	427.92
9		蓝膜 SPV – 224S	米	2 184	42.94	93 780.96	56.10%	140.00	1 709	42.94	73 384.46	43.90%	109.55	249.55
10	抽测	铍铜探针	根	2 184	6.28	13 715.52	56.10%	169.80	1 709	6.28	10 732.52	43.90%	132.87	302.67
11	光刻	丙酮	加仑	2 184	1.056	2 306.304	56.10%	149.09	1 709	1.056	1 804.704	43.90%	116.66	265.75
12		正性光刻胶	加仑	2 184	0.45	982.8	56.10%	652.40	1 709	0.45	769.05	43.90%	510.51	1 162.91
13		负性光刻胶	加仑	2 184	0.242	528.528	56.10%	2 013.84	1 709	0.242	413.578	43.90%	1 575.84	3 589.68
14		HMDS增黏剂	加仑	2 184	0.001	2.184	56.10%	2.75	1 709	0.001	1.709	43.90%	2.15	4.90
15		显影剂	升	2 184	25.35	55 364.4	56.10%	294.57	1 709	25.35	43 323.15	43.90%	230.50	525.07
16	蒸镀	铝	克	2 184	61.66	134 665.44	56.10%	37.75	1 709	61.66	105 376.94	43.90%	29.54	67.29
17		钛	克	2 184	3.92	8 561.28	56.10%	18.46	1 709	3.92	6 699.28	43.90%	14.45	32.91
18		铬	克	2 184	146.96	320 960.64	56.10%	209.68	1 709	146.96	251 154.64	43.90%	164.07	373.75
19		ITO锭	个	2 184	3.5	7 644	56.10%	744.29	1 709	3.5	5 981.5	43.90%	582.41	1 326.70

续 表

序号	工序	材料品名	单位	产品品号 产品品名	3AB0608A100B 蓝光0608-COW片 入库数	单位权重	总权重	分摊率	分摊额	3AG0808A300A 绿光0808-COW片 入库数	单位权重	总权重	分摊率	分摊额	材料实际 发生额
20	等离子	高纯氧气(O_2)	psi		2 184	126.4	276 057.6	56.10%	14.53	1 709	126.4	216 017.6	43.90%	11.37	25.90
21		超高纯硅烷(SiH_4)	千克		2 184	0.016	34.944	56.10%	432.03	1 709	0.016	27.344	43.90%	338.07	770.10
22		高纯氧化亚氮(N_2O)	千克		2 184	0.888	1 939.392	56.10%	71.73	1 709	0.888	1 517.592	43.90%	56.13	127.86
23		高纯氯气(Cl_2)	千克		2 184	0.165	360.36	56.10%	44.80	1 709	0.165	281.985	43.90%	35.06	79.86
24		高纯三氯化硼(BCl_3)	千克		2 184	0.035	76.44	56.10%	14.28	1 709	0.035	59.815	43.90%	11.17	25.45
25		高纯度氦气(He)	psi		2 184	1.47	3 210.48	56.10%	0.33	1 709	1.47	2 512.23	43.90%	0.25	0.58
26		高纯四氟化碳(CF_4)	psi		2 184	36.8	80 371.2	56.10%	59.34	1 709	36.8	62 891.2	43.90%	46.43	105.77
27		超高纯氩气(Ar)	psi		2 184	1.47	3 210.48	56.10%	2.87	1 709	1.47	2 512.23	43.90%	2.24	5.11
材料合计									7 935.89					6 209.91	14 145.80

表 13-26 后道产品材料成本分配表

金额单位：元

序号	工序	材料品名	单位	产品品号 产品品名	1CB0608A100B 蓝光0608-方片(COT) 入库数	单位权重	总权重	分摊比例	分摊金额	1CG0808A300B 绿光0808-方片(COT) 入库数	单位权重	总权重	分摊比例	分摊金额	材料实际 发生额
1	DBR	二氧化硅	克		255		0	0		190		0	0		0.00
2	测试	铍铜探针	根		255	488.029	124 447	64.15%	1 448.19	190	366.022	69 544	35.85%	809.28	2 257.47
3		蓝膜 SPV-224S	米		255	214.88	54 794	57.30%	103.11	190	214.88	40 827	42.70%	76.82	179.93
4		吸嘴	颗		255		0	0.00%	0.00	190	136.882	26 008	100.00%	165.12	165.12
5	分选	顶针	颗		255	13.371	3 410	64.15%	9.51	190	10.028	1 905	35.85%	5.32	14.83
6		吸嘴	颗		255	182.498	46 537	100.00%	582.91	190		0	0.00%	0.00	582.91

续 表

序号	工序	材料品名	单位	蓝光0608-方片（COT）1CB0608A100B 入库数	单位权重	总权重	分摊比例	分摊金额	绿光0808-方片（COT）1CG0808A300B 入库数	单位权重	总权重	分摊比例	分摊金额	材料实际发生额
7	技术入库站	屏蔽袋	pc	255	130.993	33 403	57.30%	1.03	190	130.993	24 889	42.70%	0.77	1.80
8		标签	卷	255	1.417	361	57.30%	3.87	190	1.417	269	42.70%	2.88	6.75
9		碳带	卷	255	0.286	73	57.30%	2.68	190	0.286	54	42.70%	2.00	4.68
10	目检	无硅网纹离型纸	片	255	1 002.2	255 561	57.30%	80.47	190	1 002.2	190 418	42.70%	59.96	140.43
11		蓝膜SPV-224S	米	255	265.45	67 690	57.30%	158.70	190	265.45	50 436	42.70%	118.25	276.95
12	切割	白膜SPV-224S	米	255	265.45	67 690	57.30%	158.46	190	265.45	50 436	42.70%	118.07	276.53
13		mylar膜	米	255	158.62	40 448	57.30%	81.18	190	158.62	30 138	42.70%	60.49	141.67
14		接着蜡	克	255	153	39 015	57.30%	0.40	190	153	29 070	42.70%	0.30	0.70
15		丙酮	升	255	8.56	2 183	57.30%	26.64	190	8.56	1 626	42.70%	19.85	46.49
16		异丙醇	升	255	17.96	4 580	57.30%	28.67	190	17.96	3 412	42.70%	21.36	50.03
17		钻石抛光液	毫升	255	2 430	619 650	100.00%	0.00	190	2 430	0	0.00%	0.00	0.00
18		钻石抛光液	毫升	255	0	0	0.00%	0.00	190	2 430	461 700	100.00%	0.11	0.11
19	研磨	去蜡液	升	255	25.54	6 513	57.30%	214.26	190	25.54	4 853	42.70%	159.65	373.91
20		软吸蜡纸	张	255	110	28 050	57.30%	35.79	190	110	20 900	42.70%	26.67	62.46
21		硬吸蜡纸	张	255	225	57 375	57.30%	83.05	190	225	42 750	42.70%	61.88	144.93
22		砂轮	PC	255	0.125	32	57.30%	120.02	190	0.125	24	42.70%	89.43	209.45
23		标签	卷	255	0.729	186	57.30%	3.14	190	0.729	139	42.70%	2.34	5.48
24		碳带	卷	255	0.699	178	57.30%	2.72	190	0.699	133	42.70%	2.03	4.75
材料合计								3 144.81					1 802.57	4 947.38

表 13-27 前道人工、制造费用成本分配表

金额单位:元

项目		3AB0608A100B 蓝光 0608-COW 片					3AG0808A300A 绿光 0808-COW 片					总权重	实际发生额
		入库数	单位权重	总权重	分摊比例	分摊金额	入库数	单位权重	总权重	分摊比例	分摊金额		
直接人工		2 184	197.54	431 427.36	56.10%	7 970.00	1 709	197.54	337 595.86	43.90%	6 236.60	769 023.22	14 206.6
制造费用	人工	2 184	197.54	431 427.36	56.10%	3 276.72	1 709	197.54	337 595.86	43.90%	2 564.06	769 023.22	5 840.78
	折旧	2 184	197.54	431 427.36	56.10%	13 102.33	1 709	197.54	337 595.86	43.90%	10 252.69	769 023.22	23 355.02
	电费	2 184	197.54	431 427.36	56.10%	2 021.26	1 709	197.54	337 595.86	43.90%	1 581.66	769 023.22	3 602.92
合 计						26 370.31					20 635.01	3 076 092.88	47 005.32

表 13-28 后道人工、制造费用成本分配表

金额单位:元

项目		1CB0608A100B 蓝光 0608-方片(COT)					1CG0808A300B 绿光 0808-方片(COT)					总权重	实际发生额
		入库数	单位权重	总权重	分摊比例	分摊金额	入库数	单位权重	总权重	分摊比例	分摊金额		
直接人工		255	36.7	9 350	57.30%	11 074.49	190	36.7	6 966.67	42.70%	8 251.58	16 316.67	19 326.07
制造费用	人工	255	36.7	9 350	57.30%	2 821.32	190	36.7	6 966.67	42.70%	2 102.16	16 316.67	4 923.48
	折旧	255	279.17	71 187.5	63.67%	18 414.03	190	213.75	40 612.5	36.33%	10 505.22	111 800	28 919.25
	电费	255	279.17	71 187.5	63.67%	1 440.04	190	213.75	40 612.5	36.33%	821.54	111 800	2 261.58
合 计						42 297.18					13 133.20	188 941.67	55 430.38

表13-29 完工产品成本计算单

金额单位:元

项 目		0608A100B 蓝光0608					0808A300B 绿光0808				
		数量	直接材料	直接人工	制造费用	合 计	数量	直接材料	直接人工	制造费用	合 计
期初余额		508	3 500.00			3 500.00	345	3 450.00			3 450.00
本期发生额	前道	2 184	7 935.89	7 970.00	18 400.31	34 306.20	1 709	6 209.91	6 236.60	14 398.41	26 844.92
	后道	255	3 144.81	11 074.49	31 222.69	45 441.99	190	1 802.57	8 251.58	4 881.62	1 802.57
期末余额			14 580.70	19 044.49	49 623.00	83 248.19		11 462.47	14 488.18	19 280.03	45 230.69

主要参考文献

1. 于富生,黎来芳,张敏.成本会计学(第七版).北京:中国人民大学出版社,2015.

2. [美]莫文,COST Accounting(国际版).大连:东北财经大学出版社,2010.

3. William N. Lanen, Shannon W. Anderson, Michael W. Maher,成本会计精要(第二版).北京:人民邮电出版社,2012.

4. 滕晓梅,OEM服装企业内部控制与案例.北京:中国纺织出版社,2012.

5. 万志琴,宋惠景.服装生产管理(第三版).北京:中国纺织出版社,2011.

6. 宁俊.服装生产经营管理.北京:中国纺织出版社,2010.

7. 万寿义,月君.成本会计(第三版).大连:东北财经大学出版社,2015.

8. 张秋利.跟我真账实操学成本会计.北京:机械工业出版社,2016.

9. 李彩霞.成本会计模拟实训教程.北京:北京大学出版社,2016.

10. 国星光电股份有限公司,http://www.nationstar.com/.

11. 张传湘.制造业企业成本核算实务.北京:经济管理出版社,2009.

案例十四　财务管理目标

教学目标

1. 掌握企业财务管理目标的内容；
2. 熟悉企业财务管理目标的层次与利弊；
3. 了解社会责任报告的意义与体系。

案例分析

（一）案例介绍

M 企业财务目标的演变

M 企业是一家国有矿产企业,成立于 20 世纪 60 年代。初建矿时,全部职工不过 200 人,拥有固定资产 40 万元,流动资金 10 万元,企业的主要任务是迅速完成国家下达的煤炭生产任务。至于在生产过程中所需的生产资料和资金每年均由其地区煤炭管理局预算下拨,而生产出的优质煤炭也由国家无偿调配。该企业在矿长张某的带领下,产量逐年提高,年年都能超额完成国家下达的生产任务。因此,曾多次被评为红旗单位。矿长张某也多次成为地区劳动模范。该厂 1975—1979 年间的生产统计,如表 14-1 所示。

表 14-1　该厂 1975—1979 年间的生产统计

年　份	产量(万吨)			产值(万元)		
	计划	实际	增减	计划	实际	增减
1975	14	16	2	560	640	80
1976	14	16.5	2.5	560	660	100
1977	15	18	3	600	720	120
1978	15	19	4	600	760	160
1979	16	20	4	640	800	160
合　计	74	89.5	15.5	1 960	3 580	620

进入 20 世纪 80 年代,经济体制改革逐步展开。国家对企业拨款实行有偿制,流动资金

实行贷款制,产品取消调配制,导致 M 企业昼夜之间产生了危机感。矿长张某考察当时的经济形势,认识到企业必须自主经营,自负盈亏,便从此大刀阔斧地展开了改革。

首先,M 企业成立了销售部,实行优质优价,送货上门制度。其次,在管理方面实行了改革,主要表现为:在人员管理方面引入竞争机制,将薪水与绩效挂钩;在财务管理方面,健全了会计机构;在物资管理方面实行限额领料、定额储备、定额消耗制度;在成本管理方面推行全员负责制;在生产管理方面实行以销定产,三班工作制。同时,招聘了一批刚刚毕业的大学生和社会上的专业人才,使企业队伍壮大到 400 人。在矿长的改革下,企业的营业利润大幅增长,表 14-2 是 M 企业 1985—1989 年间的生产经营统计情况。

表 14-2　M 企业 1985—1989 年间的生产经营统计表

年　份	1985	1986	1987	1988	1989	合　计
煤炭产量(万吨)	30	32	33	32	30	157
营业收入(万元)	3 000	3 200	3 300	3 360	3 500	16 360
营业成本(万元)	1 800	1 920	1 760	1 820	1 900	9 200
营业利润(万元)	1 200	1 280	1 540	1 540	1 600	7 160

进入 20 世纪 90 年代,随着市场经济的建立,M 企业的规模已经不再适应市场的发展要求。随着国家抓大放小政策的实施,M 企业不得已走上了股份制改造之路。1994 年 10 月,国家将 M 企业的净资产 3 000 万元转化为 3 000 万股,向社会发售,每股面值 1 元,售价 1.5 元。民营企业家王某购得 1 500 万股,其余股份被 50 位小股东分割。M 矿产企业改名为 M 矿产股份有限公司。王某成为董事长后,通过董事会选举,任命刘某担任 M 矿产股份有限公司总经理。

M 矿产股份有限公司成立之后,决策层首先考虑的是负债融资的问题,其目标资本结构中自有与借入之比为 1:1,其次要考虑的是更新设备,引进先进生产线等重大投资问题。最后,董事会决议利用 5 年左右时间使企业的生产技术水平赶上一流,企业产品在本地区市场占有率达到 20%,在全国市场占有率达到 3%,资本(自有资金)报酬率达到 25%,股票争取上市并力争使价格突破每股 12 元。随着公司迅速的发展壮大,在管理中暴露出许多问题。管理层开始片面追求股票价格的不断上升,而忽略经营中的风险,在筹资和投资方面缺乏周全的思考,对企业周围的环境缺乏深刻的认识,导致许多经营策略失误。这使得 M 公司除股东以外的债权人、职工等利益相关者都受到了不同程度的损失。管理层认识到,企业要获得长期稳定的发展不能将财务管理的目标仅仅归结为某一个集团的目标,而是应该兼顾其他利益相关者的权益,比如加强与债权人的关系,重大决策请债权人参加讨论,培养可靠的资金供应者;关心企业职工,为职工创造舒适的工作环境;加强客户联系,积极满足客户需求,热心参与社会公益活动,提高企业形象等。

如今,M 企业已经取得了长足的发展,相信 M 企业的明天会更好!

(二) 分析思考

1. 试叙述 M 企业财务管理目标的演进过程。

2. 谈谈各种财务管理目标的优点及其局限性。

3. M 企业的发展体现了财务管理目标的哪些特点？

（三）分析建议

1. 企业的财务管理目标是与其社会经济环境密切相关的。不同的经济环境,企业的财务管理目标也就不同。新中国的企业曾在不同时期提出过不同的财务管理目标。如在改革开放前的 20 多年里,企业财务管理的目标是"产值最大化"。改革开放以后最初的十几年里,企业财务管理的目标主要是"利润最大化",而自从我国在 1992 年提出建立社会主义市场经济体制以来至今,我国企业财务管理的总体目标是"企业价值最大化"。由此可见,企业的财务管理目标是具有阶段性的。M 企业的发展历程就证明了这一点。

2. 财务管理目标就是通常所说的理财目标,是指企业进行财务活动所要达到的根本目的,它决定着企业财务管理的基本方向。关于企业的财务管理目标,在财务理论界有不少提法,也一直存在一些争论。随着财务经济学的发展和企业管理实践的变革,财务管理的目标也在不断演化。以"利润最大化"作为企业财务管理的目标的合理之处主要在于:促使企业讲求经济核算、加强内部管理、改进工艺技术、提高劳动生产率、努力降低成本,有利于资源的合理配置。

但以"利润最大化"作为企业财务管理的目标也有缺陷,主要表现在:① 利润概念模糊不清。② 没有考虑利润发生的时间,没有考虑资金的时间价值。③ 没有考虑企业经营的风险。④ 往往会使企业决策带有短期行为的倾向。

资本利润率最大化或每股利润最大化。资本利润率是利润额与资本额的比率。每股利润是利润额与普通股股份数的比值。所有者作为企业的投资者,其投资目标是取得资本收益,具体表现为税后净利润与出资额和股份数的对比关系。

财富(资金增值)最大化。财富(资金增值)最大化是指通过企业的合理经营,采用最优的财务政策,在考虑资金时间价值和风险报酬的情况下,不断增加企业财富,使企业总值达到最大。财富(资金增值)最大化是投资者投资的最终要求,以它作为企业财务管理的目标可以满足各方面的需要。

主要参考文献

1. 张思强.财务管理理论与实务.北京:北京大学出版社,2013.

2. 叶陈刚.公司财务管理.北京:机械工业出版社,2014.

3. 潘凤广.企业财务管理目标探析.商场现代化,2006(06).

4. 苏国才.我国企业财务管理目标探析.会计之友,2004(10).

案例十五　财务关系与公司治理

教学目标

1. 掌握委托代理理论；
2. 熟悉财务管理关系与相关利益者的矛盾；
3. 了解现代企业治理的基本内容。

案例分析

（一）案例介绍

案例1　苏格兰皇家银行陨落的背后

苏格兰皇家银行(以下简称RBS)在2009年2月26日公布,2008年全年亏损241亿英镑(约343亿美元),创出英国企业的最大亏损纪录。至此,RBS处在风雨飘摇之中,其国际巨擘的形象轰然倒地。RBS的陨落并不是偶然的,是美国次贷危机持续蔓延的必然性事件,还是RBS无序扩张的结果,抑或是公司本身经营和管理出现了问题？

1. 覆巢之下,焉有完卵？

世界金融市场自1987年"黑色星期一"以来,还没有发生过这么大的动荡,即使是1997年爆发的东南亚金融危机也只是局部性的,然而这次金融风暴肆虐的范围却是全球经济一体化浪潮以来最广的一次。随着包括美林、花旗、瑞银、摩根士丹利、汇丰等世界级金融机构所暴露出的次贷损失的窟窿越来越大,市场的心理恐慌情绪也越来越重。随着危机向实体经济渗透,第二波金融风暴随时有可能袭来。

当潮水退去的时候,才知道谁没穿裤子。RBS就是其中还没来得及穿好裤子的一个。也正因为这样,RBS的管理层反而认为是自己时运不济,偏偏赶上了这一轮风暴。他们或许会以"覆巢之下,焉有完卵"来作为公司走到如今这般田地的托词。的确,整个国际金融环境都处在风雨飘摇中,特别是国际巨擘们更是处在风口浪尖上,但这不是RBS陨落的主要理由。整个金融市场环境恶化只是外因,RBS虽然不能在金融风暴中独善其身,但至少要在这一番风雨中全身而退。

2. 成也"并购",败也"并购"？

抛开整个金融市场环境不说,让我们看看RBS的发展史,与其说是发展史,倒不如说是一个并购史。从中我们似乎也能找到 RBS 陨落的一些蛛丝马迹。对于银行来讲,并购是把"双刃剑"。一方面,并购可以扩大规模、占领市场和降低成本,实现地区性互补、业务互补等协同效益。另一方面,并购也给银行带来了风险。由于并购后的银行规模越大,对金融监管当局政策取向的影响越大,越容易产生"大则不倒"(Too Big to Fail)的观念,自然会去追求更高风险的资产,最终产生巨大的风险。正如美国学者 John Boyd 和 Mark Gertle 研究发现的那样,大银行发放的贷款风险程度比小银行贷款的风险程度要高,而且贷款损失程度也比小银行的损失程度要高。

十年前,RBS 的弗雷德·古德温爵士(Sir Fred Goodwin)对英国零售银行 Natwest 发起敌意竞购。经过一场旷日持久的竞购战,他们最终胜出。正是这笔交易让弗雷德爵士和RBS 走上了由并购推动的扩张之路,并让该银行高管们相信,他们能够拓展银行的资金储备,收购规模越来越大的目标。这笔交易让 RBS 一举跻身欧洲银行业顶级阵营之列。投资者欢欣鼓舞,该银行股价随之飙升,这为 RBS 收购英国保险集团 Churchill 和美国零售银行美隆金融公司奠定了基础。

然而,随着弗雷德爵士野心的膨胀,股东们变得越来越担心。RBS 的利润继续增长,但RBS 股票的评级却在下滑,投资者对 RBS 冒险的并购方式表示担忧。可是弗雷德爵士对于RBS 正面临的越来越大的风险并不了解,他没有停止并购扩张的步伐。当荷兰银行宣布正与巴克莱进行合并谈判时,他立即展开行动,与桑坦德(Santander)和富通(Fortis)联手发出了拆分报价。在金融市场摇摇欲坠之时,RBS 却以 710 亿欧元的天价接手荷兰银行庞大的资产负债表。而这次报出的巨亏很大一部分是源于去年收购荷兰银行后,荷兰银行市值的大幅度缩水。有人称这场并购为历史上最差、最不合时宜的收购之一。RBS 前董事长汤姆·麦基洛普爵士在英国国会议员面前表示懊悔,称 RBS 在金融市场鼎盛时期收购荷兰银行之举是一个"糟糕的错误"。

中国有个典故叫"成也萧何,败也萧何",拿它来概括 RBS 的兴衰再贴切不过,那就是成也"并购",败也"并购"。这场挫败了全球许多巨大金融机构锐气的全球金融危机的根源,远远不是任何一个人。然而弗雷德爵士对增长的大胆追求意味着,当紧缩降临时,RBS 的陨落空间也更大。

3. 谁"俘虏"了董事会?

雷曼兄弟、AIG、美林等一个个曾经不可一世的金融大鳄轰然倒下,造成了全球金融市场的动荡,也引发了业内对于金融巨头在此次危机中董事会失灵的争论。从美林首席执行官奥尼尔被劝退,到花旗集团董事长兼首席执行官普林斯辞职,最终无一例外都将矛头指向了这些公司的董事会。

天价并购荷兰银行只是不合时宜么?当然不是,追本溯源还是公司本身经营和管理出现了问题,特别是公司治理核心的董事会存在相当大的问题。有媒体披露,在兼并荷兰银行一事上,RBS 举行了 18 次董事会会议,每次都是全票通过。人们不禁要问,谁"俘虏"了RBS 的董事会?

董事会尽管是公司的常设机关,但董事会是会议体机关,董事会行使权力必须由全体董事在董事会会议上集体讨论并形成董事会决议。而像 RBS 这样的国际巨擘,董事的人数通常较多,召集和举行董事会并非易事,董事聚集在一起讨论和决议的时间有限。更重要的是,由于董事会是会议体机关,董事会通常较适合对已经形成的议案进行讨论和表决,而议案本身的形成和提出需要依靠个人的专业技能,并需要董事会开会讨论之前的广泛调查和深入研究方能形成周密的议案。RBS董事会通过了收购和其他决定,但实际上董事会信息很少,甚至毫不知情,也没有任何的质询。由于董事会会议无法对议案进行深入的讨论,董事会讨论的议案由谁提出,议案的内容是否维护了公司和股东的利益,这些问题就显得格外重要。

如何确保董事会的组成以及董事会集体决策时真正独立于公司的管理层,显得尤为重要。而RBS似乎已经形成了以CEO弗雷德爵士为中心的文化,弗雷德爵士并没有受到有效的监督。在实际决策中,董事会很多时候听从于弗雷德爵士,沦为弗雷德爵士决策的"橡皮图章"。弗雷德爵士成为公司最强有力的人物,拥有最充分的信息来源,并且全面负责公司的日常管理。因此,董事在履行职责时,自然地更倾向于依赖弗雷德爵士的个人决定,他们相信弗雷德爵士拥有最充分的信息并且最了解公司。但是,如果董事会没有独立的信息来源,就无法证实公司治理的真正水平,对公司现状的了解也将非常有限,这将影响董事在充分掌握信息的基础上做出最有利于公司和股东利益的决定。

曾经显赫一时的苏格兰皇家银行陨落了,让人为之唏嘘不已。在全球金融风暴的大背景下,人们可以找出一大堆理由去解释RBS的陨落:泛滥的流动性、放任自流的监管、一连串早已脱离实体需要的衍生品、一群只关心奖金而不对任何人负责的高管、永恒的贪婪与恐惧……归根结底还是RBS无序扩张的结果,更重要的是公司本身经营和管理的问题。他山之石,可以攻玉。这使我们更加深刻地认识到公司治理的核心意义所在。尤其是,董事会职能的强化将成为当前公司治理改革的重中之重。

案例2 美国机构投资者炮打"司令部"

"一只500磅重的大猩猩会坐在哪儿?"这并不是一个"脑筋急转弯"的问题,而是美国的一句谚语,答案是"它想坐在哪儿就会坐在哪儿!"近来,在很多美国大型上市企业如可口可乐、花旗集团、苹果电脑等公司管理层的眼里,重量级的机构投资者掌管约1 670亿美元资产的"加州公务员退休基金"(California Public Employees' Retirement System,简称Calpers),就是一只很难缠的500磅重的大猩猩,它的屁股往股东席上一坐,往往就是公司麻烦的开始。

作为全美最大的养老基金,Calpers近年来频频扮演"改革先锋"角色。在购买了大量公司股份并成为大股东后,Calpers就开始旗帜鲜明地向所投资公司的企业治理"开炮",被列入Calpers"炮击黑名单"的企业多达十余家。Calpers表示,要带头维护投资者的权益,并要用自己的举动,使得改善企业治理成为美国各行各业上市公司的浪潮。

在可口可乐公司召开的2011年年度股东大会上,Catpere与全美最大的共同基金经理人代理投票顾问机构——机构股东服务公司(Institutional Shareholder Services,简称ISS)联手,提出不应由同一人同时担任可口可乐的董事长与CEO职务的提案。同时,他们将不支持可口可乐公司现任的6名审计委员会董事连任,这其中包括著名的"世界第二富豪"沃伦·巴菲特。Calpers表示,反对他们连任的原因是该6人委员会批准可口可乐公司的会计师事务所从事与审计无关的业务,如税务建议、规划和并购咨询等。

在花旗集团2012年4月20日即将召开股东年会前,Calpers公开表示:将反对花旗现任董事长威尔(Sanford Weill)、CEO查尔斯·普林斯(Charles Prince)以及其他6位董事留任。该基金认为,威尔应该为花旗集团在财务方面的一些不当行为遭调查招致巨额的费用损失、投资研究部门和投资银行部门之间存在利益冲突等问题承担全部责任,威尔不但应该"下课",而且最好找一位真正的独立董事来担任花旗董事长。

在Calpers的支持下,一项要求在苹果公司年度财报中把股票期权作为开支处理的提案正式出台。苹果公司争辩说,由于给雇员的报酬很大一部分是股票期权,把股票期权作为开支会降低公司的利润,并认为准确地评估股票期权的价值是很困难的,而且为了保留工程师和其他中级雇员不被竞争对手挖走,股票期权是必须要给的。

案例3 罢免公司总经理的董事会决议效力的审查

李建军系上海佳动力环保科技有限公司(以下简称佳动力公司)股东,并担任总经理职务。佳动力公司股权结构为:葛永乐持股40%、李建军持股46%、王泰胜持股14%。三人共同组成董事会,由葛永乐担任董事长,其余二人为公司董事。公司章程规定:董事会行使包括聘任或者解聘公司经理等权力;董事会须由2/3以上的董事出席方为有效;董事会对所议事项做出的决定应由占全体股东2/3以上的董事表决通过方为有效。2009年7月18日,经葛永乐电话召集,佳动力公司召开董事会,会议经葛永乐、王泰胜表决同意通过了"鉴于总经理李建军不经董事会同意私自动用公司资金在二级市场炒股,造成巨大损失,现免去其总经理职务,即日生效"的决议。决议由葛永乐、王泰胜及监事签名,李建军未在决议上签名。李建军提起诉讼,要求撤销上述董事会决议。

上海市黄浦区人民法院经审理认为,虽然本案董事会决议在召集、表决程序上与公司法及公司章程并无相悖之处,但董事会形成的罢免原告总经理职务决议所依据的"未经董事会同意私自动用公司资金在二级市场炒股造成损失"的这一事实存在重大偏差,在该失实基础上形成的罢免总经理决议,缺乏事实及法律依据,其决议结果是失当的。故判决对董事会决议予以撤销。

一审判决后,佳动力公司提起上诉。上海市第二中级人民法院经审理认为,聘任和解聘总经理是公司董事会的法定职权,只要董事会决议在程序上不违反公司法和公司章程的规定、内容上不违反公司章程的规定,法院对解聘事由是否属实不予审查和认定,其对董事会的决议效力亦不构成影响。本案适用公司法第二十二条予以审查,认定董事会决议在召集程序、表决方式上均无任何瑕疵,不符合应予撤销的要件。2010年6月4日,法院判决:撤销原判,对李建军原审诉请不予支持。

(二)分析思考

1. 在案例一中,苏格兰皇家银行陨落的案例当中,如何看待董事会与CEO弗雷德之间的矛盾?

2. 在案例二中,为什么将机构投资者称为"大猩猩",你认为机构投资者积极地参与公司治理是反映了什么样的原则？

3. 在案例三中，从公司治理的角度，你认为董事会的决策是否存在问题？并加以论述。

（三）分析建议

现代企业的一个重要特征，就是所有权与经营权的分离，由此就产生了委托代理关系。委托代理（Principal-Agent）关系是指某人或某些人（称为委托人）为将责任委托给他人（称为代理人），雇佣他或他们而形成的关系。委托人和代理人的权利与义务均在双方认可的契约关系中加以明确。当委托人赋予某个代理人一定的权利，比如使用一种资源的权利时，一种代理关系就建立起来了。代理人受契约（正式与非正式的）制约，代表着委托人的利益，并相应获取某种形式的报酬。当委托人与代理人的利益目标不一致时，就产生了所谓的代理问题。

在现实经济中，股东与管理者的关系就是一种典型的委托代理关系。企业的所有者即股东是委托人，经营管理层是代理人。由于所有者与经营者之间的信息不对称及利益的差异，使得经营者的行为可能偏离所有者的要求。这里的代理问题就是：一方面，管理者能否完全按股东的意愿或要求行事，管理者是否把股东财富或公司价值作为最大化目标；另一方面，股东将如何有效地激励、约束、监督管理者按股东的意愿和利益行事。

机构投资者并不是一开始就积极地参与到公司治理活动中的。事实上，早期的机构投资者作为公司所有者的色彩非常淡薄，它们只是消极股东，并不直接干预公司的行为，并且非常倾向于短期炒买炒卖从中牟利，因此，早期的机构投资者在公司治理结构中的作用是微弱的。但是，到了 20 世纪 90 年代，大部分机构投资者都放弃了华尔街准则"用脚投票"，在对公司业绩不满或对公司治理问题有不同意见时，他们不再是简单地把股票卖掉，"逃离劣质公司"，而是开始积极参与和改进公司治理。

目前，我国股票市场中机构投资者无论在规模上还是在数量上都在增加，机构投资者在股票市场中的作用越来越大，机构投资者对股票市场的影响也越来越大。但是我们的机构投资者还没有发挥其应有的作用，特别是其机构投资者的股东地位也没有充分发挥出来，人才优势也没有充分发挥。可以说，我国的机构投资者的投资理念和小散户一样——还在靠天吃饭——所持股票涨，就赚钱；所持股票跌，就等着赔钱。

公司治理结构，或称公司治理系统（Corporate Governance System）、公司治理机制（Corporate Governane Mechanism），是一种对公司进行管理和控制的体系，即由所有者、董事会和高级执行人员即高级经理三者组成的一种组织结构。现代企业制度区别于传统企业的根本点在于所有权和经营权的分离，或称所有权与控制权的分离，并在所有者和经营者之间形成一种相互制衡的机制，用以对企业进行管理和控制。现代企业中的公司治理结构正是这样一种协调股东和其他利益相关者关系的机制，它涉及激励与约束等多方面的内容。简单地说，公司治理结构就是处理企业各种契约关系的一种制度。

公司治理结构的实质就是一个权力分配制衡机制，即明确股东、董事、监事、经理和其他利益相关人之间权利和责任的分配，规定公司议事规则和程序，并决定公司目标和组织结构以及实施目标和进行监督的手段。贾永轩把公司治理结构形象地比喻为"四轮驱动"。如果把公司比喻成一辆汽车，那么公司治理结构的四个方面好比汽车的四个轮子。当四个轮子同时驱动、形成合力、达到制衡时，汽车就能高速正常前行；四个轮子中任何一个出现问题，汽车都难以正常行驶，甚至出现翻车现象。

主要参考文献

1. 刘彦文，公司治理.北京：清华大学出版社，2015.

2. 胡晓明.公司治理与内部控制.北京：人民邮电出版社，2013.

3. 王军.试论国有企业财务管理的环境与财务关系.中小企业管理与科技（上旬刊），2010(03).

4. 杨钧.企业社会责任评价模型——基于中国中小企业的实证分析.未来与发展，2010(03).

5. 章莹盈，黄德忠，阳秋林.企业社会责任与企业核心竞争力的 H2O 原理.中国乡镇企业会计，2010(03).

6. 魏海亮.债权人与公司的财务关系.科技创新导报，2010(11).

7. 马巾英.中小企业成长与公司财务关系研究.生产力研究，2009(06).

8. 容少华.不同视角下的财务关系管理.财会通讯（理财版），2008(10).

案例十六 财务环境与财务战略分析

教学目标

1. 掌握财务环境与企业财务管理的关系；
2. 了解财务战略的主要内容以及对企业财务活动的影响。

案例分析

（一）案例介绍

案例 1 比索狂跌，美企痛心

1994 年 2 月，墨西哥比索连续两周持续下跌，除外汇交易商和投资商外，还有很多美国人也为之心痛不已。

对于那些以比索为收入货币或在墨西哥拥有实物资产的美国公司，比索贬值 37％使他们切实体会到外币价值的变化是如何迅速而严重地影响其销售量和利润的。

而对于那些将墨西哥视为企业扩张的跳板的数百家公司，比索的贬值再次提醒他们：国外市场与国内市场完全不同。按芝加哥德勒国际服务机构的资深管理者赛吉的话来说，墨西哥金融危机迫使他们"关注每一个所投资的国家的经济走势"。

比索贬值对那些以墨西哥货币为经营货币的公司的影响是惊人的。上月初，一家美国公司以 345 比索出售的装饰品价值 100 美元，而现在 345 比索只值 60～65 美元。同时，由于比索贬值，美国出口商品价格上涨，使得有能力购买这些商品的墨西哥消费者减少。

例如，福特汽车公司声称此次比索贬值会削弱明年向墨西哥出口汽车的增长量。1994 年，福特出口到墨西哥的汽车是 27 000～28 000 辆，比 1992 年增长了几百辆。福特预计在《北美自由贸易协定》的帮助下其销量会翻一番，但是汽车制造商协会主席、首席执行官亚历山大·特罗特曼在周二时指出"以比索计量的福特汽车成本已急剧上升"。福特在墨西哥每年继续生产超过 200 000 辆的汽车，但是其在墨西哥生产的产品中不包括像福特野马跑车这样的从美国进口的热销产品。公司的发言人说，即使降低墨西哥工厂以美元计价的工资，公司也不会有什么盈利，因为墨西哥大部分用于组装汽车的零件是在美国生产的。

其他公司也很快受到了冲击。玩具制造商美泰公司指出，由于比索贬值使其在墨西哥的存货和应收款价值减少,公司第四季度每股将会亏损 8 美分。这意味着尽管美泰公司在世界范围内的销量增加了 35%,但其该年度的账面收益将会与保守估计吻合。

加利福尼亚州一家叫作 Metalclad 的公司在墨西哥经营废油回收和垃圾处理项目,本希望在 2 月 28 日第三财务季度结束时可以稳获一笔收入,但比索的贬值使之美梦破灭。得克萨斯匹兹堡的鸡肉制造商在 12 月 31 日第一财务季度结束时损失惨重,因为其在墨西哥的资产价值减少了 1.2 亿美元。在俄亥俄的固特异轮胎的发言人指出,公司已经"看到墨西哥轮胎市场的萧条,因为交易商不愿以低于成本的价格出售"。

然而,对于众多的大型美国公司来说,汇率的波动只是小事一桩。虽然墨西哥占据了美国出口量的 9%,但它只是一个相对较小的国际市场。许多公司称他们以美元进行交易或采取了其他规避外汇风险的套期保值方法,所以它们不会直接受到金融冲击。而且,在当地生产可以享受低廉的人工成本,而另一些企业(如运输公司和旅馆)会因为美国进口量的增加和旅游业的繁荣而获利。

但是,一些公司已经开始停止实施扩张计划,甚至大公司也预计今年对墨西哥的出口量会下降,因为墨西哥进口商调高了美国货物的价格。毕竟,这些仅是墨西哥使比索相对美元贬值的部分目的。华盛顿智囊战略与国际研究中心的西德尼·韦恩卓伯说:"它们这样做的唯一目的是尽量减少进口量,增加墨西哥的出口量。"

在得克萨斯,很明显地感觉到了对墨西哥出口量的减少,1993 年,得克萨斯向其南部邻居出售了价值约 2 038 亿美元的货物,几乎占美国对墨西哥出口量的一半。州审计署官员预计今年出口量会再增加 5%~7%,但是,1996 年及以后每年仅增长 3%,部分是因为汇率变化导致需求下降。

案例 2 房地产业"地王"们的财务战略

1. 恒大地产

恒大地产是主要开发大型综合住宅项目的公司。按照之前制订的财务战略,恒大地产应在 2008 年 3 月 20 日 IPO(首次公开发行股票)结束招股、公布定价,并在 3 月 28 日上市,预计的融资额可达到 100 亿港币。但是,在股市急转直下之后,恒大地产在 3 月 20 日的公告中称"鉴于国际资本市场现时波动不定及市况不明朗,本公司决定不会根据原有时间表进行全球发售。"IPO 遇阻,对原本负债累累的恒大地产来说可谓雪上加霜。

实际上,在 IPO 遇阻前的 1 月 8 日,16 号的恒大地产历时 75 分钟,竞价 228 轮,以 41 亿元的高成交价拿下广州绢麻厂地块(折合楼面地价 13 016 元/平方米,之后该区的楼价只有 7 000 多元/平方米),成为广州天河新地王。合同要求它在半年内交清全部款项。如果这次 IPO 成功,恒大地产本可以"坐地生财",但是现存的大幅土地储备,都成了公司的难言之痛。

屋漏偏逢连阴雨,市场传来了广州房价下跌的消息。由于 IPO 失败,公司在严重缺少资金的条件下开始启动降价销楼策略。2008 年 3 月 27 日,恒大地产在广州当地刊登一则广告称,其知名楼盘恒大御景半岛中有 100 套以 7 折销售,全江景准现楼 7 980~9 380 元/平方米,并附送 3 000 元/平方米的豪华装修。另有 10 套独立别墅、5 套联排别墅以 7.5 折发售。消息公布之后数天,所售房源几乎全部卖完。其后,恒大地产旗下"恒大云湖"、"世纪名门"和"金碧领秀国际"项目均传出打折消息,折扣从 25%～30%不等,相比楼市最高峰,有部分楼盘的价格缩水甚至达到 40%～50%。尽管这样,因为一直没有缴纳地价款,恒大地产原本拍得的广州绢麻厂地块面临着土地被收回、1.3 亿元保证金被没收的危险。

2. 大龙地产

2009 年 11 月 20 日,北京顺义区后沙峪镇天竺开发区 22 号住宅用地公开拍卖,12 家房地产企业参与竞争,包括保利、龙湖、远洋以及大龙地产的子公司大龙公司等。最终,经过了一个半小时 1 900 轮竞价,原先并不被看好的大龙公司以超出底价 2.6 倍的 50.5 亿元最终拿下该地块。该地块总价以及每平方米近 3 万元的楼面地价,使该地块成了北京的"双料地王",然而两个多月后,该地块因欠缴地价款被北京市国土属收回,公司已经交纳的 2 亿元竞买保证金也"有去无回"。

回顾这位 50.5 亿元的"地王"2006—2008 年年报数据,大龙地产的主营收入分别只有 4.65 亿元、3.26 亿元和 1.37 亿元,净利润则只有区区 2 958 万元、3 785 万元和 236 万元。大龙地产在其公布的 2009 年年报中称,公司 2009 年实现了曝发式的增长,报告期末总资产为 30.06 余亿元,营业收入 17.48 亿元,同比增长 4 475.91%,实现净利润 3.39 亿元,同比增长 14 264.40%,实现基本每股收益 0.82 元。

3. 招商地产

就在北京市国土局宣布收回大龙地产拍下的地块不久,基于同样的原因,招商地产和其合作伙伴九龙仓集团在 2007 年 12 月 6 日以 24.1 亿元高价共同拍得的南京市仙林湖地块也被南京市国土局收回,共投的 2.45 亿港币竞买保证金被没收。此地块的成交价高出底价 9.1 亿元,是当年南京市第二高价。

招商地产董秘刘宁表示,公司对这块地后来经过测算,觉得没有钱赚,于是在 2008 年年底的时候决定放弃,并在 2008 年年报中公布计提这块土地的损失。根据招商地产 2008 年年报,在"财务报表附注——其他应收款续"一项中,公司已经明文表示,招商地产的子公司瑞嘉投资实业有限公司(被收回地块的开发商)由于未按约定期限缴纳竞得土地的首期款,公司对瑞嘉公司已交纳的保证金全额计提了减值准备,合计 1.08 亿元。

这些房地产"地王"为了规模的扩张,都选择了扩大自身的土地储备量。事实上,看上去财大气粗的"地王"们无一例外地都栽在了"钱"字上。

(二)分析思考

1. 随着经济的全球化,越来越多的公司走出国门,国际汇率的变动深刻地影响着公司的财务决策。你认为作为财务环境范畴之一的国际汇率是如何影响着公司财务决策的?并进一步研究财务环境的对于企业财务管理活动的影响。

2. 通过阅读案例二材料,你认为房地产"地王"们的财务战略有何不妥之处?并进一步研究企业财务战略对于财务管理活动有意义。

（三）分析建议

1. 财务管理环境又称为理财环境，是指对企业组织财务活动和处理财务关系产生影响的企业内外各种条件的统称。在财务管理活动中，企业需要不断地对财务管理环境进行审视和评估，并根据其所处的具体财务管理环境的特点，采取与之相适应的财务管理手段和管理方法，以实现财务管理目标。只有在理财环境的各种因素作用下实现财务管理的协调平衡，企业才能生存和发展，才能正确地制定理财策略。

经济全球化的今天，国际汇率也是影响企业国际贸易的重要因素，也是企业财务管理活动中必须要关注的领域。在国际浮动汇率制大背景下，企业不管是否有海外投资或国际贸易，都不同程度地面临汇率变动所带来的风险。特别自 1973 年布雷顿森林体系崩溃以来，主要西方国家普遍采用浮动汇率制度，政府不再对市场汇率进行干预，也不设置上下限，而是由市场货币供求关系来决定货币价值，汇率风险明显增大。我国也从 2005 年 7 月 21 日开始实行以市场供求为基础，参考一篮子货币进行调整的浮动汇率制度，这迈出了我国汇率机制市场化改革进程中关键的一步，也意味着人民币汇率的变动将更加灵活、具有弹性，汇率波动幅度和不确定性将会扩大。

2. 财务战略是主要涉及财务性质的战略，属于财务管理的范畴。财务战略主要考虑资金的使用和管理的战略问题，主要强调必须适合企业所处的发展阶段并符合利益相关者的期望。财务管理为企业战略提供资金支持，是为提高经营活动的价值而进行的管理。财务管理的方式是决定企业战略能否成功的关键。有效的财务管理不一定能使经营灾难转变为企业的成功，失败的财务管理却足以使成功的经营战略一无所获，甚至使优秀的企业毁于一旦。财务管理对于企业的长期生存和健康发展具有重要意义。

财务管理应支持企业的总体战略，但并不意味着没有自己的战略。重要的财务决策总是由企业最高层做出的，甚至要经过董事会决议。大多数企业以财务目标作为整个企业的主要目标，两者目标的直接一致使得财务管理不同于其他职能管理。重要的财务决策总会涉及企业的全局，带有战略的性质。

财务管理可以分为资金筹集和资金管理两大部分，相应地，财务战略也可以分为筹资战略和资金管理战略。狭义的财务战略仅指筹资战略，包括资本结构决策、筹资来源决策和股利分配决策等。资金管理涉及的实物资产的购置和使用，是由经营战略而非财务职能指导的。资金管理只是通过建议、评价、计划和控制等手段，促进经营活动创造更多的价值。资金管理的战略主要考虑如何建立和维持有利于创造价值的资金管理体系。股东价值是由企业长期的现金创造能力决定的，而现金创造能力又是由企业对各种因素（包括资金因素）进行管理的方式决定的。

主要参考文献

1. 刘淑莲.财务管理.北京:机械工业出版社,2015.
2. 叶陈刚.公司财务管理.北京:机械工业出版社,2014.
3. 切奥尔 S.尤恩.国际财务管理.北京:机械工业出版社,2005.

4. 证券之星：http://www.stockstar.com/focus/SS2016080100001475.shtml.

5. 张旭蕾.新财务环境下重构财务指标体系的建议.财会月刊,2007(33).

6. 李秀兰.企业财务管理环境分析.审计与理财,2005(S4).

7. 简燕玲.从财务本质、财务目标、财务环境看财务职能.中国审计.2003(21).

8. 王化成.浅论财务管理环境.财会月刊,2000(06).

案例十七 货币时间价值案例

教学目标

1. 掌握货币时间价值的含义及其意义；
2. 掌握货币时间价值的计算，并能解决实际问题；
3. 进一步熟悉货币时间价值各因素之间的关系。

案例分析

（一）案例介绍

案例1 博彩奖金的转换决定：西格资产理财公司的案例

1987年，罗莎琳德·珊琪菲尔德(Rosalind Setchfield)赢得了一项总价值超过130万美元的大奖。这样，在以后20年中，每年她都会收到65 276.79美元的分期付款。六年后的1995年，珊琪菲尔德女士接到了位于佛罗里达州西部棕榈市的西格资产理财公司(Singer Asset Finance Company)的一位销售人员打来的电话，称该公司愿立即付给她140 000美元以获得今后9年其博彩奖支票的一半款项(也就是，现在的140 000美元换算以后，9年共32 638.39美元×9＝293 745.51美元的分期付款)。

西格公司是一个奖金经纪公司，其职员的主要工作就是跟踪类似珊琪菲尔德女士这样的博彩大奖的获得者。公司甚至知道有许多人会急于将他们获得奖项的部分马上全部变现成一笔大钱。类似西格公司这样的经纪公司将它们收购的这种获得未来现金流的权利再转售给一些机构投资者，诸如美国太阳公司(Sun America)或是约翰·汉考克共同生命保险公司(John Hancock Mutual Life Insurance Co.)。本案例中，购买这项权利的是金融升级服务集团(Enhance Financial Servic Group，简称EFSG公司)的是一家从事纽约州市政债券的再保险公司。

西格公司已谈好将它领取珊琪菲尔德一半奖金的权利以196 000美元的价格卖给了EFSG公司，如果珊琪菲尔德答应公司的报价，公司就能马上赚取56 000美元。最终珊琪菲尔德接受报价，交易达成。

案例2　富兰克林的遗嘱

美国著名的科学家、避雷针的发明人本杰明·富兰克林(Franklin B,1706—1790)。一生为科学和民主革命而工作,他死后留下的财产只有一千英镑。令人惊讶的是,他竟留下了一份分配几百万英镑财产的遗嘱! 这份有趣的遗嘱是这样写的:

"……一千英镑赠给波士顿的居民,如果他们接受了这一千英镑,那么这笔钱应该托付给一些挑选出来的公民,他们得把这钱按每年5%的利率借给一些年轻的手工业者去生息。这款子过了100年增加到131 000英镑。我希望,那时候用100 000英镑来建立一所公共建筑物,剩下的31 000英镑拿去继续生息100年。在第二个100年年末了,这笔款增加到4 061 000英镑,其中1 061 000英镑还是由波士顿的居民来支配,而其余的3 000 000英镑让马萨诸塞州的公众来管理。过此之后,我可不敢多作主张了!"

富兰克林,留下区区的1 000英镑,竟立了百万富翁般的遗嘱,莫非昏了头脑? 显然作为科学家和政治家的富兰克林不会如此与百年后的民众开玩笑。这种计算是如何实现的呢,通过货币时间价值的学习,我们就能理解这一问题。

案例3　拿破仑的玫瑰花誓言

1797年3月,拿破仑在卢森堡第一国立小学演讲时,潇洒地把一束价值3路易的玫瑰花送给该校的校长,并且说了这样一番话:"为了答谢贵校对我,尤其是对我夫人约瑟夫的盛情款待,我不仅今天呈献上一束玫瑰花,并且在未来的日子里,只要我们法兰西存在一天,每年的今天我都将派人送给贵校一束价值相等的玫瑰花,作为法兰西与卢森堡友谊的象征。"

后来,拿破仑穷于应付连绵的战争和此起彼伏的政治事件,并最终因失败而被流放到圣赫勒那岛,自然也把对卢森堡的承诺忘得一干二净。

谁都不曾料到,1984年底,卢森堡人竟旧事重提,向法国政府提出这"赠送玫瑰花"的诺言,并且要求索赔。他们要求法国政府:要么从1798年起,用3个路易作为一束玫瑰花的本金,以5厘复利计息全部清偿;要么在法国各大报刊上公开承认拿破仑是个言而无信的小人。

法国政府当然不想有损拿破仑的声誉,但算出来的数字让他们惊呆了:原本3路易的许诺,至今本息已高达1 375 596法郎。

最后,法国政府通过冥思苦想,才找到一个使卢森堡比较满意的答复,即"以后无论在精神上还是在物质上,法国始终不渝地对卢森堡大公国的中小学教育事业予以支持与赞助,来兑现我们的拿破仑将军那一诺千金的玫瑰花誓言"。也许拿破仑至死也没想到,自己一时的"即兴"言辞会给法兰西带来这样的尴尬。但是,这也正说明了复利在财富增值中的巨大作用。

案例 4　西班牙国王的投资与尼德兰总督的生意

1592 年,西班牙国王斐迪南五世(Ferdinand V)以及女王伊莎贝拉一世(Isabella Ⅰ)资助意大利航海家哥伦布(Columbus)大约 3 万美元,哥伦布冒险向西航行 70 天后,到达加勒比海群岛,完成了发现新大陆的创举。这一发现给当时的西班牙带来了精神上的成就感,也让西班牙失去了巨大的财富。假设当初投资的 3 万美元以 4%的复利率增长,到 2014 年西班牙失去了价值 24.3 兆(243 亿亿)美元的财富! 也就是说,如果利率为 4%,按复利计算,1592 年的 3 万美元与 2014 年的 24.3 兆美元在价值量上是相等的。

相似的交易发生在三十多年后的 1626 年,荷属美洲新尼德兰省总督 Peter Minuit 花大约 24 美元的玻璃珠子和饰物从印第安人手中买下了曼哈顿岛。付出金钱的 Peter Minuit 得到了曼哈顿岛上 22.3 平方英里的所有土地,约合 621 688 320 平方英尺,1633 年在这里建造了第一个教堂,1653 年曼哈顿成为新尼德兰省省府,并命名为新阿姆斯特丹。按照可比土地销售的价格基础进行估算,不难做出一个相当准确的估计,现在每平方英尺土地价格估计为 20 美元,因此可以合理推算整个曼哈顿岛的土地现在总价值为 12 433 766 400 美元,约 125 亿美元。对于那些投资新手来说,这个数据听起来会让人感觉 Peter Minuit 总督做的这笔交易赚大了。但是,印第安人只需要能够取得每年 6.5%的投资收益率,就可以轻松笑到最后。按照 6.5%的年复利收益率,他们卖岛拿到的 24 美元经过 338 年到现在会累计增值到 42 109 362 790(约 420 亿)美元,而且只要他们努力争取每年多赚上半个百分点让年收益率达到 7%,338 年后的现在就能增值到 2 050 亿美元。

案例 5　诺贝尔奖奖金为何"用之不竭"?

"我,签名人艾尔弗雷德·伯哈德·诺贝尔,经过郑重的考虑后特此宣布,下文是关于处理我死后所留下的财产的遗嘱。在此我要求遗嘱执行人以如下方式处置我可以兑现的剩余财产:将上述财产兑换成现金,然后进行安全可靠的投资;以这份资金成立一个基金会,将基金所产生的利息每年奖给在前一年中为人类做出杰出贡献的人。将此利息划分为五等份,分配如下:

一份奖给在物理界有最重大的发现或发明的人;

一份奖给在化学上有最重大的发现或改进的人;

一份奖给在医学和生理学界有最重大的发现的人;

一份奖给在文学界创作出具有理想倾向的最佳作品的人;

最后一份奖给为促进民族团结友好、取消或裁减常备军队以及为和平会议的组织和宣传尽到最大努力或做出最大贡献的人。

对于获奖候选人的国籍不予任何考虑,也就是说,不管他或她是不是斯堪的纳维亚人,谁最符合条件谁就应该获得奖金,我在此声明,这样授予奖金是我的迫切愿望……"

根据诺贝尔 1895 年的最后遗嘱,他把大约 100 万瑞典克朗赠予十多名亲友,余下部分(约 3 100 万瑞典克朗)用于设立诺贝尔奖。1898 年 5 月 21 日,瑞典国王宣布诺贝尔遗嘱生效。1900 年 6 月 29 日,瑞典国会通过了诺贝尔基金会章程。1901 年 12 月 10 日,即诺贝尔逝世 5 周年纪念日,首次颁发了诺贝尔奖。

按照诺贝尔最初的意愿,理想的奖金额度应该能够保证一位教授在 20 年不领取薪水的情况下仍然能够进行他的科研。根据这一原则,1901 年首次颁发的诺奖奖金数额约为 15 万瑞典克朗,大概相当于当时一位教授 20 年的薪水。不过从 1902 年起奖金数额一路不断缩水,直至 1923 年降到大约 11.5 万瑞典克朗的最低点。从 1924 年至 1990 年,尽管诺奖的奖金数额名义上不断增加,然而因为瑞典货币克朗的几次贬值,奖金的实际价值也一直没有达到 1901 年的水平。在此期间的绝大部分年份,诺奖奖金数额的实际价值都徘徊在 1901 年的 30%～40%之间。

在诺贝尔奖奖金首次颁发之前,关于诺贝尔奖奖金如何保值增值的问题,根据诺贝尔的遗嘱,建立了诺贝尔基金会作为一个民间的私人机构,专门管理诺贝尔遗产及诺贝尔奖的颁发。根据 1901 年瑞典国王批准通过的评奖规则,这笔基金应投资在"安全的证券"上,这也正是诺贝尔本人的初衷。"安全的证券",当时人们将其理解为"国债与贷款"。股票市场则碰都不能碰,因为它风险太大,弄得不好会"血本无归"。然而,所谓"安全的投资",却差点儿把这笔钱给弄没了! 随着每年的奖金发放、运作开销及税收等因素,历经 50 多年后,到 1953 年该基金会资产只剩下 300 多万美元,再加上通货膨胀等因素,基金会的运作变得非常困难。

眼见基金资产将消耗殆尽,诺贝尔基金会在 1953 年做出突破性改变,将基金管理章程更改为以投资股票、房地产为主,这一改变就此扭转了基金的命运,于是到了 1993 年,诺贝尔基金的总资产已滚动至 2 亿多美元。

该基金会 2011 年年报显示他们的投资策略原则是:股票,50%左右(上下浮动 10%)、固定收益资产,20%左右(上下浮动 10%)和另类资产,30%左右(上下浮动 10%),另类资产则包括投资不动产和对冲基金。

1991 年至 2001 年这期间的诺奖得主最为"幸运"。1991 年诺奖奖金数额一跃调整至 600 万瑞典克朗,实际价值和 1901 年的奖金相当,诺奖在首次颁发的 90 年后方才回归初衷。到 2001 年,诺奖奖金的实际价值达到历史最高点,相当于 1901 年的 144%,2001 年以来,诺奖奖金的名义价值都固定下来,每年都是 1 000 万瑞典克朗。但实际上因为全球经济低迷和汇率变化问题,诺奖的实际价值连年下降。

当然,投资也有风险,2008 年全球金融危机对诺贝尔奖基金也产生很大冲击。诺贝尔基金会的 2011 年年报显示,由于全球股票市场不振,其股票投资亏损了 1 900 多万瑞郎。因此,从去年开始,诺奖金额降低了 20%,每项奖金由 1 000 万瑞郎降低到 800 万瑞郎。2015 年,诺贝尔奖的奖金就是 800 万瑞典克朗,折合人民币 617 万元,也怪不得屠呦呦说,这点儿钱,在北京还"不够买个房"。

(二) 分析思考

1. 以上四个案例,用货币时间价值的观点去分析,各是什么类型的计算。
2. 针对以上四个案例,尝试用货币时间价值去验证他们的观点。

3. 谈一谈,最后两个案例中存在什么假设条件。如果这些假设条件不具备的话,最终结果是怎么样的?

4. 怎么理解诺贝尔基金在上 20 世纪 50 年代的窘境和革新? 这为基金的延续和增值带来什么影响? 请从货币时间价值的角度来分析。

(三) 分析建议

"时间价值"最早出自经济学家欧文·费雪(Irving Fisher)1900 年的专著《利息理论》,通常与银行的存贷款利率、债券利率、通货膨胀率等联系在一起,成为各种资产定价的基础。货币的时间价值是指随着时间的推移发生的价值增值。由于等额的现金在不同时点上的价值量是不相等的,为此必须将不同时点的现金流量按照利率或折现率调为同一时点的现金流量,以便进行比较和分析。

20 世纪 30 年代,西方正值大萧条时期,许多人认为未来世界繁荣将不会再现,但凯恩斯都指出,萧条不过是两次繁荣周期中间的间歇,支撑西方经济发展的"复利的力量"并没有消失。凯恩斯在当时已经发现,近代社会的崛起是从 16 世纪的资本积累开始的,而这个崛起导致人类进入"复利时代"。凯恩斯认为:"英国对外投资的始端可追溯到 1580 年德雷克从西班牙盗窃的大批财宝。"只不过,经过长年的复利累加,"德雷克在 1580 年带回来的财宝中,每 1 镑现在已变成 10 万镑。"复利的力量就有如此之大! 1938 年,一个在股市上相当成功的投资者廉姆斯(Williams)出版了他尚未经过答辩的博士论文《投资价值理论》,多年后的历史证明威廉姆斯的这本书成为"投资学"这一学科的前驱经典著作。此外,他最重要的贡献就是提出了股利折现估价模型,第一次将复利模型引入资产估价。他认为,一个资产的价值等于所有者能够从资产获取的收益,并采用调整后的利率对未来收益进行折现以此确定资产的价值。

资金的时间价值,是指资金的拥有者因放弃对资金的使用,而根据其时间的长短所获得的报酬。例如,企业将所拥有的资金存入银行、购买债券、出借给其他单位而获得的利息,或出租给其他单位而获得的租金,在假设没有通货膨胀和风险的情况下,都是企业因放弃对这笔资金的使用而根据其时间的长短所获得的时间价值。

正确理解资金时间价值的概念,有必要明确以下几点:

第一,资金时间价值产生的前提,是资金所有权与其使用权的分离。商品货币经济的发展,使借贷关系得以产生和发展,从而使资金的所有权和使用权相分离,并成为一种普遍存在的经济现象。资金具有带来价值增值的使用价值。因此,资金的所有者将其资金的这种使用价值让渡给资金的使用者使用,而资金的使用者就应从使用资金所获得的利润中拿出一部分,作为资金所有者的报酬。这种报酬,就是资金的时间价值。

第二,资金时间价值的来源,是劳动者创造的新价值。资金虽然具有带来价值增值的使用价值,但不能自行增值。这就是说,如果不将资金投入生产经营,而闲置起来,资金是不会增值的,甚至还会由于通货膨胀等原因而发生贬值。马克思说:"作为资本的货币的流动本身就是目的,因为只是在这个不断更新的运动中才有价值的增值。""如果把它从流通中取出来,那它就凝固为贮藏货币,即使藏到世界末日,也不会增加分毫。"所以,资金的时间价值是在生产经营中产生的,是由劳动者的劳动创造的,即资金时间价值的真正来源是劳动者创造的新价值,而不是西方经济学者所认为的那样,是由"推迟消费的时间和耐心"创造的。

第三,决定资金时间价值大小的基本因素,从其相对数来看,应是在不考虑通货膨胀和风险条件下社会平均的资金利润率或投资报酬率。因为在利润平均化规律的作用下,将资金投资于不同行业,应获得大体相当的投资报酬率或社会平均的资金利润率。从资金时间价值的绝对数来看,决定资金时间大小的基本因素,除了上述社会平均的资金利润率或投资报酬率之外,还有一定量资金和一定时间。例如,某企业将 100 元现金存入银行,存款年利率为 10%,这样,1 年期满时的利息为 10 元。这就是存款利率为 10%、存款时间为 1 年 100元资金的时间价值。由上述可见,决定资金时间价值大小的因素,不是西方经济学者所认为的,是"灵活偏好、消费倾向、耐心"等心理因素。

第四,资金的时间价值,不仅是指货币的时间价值,而且还包括固定资金和其他资金的时间价值。例如,企业出租房屋、机器设备等资产,也可获得与时间成正比的时间价值。弄清了什么是资金的时间价值之后,便不难看出,资金的时间价值与下面两个概念之间的关系:

1. 资金的时间价值与货币的时间价值。货币的时间价值,是指货币的拥有者因放弃对货币的使用而根据其时间的长短所获得的报酬。例如,企业将所拥有的货币资金存入银行、购买债券或出借给其他单位而获得的利息,就是货币的时间价值。由此可见,它与资金的时间价值并无本质上的区别,两者产生的前提以及其来源和决定其大小的因素等都是相同的。时间价值两者在其内容上却存在着一定的差别:从生产经营单位来看,资金的时间价值所包括的内容要比货币的时间价值宽,既包括货币资金的时间价值,也包括固定资金和其他资金的时间价值。正是由于资金时间价值具有这种特点,所以我国有许多学者认为,在进行长期投资决策分析时,应以资金的时间价值取代货币的时间价值。其理由主要是:从投资所取得的差额价值,不只是货币资金带来的,也有固定资金和其他资金带来的;同时,也符合我国对"货币"和"资金"的习惯理解。这种看法是值得肯定的。

2. 资金的时间价值与资金的周转价值。资金的周转价值,是指资金周转或被使用所带来的差额价值,即利润。由此可见,它和资金的时间价值是两个有着明显区别的概念。主要表现在:前者是针对资金的使用者而言的,而后者则是针对资金的所有者而言的,两者在量上也不相等。例如,甲企业于年初将 10 万元资金以年利率 10%借给乙企业使用,在年终时可获得利息(资金的时间价值)1 万元;而乙企业将这笔资金用于生产经营,当年可增加利润(资金的周转价值)2 万元。但两者之间也有联系,主要表现在:资金的时间价值仍属于资金的周转价值,是对资金周转价值进行分割的一种特殊形式;也是资金周转价值的最低界限,如果一个企业进行一项投资,其资金的周转价值低于资金的时间价值,就不会进行该项投资。所以,笔者认为,目前我国有少数学者把资金的时间价值解释为"资金周转使用的增值额",有的甚至直接理解为"利润",是值得斟酌的。

资金的时间价值原理,正确地揭示了在不同时点上资金之间的换算关系以及在一定时空条件下运动中的资金具有增值的规律佳。因此,在企业财务管理中,应重视对这一原理的应用。这对于提高财务决策的正确佳,促进资金的合理利用,加速资金周转都有着十分重要的作用。

为了便于研究问题,在计算资金的时间价值时,假设没有风险和通货膨胀,以利息和利率或折现率分别代表资金时间价值的绝对量和相对量。

主要参考文献

1. 张思强.财务管理理论与实务.北京:北京大学出版社,2013.
2. 王明虎,王锴.财务管理原理.北京:机械工业出版社,2013.
3. 宋巾.财务管理.西安:西北大学出版社,2015.
4. 李广.货币时间价值在财务管理实践中的应用.中外企业家,2014(33).
5. 王韬烨.货币时间价值在企业投资的应用.时代金融,2015(18).
6. 吴鲲.论货币的时间价值和投资决策.现代经济信息,2014(03).
7. 何远祯.资金时间价值理论在企业财务管理中的应用研究.经济研究导刊,2014(20).
8. 百度知道:https://zhidao.baidu.com/question/506512786.html.
9. 百度文库:https://wenku.baidu.com/view/632329171eb91a37f1115cd9.html.

案例十八　筹资渠道与资金成本

教学目标

1. 进一步理解企业筹资方式、渠道的概念与类型及其成本；
2. 进一步掌握企业筹集资金的具体方式、渠道及其各自的优缺点；
3. 进一步理解企业筹资方式的不同选择对企业资本结构的影响及其杠杆作用。

案例分析

（一）案例介绍

联想收购 IBM PC 业务

2004 年 12 月 8 日,联想对外宣布收购 IBM 的全球台式机业务和笔记本业务(Personal Computer Division, PCD),打造全球第三大 PC 企业。此次并购所涉及的资产主要有:IBM 在全球 160 个国家 10 000 名员工的 IBM 笔记本、台式机业务及相关服务。具体包括:客户、分销渠道,包括直销客户和大企业客户,分销和经销渠道、互联网和直销渠道,设计遍布全球的 160 个国家的 2 600 名员工;IBM 的 THINK 品牌及相关专利;IBM 在中国的合资公司 IIPC。

根据收购交易条款,联想支付予 IBM 的交易代价为 12.5 亿美元,其中包括约 6.5 亿美元现金,及按 2004 年 12 月交易宣布前最后一个交易日的股票收市价价值 6 亿美元的 17.4 亿股联想股份。交易完成后,IBM 拥有联想 18.9%的股权。此外,联想将承担来自 IBM 约 5 亿美元的净负债,资产账面净值为 —6.8 亿美元的个人电脑业务部门。双方当时已经约定,联想向 IBM 增发的 17.4 亿股股份中,有额度为 4.4 亿股的机动股份将按联想支付现金能力而调整。

此后,2005 年 1 月 20 日联想与巴黎银行等六家银行达成 6 亿美元的贷款协议,为并购筹得第一笔资金,为 5 年内分期偿还。这一笔五年期贷款的利率比伦敦同业银行拆借利率高出 82.5 个基点。BNP Paribas、ABN AMRO、渣打、中国工商银行领导了这笔贷款,还有十六家其他银行参加了贷款,贡献了 3.45 亿美元贷款。在 2005 年 3 月 31 日宣布的另一项交易中,联想引入全球三大私人股权投资公司:得克萨斯太平洋集团、General Atlantic 及美国新桥投资集团,同意由这三大私人投资公司提供 3.5 亿美元的战略投资,以供联想收购

IBM 全球 PC 业务之用,其中约 1.5 亿美元将用作收购资金,从而抵减 IBM 应该持有联想股份中的近 4.4 亿股,余下约 2 亿美元用作联想日常运营资金。抵减掉这部分股权之后,联想集团向 IBM 支付的现金数额将达到 7.5 亿美元,而增发的股份相应减至 13 亿股。

根据投资协议,联想集团将向得克萨斯太平洋集团、General Atlantic、美国新桥投资集团发行共 2 730 000 股非上市 A 类累积可换股优先股(优先股),每股发行价为 1 000 港元,以及可用作认购 237 417 474 股联想股份的非上市认股权证。该交易总现金代价达 3.5 亿美元,其中得克萨斯太平洋集团投资 2 亿美元、General Atlantic 投资 1 亿美元,美国新桥投资集团投资 5 千万美元。这些优先股将获得每年 4.5% 的固定累积优先现金股息(每季度支付),并且在交易完成后的第七年起,联想或优先股持有人可随时赎回。认股权证有效期为 5 年。按照约定,TPG 等三个投资方可以随时行使优先股与认股权证的换股权,但必须在交割日起 12 个月后才可以将其出让。联想集团还要求,三个投资方不得将优先股与认股权证转让给已经持有联想股权 4.9% 以上的人士及联想指定的竞争者。此外,在交割后的前三年,联想控股对三个投资方持有的 2.37 亿股的认股权证有优先受让权。

依照这一比例,向 IBM 增发和三个境外投资商的优先股行使尘埃落定之后,联想控股持有联想集团的股权比例从 56.6% 降至 45.5%,IBM 持股也从原先设想最高的 18.9% 降至 8.8%,得克萨斯太平洋集团、General Atlantic 和新桥投资持有联想集团总股本扩大后的股权比例分别为 6.2%、3.1% 和 1.5%(认股权证均未行使)。

在这项投资完成以及收购交割后,假设优先股经全面转换,IBM 将拥有联想集团13.4% 股权。IBM 在联想拥有的表决权没有任何改变。IBM 全球融资服务部(IGF)将成为联想的租赁、融资服务的首选供应商,在全球 IT 服务方面排名第一并拥有强大企业客户渠道的 IBM 全球服务部(IGS)将成为联想保修、维修服务的首选提供商。

这次和 IBM 的合作是联想发展战略的突破性的契机,联想集团的管理层在两间国际顾问公司的大力支持下,完成了近 13 个月的谈判和工作量极大的业务梳理工作。在获得 3.5 亿美元战略投资后,联想在并购资金上已经基本没有缺口,这些钱加上 6 亿美元的银团贷款,将意味着联想不用花费一分钱现金,而是通过转让股份的方式完成对 IBM PC 业务的并购。IBM 与联想将结成独特的营销与服务联盟,携手合作,共同向前,联想的个人电脑将通过 IBM 强大的遍布世界的分销网络进行销售。新联想将成为 IBM 首选的个人电脑供应商,而 IBM 也将继续为中小型企业客户提供各种端到端的集成 IT 解决方案。IBM 亦将成为新联想的首选维修与质保服务以及融资服务供应商。联想个人电脑的合并年收入将达约 130 亿美元,年销售个人电脑约 1 400 万台。因此,这次收购是联想和 IBM 的一次历史性的、强有力的战略结盟。联想收购前后资产负债表对比,如表 18 - 1 所示。

表 18 - 1　联想收购前后资产负债表对比　　　　　　　　　　　　　　　单位:千港元

指标 \ 年度	2006 年 3 月	2005 年 3 月	2004 年 3 月	2003 年 3 月
非流动资产	17 979 135	2 578 112	2 242 141	1 514 546
流动资产	21 337 221	6 453 842	6 099 900	5 241 050
流动负债	24 822 147	3 472 813	3 297 440	2 507 004

年度 指标	2006 年 3 月	2005 年 3 月	2004 年 3 月	2003 年 3 月
净流动资产/负债	−3 484 926	2 981 029	2 802 460	2 734 046
非流动负债	6 345 967	331 134	526 547	330
净资产/负债	8 142 439	5 204 398	4 488 724	4 188 521
已发行股本（万股）	851 938	186 870	186 890	186 934
股东权益/（亏损）	8 142 439	5 204 398	4 488 724	4 188 521

联想收购前后流动性比率和杠杆比率对比，如表 18－2 所示。

表 18－2　联想收购前后流动性比率和杠杆比率对比

年度 指标	2006 年 3 月	2005 年 3 月	2004 年 3 月	2003 年 3 月
流动比率	0.86	1.86	1.85	2.09
速动比率	0.75	1.61	1.43	1.58
资产负债率	0.793	0.421	0.458	0.371
权益负债率	3.828	0.731	0.852	0.599
权益长期负债率	0.779	0.064	0.117	0.000 1

联想集团财务比率对比，如表 18－3 所示。

表 18－3　联想集团财务比率对比

年度 指标	2006 年 3 月	2005 年 3 月	2004 年 3 月	2003 年 3 月
每股收益	0.153 2	1.165 6	1.096 4	1.057 5
主营业务收入	80 521 662	17 538 630	18 021 729	15 733 507
净资产收益率	2.13	21.52	23.46	24.28
利润总额	65 948	112 751	99 485	102 865

由以上三张附表可以看出，联想由于收购其股权、资产总量发生了巨大的变化，主要表现在三个方面：

第一，公司总的规模大大提高，各项指标都显示联想变大了，和 IBM PC 的合并使其总资产变为原来的 4.35 倍、股东权益为原来的 1.56 倍；

第二，公司财务的流动性大大下降，杠杆作用明显提高，总负债为原来的 7.98 倍。这是由于并购后 IBM 的净资产是负值，增加了联想的负债比率，使得资产负债率增高；

第三，主营业务收入增加了三倍多，但是实际的利润和净资产收益率却大大减少。

（二）分析思考

1. 联想在并购 IBMPC 业务过程中具体采用了哪几种融资方式？
2. 这些融资方式的使用对此次并购产生了怎样的效果？
3. 这些融资方式的使用是否影响了联想原有的资本结构，是否存在杠杆作用？

（三）分析建议

1. 此次并购，联想采用的是现金＋股票的方法收购目标公司，在现金的筹集中采用的是长期贷款＋发行优先股。联想的实际融资方式还是可行的。采用混合融资方式，解决了资金短缺，避免发行普通股稀释股权，或者发行可转换债券加大财务风险。发行可转换优先股，不失为一个好的融资方式。首先，与 IBM 的普通股，由于交易金额过大，联想集团通过让度 17.4 亿股（价值 6 亿美元）并购后的新联想部分普通股来解决了一半左右的资金。因此，在收购完成之后，联想集团股本结构将发生变化。其次，交易前虽然联想集团约有 31 亿元港币（约 4 亿美元）现金，另有约 30 亿港币银行授信可以使用。但是，联想集团没有倾其所有，动用其所有现金，为了支付 6.5 亿美元的现金，联想集团使用了大量的负债。最后，联想通过发行优先股，又募集了大量的现金，降低了财务风险，同时作为优先股没有表决权，保证了联想的经营控制权。

2. 新联想由于其规模的扩大，本身抵抗财务风险的能力大大提高，对并购 IBM PC 的资金需求，采取了较原来经营策略更为激进的财务政策，大量举债运用财务杠杆，这些都是原来的联想所没有面临的新情况，这些都对今后联想的经营活动、财务管理提出了新的、更高的要求。

3. 并购弱化了联想的偿债能力，并且急剧放大了财务风险。并购后的联想资金压力日益沉重，如果短期盈利能力无法取悦债权人，则其资金链的安全将更加令人担忧。盈利能力下降及资金压力日益沉重应重视。因此，对于并购，一定要慎重考虑，对被并购方，并购方本身的经营状况、资金流、盈利能力以及融资方式进行研究分析，最终做出最优选择。

4. 通过对联想融资案例的分析，企业在为并购的融资方式选择上必须考虑以下方面内容：

① 并购企业应该根据所处的社会经济环境和决策者的管理风格来选择和调节筹资结构。在政府鼓励投资时期，可适当提高举债经营比率，充分利用债务资金从事投资和经营活动，谋取较高的经济效益。在经济处于衰退时期，应采取紧缩举债经营的政策，减少遭受损失和破产的风险；反之，在经济繁荣时期，可以承受较大的筹资风险，选择和保持较高的举债比率，以便追求和实现更大的经济效益。此外，决策者的管理风格也是影响筹资结构的重要因素。管理风格可分为进取型、保守型和中间型。结合经济环境来讲，企业可在有利的经济环境中采取进取型的管理经济策略。而在不利的经济环境采取守势，以待有利时机的转化。在此前提下，组织筹资结构并做到胸有成竹、机动灵活，不失为可取的策略。

② 选择合理的筹资结构也应充分考虑企业经济效益水平、变化速度和平稳程度等因素。通常来讲，举债经营比率随着企业经济的效益增长而增长。因而在经济效益高速增长的企业里，筹资决策时可适当提高举债经营比率，否则应降低。在经济效益不平衡的企业

中,其举债经营比率最好是较低一些,反之应较高一些,力求达到最佳的筹资效益。

③ 在企业的所有者(股东)、债权人和经营者等有关方面以能够接受和承担的风险范围内建立企业的筹资结构。一般来说,举债经营比率偏高,容易导致企业本身经济效益下降,亏损和破产,加深整个社会经济发展的不稳定,增加财政负担,引起通货膨胀,不利于产业结构的转变,降低了投资效果和意向。因此,企业筹资结构应依企业所有者、债权人、经营者等社会各方面普遍接受的风险而定。

④ 分析企业之间的竞争情况,将筹资结构控制在同行业一般水准上。在竞争激烈行业中的企业,其举债经营比率应较低些,否则应高些。同时,可参考同行业主要竞争对手的筹资结构,使本企业的筹资风险不超过主要的竞争对手,以保持企业强有力的竞争能力。

⑤ 立足于不断发展的资金市场,通过筹资结构优化的工具创新,将筹资结构的优化引向一个动态的过程。实际上,资金市场并非僵化不变,而是变化发展的。因此企业必须拓宽视野,不断创新筹资工具,以服务于筹资结构的优化选择。

主要参考文献

1. 赵滨元.融资方式、企业性质对融资效率的影响——基于我国新能源产业的实证研究,商业经济研究,2016.

2. 新浪财经:http://www.sina.com.cn/.

3. 同花顺财经:http://www.51ifind.com/.

案例十九　筹资方式与可转债

教学目标

1. 进一步理解企业资本结构与杠杆作用的概念与理论；
2. 进一步掌握不同资本结构安排对公司治理的影响；
3. 进一步掌握杠杆作用在企业筹资活动中的应用。

案例分析

（一）案例介绍

招商银行可转债发行方案风波

2003年8月26日,招商银行在公布中报的同时,公布了拟发行不超过100亿可转债的董事会决议。这一公告如同一块巨石,一时之间在资本市场上激起了"千层浪"。出乎招行意外的是,公告发布后,该融资方案受到了包括数十只基金在内的众多流通股东的强烈反对。9月12日,在招行召开的中期业绩推介会上,以华夏、长盛等基金公司经理为代表的流通股股东与招行进行了第一次直接交锋。他们以"招行债转股的发行将会使流通股股东受损"为由强烈反对招行的掠夺式的再融资行为。在会上,招行难以招架众多质疑,只能匆匆结束会议。为取得基金公司的理解与合作,2003年9月22日,招行对基金公司开始为期一周的回访。但结果并不如人意,基金公司认为招行"毫无诚意,于事无补",同时在股市上,招行的股价开始节节下跌。

在招行推出100亿可转债计划之前,基金公司对招商银行可谓青睐有加。截至2003年6月30日,共53只证券投资基金持有招商银行3.7亿多股,占到流通股股数的27%。其中,数量较大的华夏6 300万股、大成3 000万股、长盛4 600万股、鹏华4 200万股、易方达3 200万股。

随着时间的推移,招行和以基金为代表的流通股东的分歧日益明朗化。双方的分歧主要集中在以下几点:

1. 招行再融资的必要性

据招行方面解释,本次债券发行主要是为了提高招行的资本充足率,保持招行的市场份额,具体理由如下:

① 适应招行的快速发展。银监会规定银行的资本充足率不得低于8%。从2001年年末到2003年6月,招行的贷款增加了1 239亿元,假设全部是信用贷款就需要99亿的资本金。另外,其他金融机构以20%的速度快速增长,招行要保持现有的市场份额就必须保持20%以上的增长率。

② 应对主管机关对现行资本充足率计算方法的调整。银监会可能会出台新的更为严格的资本充足率的计算标准。据预测,按照新的办法计算国内银行业的资本充足率将有可能有近两个百分点的影响。为了满足监管要求,需要提前做准备。

③ 满足香港金融监管法规的严格要求。招行已经在香港设立分行,香港金融监管局要求招行的资本充足率不低于10%,而按照目前招行的发展速度,到2004年年末,招行的资本充足率将有可能降至8%附近。

⑤ 国内的银行业由于体制性原因,收入来源较为单一,主要盈利来源还是依靠利差,因此,仅仅依靠利润转增股本和股东追加投资来充实资本难以跟上资产规模的迅速发展。所以需要发行公司债来弥补不足。

但是市场主流舆论认为,此次可转债的发行是招商银行的一次恶意圈钱行动。2002年,招行首发新股,一次就圈走资金110亿元,创下当时首发公司圈钱之最,时隔仅一年,招行又狮子大开口,要再次融资100亿元。广大流通股股东都是以10.5元/股的开盘价介入的,而法人股股东不仅只以每股1.0元的价格获得股权,而且在发行时从流通股股东手中赚取了资产溢价收益,现在又让法人股股东享有配售权并流通,是再一次套取流通股股东的利益。甚至有人提出,招行的100亿元融资计划就是上市公司圈钱的登峰造极之作。

对"圈钱"一说,招行予以了积极辩解。其认为,部分上市公司的恶意圈钱行为是对投资者利益的严重损害,但并非所有上市公司的再融资行为都是恶意圈钱。如果一个资本市场所有上市公司不分良莠都能再融资当然是不恰当的,但是如果所有上市公司都不能再融资,那么这个资本市场也失去了应有的基本功能。健全的市场应能发挥"优胜劣汰"的机能,支持优质上市公司的发展。招行的经营和发展,不仅要考虑到股东的现有利益,更要考虑到股东的未来利益。只有公司长期的可持续发展,才能为长线投资者带来真正的长期利益。短期投资者和长期投资者在利益追求上有一定差异,任何上市公司都很难把各方面的利益完全顾及,招行更为重视投资者的长期利益。并且,银行的发展如同逆水行舟,如果招行目前就满足于现有的成绩而止步不前,面对银行业不断国际化的竞争压力,不仅将丧失应有的发展空间,而且也必将降低竞争能力,最终被挤出市场,甚至丧失生存的能力。如果招行今天纵容这种情况成为现实,那才真的是对股东利益不负责任。

2. 采取可转债方式的主要考虑因素

招行提出,目前国内商业银行补充资本的融资方式包括发行金融债、配股、增发及可转债等几种方式。比较而言,发行可转债有以下几方面的好处:

① 充实资本金,摊薄效应延后。本次可转债发行是以计入次级资本为条件设计的,因此发行后即可计入资本金,从而提高资本充足率以满足监管规定。而可转债设定转股期为债券发行后6个月,因此,对于每股收益的摊薄影响也将延后到2004年以后。

② 增加股东权益。一般投资者反对上市公司再融资的理由正是由于新增效益无法弥补再融资带来的摊薄效应。招行以可转债方式再融资所带来的新增效益完全可以弥补摊薄

效应,给投资者带来实际的好处。

③ 为股东提供有效保护。如果招行的经营无法达到市场预期,可转债投资者可以选择不转股。一方面,招行到期还本付息,对于现有股东不会产生摊薄效应。另一方面,作为高负债经营的银行,通过较低融资成本得到资金,也可为股东创造效益。但如果公司表现良好,产生的是全部转股,对新转股股东有利,对公司而言是低卖了股票,但是公司提前获得了资金。这里的问题是招行是否在此时通过其他途径不能获得融资机会。

④ 符合当前市场操作惯例。根据国内目前资本市场对再融资手段及效果的分析可以看出,市场对于增发持较为负面的态度,而发行可转债的公司,股价表现良好,可转债发行一般能得到市场认可。

但是流通股股东们并不认同上述理由,他们认为本次转债发行额只有6%左右向流通股股东配售,流通股股东不能充分享受转债一、二级市场的差价,以此来弥补转债发行带来的股票投资损失。这个方案的推出,事先没有一点征兆,完全抛开了流通股股东的意见,也没有考虑流通股股东的利益,是招行法人股东自己商量好的一个纯粹圈钱的方案。而且,即使本次转债发行成功,所得资金也只能进入附属资本,从而暂时提高招商银行的资本充足率。但因为转债的规模大,如果转债到时不能转股,招商银行的资本充足率就会大幅降低,从而严重影响正常的经营管理。从目前的情况来看,上市公司发行转债后通过利润调控和分红送股即可推动转股。但是证券市场最大的特点就是不确定性。任何人也无法确保可转债到时可以顺利转股。

既然招商银行再融资的目的是为了补充资本金,那么为什么不直接通过增发新股的方式补充核心资本呢?比如向流通股股东和证券投资基金定向增发15亿股招商银行股票,增发价格5~6元/股,可以募集资金75~90亿元。该方案的优点非常明显:可以一次性充实核心资本,不存在到期赎回风险,同时还兼顾了流通股股东和非流通股股东的利益——发行定价为1.7~2.0倍,符合国际市场银行股定价标准;发行价格高于每股净资产,也高于交易所外市场股权转让价格,增加了非流通股股东利益;发行价格低于市价,摊低了流通股股东持股成本;而每股净资产增加,又提高了非流通股东持股价值。

3. 是否会损害股东的利益

招行方面认为,本次可转债发行方案所拟定的条款从当前市场情况看是比较合适的,可以为各方带来合理的回报。从市场上讲,因发行可转债,转股后对每股收益有一定幅度摊薄,短期内可能会对股价形成一定压力,但长期会带来每股收益增加,对于股价增长具有积极的促进作用。具体而言,根据方案确定的发行规模上限,招行可转债全部转股后的总体摊薄率约为15%,可转债期限为5年,年均摊薄每股收益仅3%。但发行可转债后,招行业务、机构、规模和利润将进一步增长,对每股盈利将产生增厚作用。招行2002年利润同比增长25%,2003年中期的利润同比增长31%,体现了良好的盈利增长能力。因此,招行发行可转债对每股盈利的增厚作用将远超过对每股收益摊薄的影响,将提高每股含金量。

流通股股东同样并不接受招行的上述观点,他们认为招商银行推出的可转债方案是一个损害流通股股东利益而为国有法人股股东谋利益的方案。对于法人股股东来说,一旦可转债发行,他们不仅可以坐享债转股时资产的增值,而且还可以通过购买可转债来赚取一、二级市场的差价。而流通股股东不仅要承受可转债方案推出的利空作用所带来的直接损害,而且还要为法人股所购买的可转债的流通买单,并因此承受国有法人股股东对流通股股东权益的掠夺。除此之外,目前银行业存在一个"增长悖论",即利润的增长需要通过不断的股权融资来支持,而股权融资扩大了股本,又使增长的利润被不断摊薄。上市银行因为实际资产盈利能力的下降,难以在现有的资产规模上实现利润的增长,要想维持利润的快速增长,就只能继续通过资产规模的不断扩张来实现。

正当招商银行与"基金联盟"就发行可转债之事争执不下之时,与招商银行同处一栋楼办公的世纪证券向招商银行董事会当面递交了再融资建议书。世纪证券建议,招行可将再融资方案修改为两步走:首先实施全额低价向全体流通股股东定向增发股票方案,融资50~60亿元;然后选择适当时机发行金融债,融资50~60亿元。但该融资方案并没有获得招行方面的接受。

2003年10月15日,招行在其位于深圳市深南大道7088号的招商银行大厦内召开了倍受关注的临时股东大会。会上,流通股股东向大会提交了《关于否决招商银行发行100亿可转债发行方案的提案》和《关于对招商银行董事会违背公司章程关于"公平对待所有股东"问题的质询》、《对招商银行本次可转债发行方案合法性的质询》两个质询案。此外,流通股股东要求此次股东大会应依法对流通股股东分别表决,分别计票和唱票,当场公布表决的结果,这一要求也被董事会拒绝。因此,尽管流通股股东已经使尽浑身解数,终因持股过少、力量弱小而回天无术,可转债的发行方案在股东大会上以占出席会议的有表决权股份总数的88.43%的同意票获得通过,并上报至中国证监会等待批准。

会后,47家基金公司以及社保基金106组合和世纪证券有限公司发布了《部分流通股股东关于招商银行股东大会通过发债议案的联合声明》。在声明中,他们提出:此次股东大会通过的发行不超过100亿可转债的决议违反了《公司法》的有关规定,他们将保留通过法律手段维护自己合法权益的权利。此外,他们呼吁,有关监管部门不应批准招行此次违反法律规定、侵犯流通股股东合法权益的方案。同时,他们希望在目前股市"股权割裂、一股独大"的情况下,管理层应出台相应的过渡性法规,要求上市公司再融资等影响流通股股东重大权益的议案必须经过50%以上的流通股股东同意。

2004年2月18日,在证监会将于2月20日对包括招行在内的三家公司的再融资方案进行审核的前夕,招商银行终于对流通股股东做出重大让步。对此前设计的融资方案做出了修改。新方案为:总计发行债券100亿,其中拟发行65亿可转债,并定向发行35亿次级债。至此,喧嚣一时的招商银行可转债发行风波终于尘埃落定,最后结果虽然不能说是皆大欢喜,但在各方的妥协下似乎也颇为圆满。

(二)分析思考

1. 招商银行可转债再融资方案为何受到基金在内的众多流通股股东的强烈反对?
2. 招商银行可转债再融资方案实施后将对企业的资本结构产生怎样的影响?
3. 招商银行可转债再融资方案的杠杆作用是如何体现的?

(三)分析建议

1. 招商银行与投资基金此前的关系一度非常良好,招商银行是基金业持有的头号重仓股。共有 58 家投资基金持有招商银行的股份,各家基金共持有 36 690 万股,占招商银行全部流通股的 24.46%,拥有近 42 亿元的流通市值。2003 年 8 月 26 日,招商银行转债方案一公布即走到了尽头。市场主流舆论认为,可转债的发行方案是招商银行不顾流通股股东权益的一次"恶意圈钱"行为。2003 年 9 月 12 日,招商银行中期业绩交流会,基金经理对中金公司策划的可转债融资方案提出强烈反对。他们认为:转债转股后,将使公司的股本总额和流通股本相应增加,原有股东的持股比例、净资产收益率及每股收益将严重稀释,使流通股股东利益受损,而且在一股独大、股权割裂的股权结构下,该方案是损害流通股股东利益、为国有法人股股东谋利益的方案。

2. 招行可转债发行后可计入次级资本,提高资本充足率。发行可转债募集资金的数额比较确定,整个操作过程也比较简便。对于投资者而言,可转债不仅本金有保障,而且有保底利息。在可转债存续的五年期内,投资者可以选择最有利的时机进行转股。可转债转股基本上是非连续地进行,可转债转股的非集中性可减缓股本扩张和收益摊薄效应。

3. 可转换债券是债券和转股看涨期权的混合体。其债券性体现在债券未实现转换的情况下,发行人需向投资者定期支付票面利息,到期支付本金。期权性体现在投资者在规定的转换期限内可行使转股的权利,即将所持有的可转换债券按确定的转股价格转换成发行人公司的股票。转换后将极有可能改变企业原有的资本结构,进而影响企业的公司治理。由于可转换债券的最初成本低于权益成本存在一定的财务杠杆作用。

主要参考文献

1. 叶一宇.大小股东角逐再融资——招商银行可转换债券案例研究.财会月刊,2005.
2. 新浪财经:http://www.sina.com.cn/.
3. 同花顺财经:http://www.51ifind.com/.

案例二十　融资策略与财务杠杆

教学目标

1. 掌握企业资金筹集的渠道、方式；
2. 掌握企业资本结构带来的杠杆作用与风险；
3. 了解权益资金与债务资金筹措的流程和有关规定。

案例分析

（一）案例介绍

赣粤高速股份公司发展过程中的融资策略

赣粤高速股份公司（以下简称赣粤高速）于1998年3月31日经江西省股份制改革联审小组赣股〔1998〕1号文件批准，由江西高速公路投资发展有限公司（控股）作为主发起人，联合江西公路开发总公司、江西省交通物资供销总公司、江西运输开发公司和江西高等级公路实业发展有限公司共同发起设立的股份有限公司。2000年5月18日上市，发行价每股11元。经过几年的发展，总资产从10多亿元增长到118亿元。

作为江西省唯一一家公路类上市公司，赣粤高速充分发挥上市公司融资平台作用，创新融资方式，通过上市、配股、短期融资券、分离交易可转换公司债券、非公开债务融资定向工具、中期票据、公司债券等众多方式，累计直接融资220多亿元投入高速公路建设。其在债券市场累计注册224.5亿元并成功发行了18期194.5亿元债券类融资工具，成为江西省债务融资工具注册额度最大、发行期数最多、发行总额最高的企业，累计节约财务成本近13亿元。

几年的实践、探索，赣粤高速破解了融资难题。它既缓解了江西省交通建设的资金压力，又最大限度地为其他企业腾挪出信贷额度，扩大了江西省投融资总量，并且为全省上市公司拓宽融资渠道、降低融资成本起到了典型示范作用。

自1998年3月成立以来，赣粤高速一直以促进江西交通和区域经济发展为己任，担负着全省高速公路建设融资重任。特别是近几年赣粤高速建设任务异常繁重，改扩建任务艰巨。仅昌九技改、九景技改、彭湖高速、昌铜高速4个项目就需投入近120亿元，收购温厚高速公路和九景高速公路30亿元，紧接着昌樟全线改扩建、昌九通远段技改等又需要70多亿元,加上到期债务,近几年赣粤高速每年的资金缺口都在百亿元左右。

率先在江西发行短期融资券。2005年10月,赣粤高速成功发行10亿元短期融资券,成为江西省首家采用短期融资券融资的企业。2010年11月,首创地方性企业注册期内新增短期融资券注册额度。至今累计发行短期融资券107.50亿元,为江西省同行业上市公司中利用该融资工具最多的企业,节省财务成本2亿元以上。

率先在江西发行分离交易可转债。2008年,赣粤高速发行12亿元6年期的分离交易可转换债券,成为国内同行业上市公司、江西省首家利用该品种融资的上市公司。发行利率为0.8%,创同期全国最低利率,节约财务成本5亿元以上。

2008年2月18日发行分离交易可转债总数为120万手(每手1 000元,附送47份认股权证),折合12亿元债券,认股权证总数为5 640万份。

该股份公司近三年(2005—2007年)和2008年第一季度的财务杠杆相关的主要指标数据整理,如表20-1所示。

表20-1

时间 每股指标	2008年3月31日	2007年12月31日	2006年12月31日	2005年12月31日
资产总额(万元)	1 182 804.16	1 160 422.18	1 140 454.96	658 339.26
负债总额(万元)	490 477.88	484 354.11	559 781.32	235 553.48
负债率	41.467%	41.74%	49.08%	35.78%
每股收益(元)	0.142 0	0.940 0	0.672 0	0.450 0
净资产收益率	2.57%	17.44%	15.34%	10.42%
EBIT增长率	0.43%	37.20%	71.29%	3.97%
EBIT(万元)	35 644.19	175 090.75	171 420.93	67 201.71
财务费用(万元)	5 555.80	20 856.92	5 990.60	5 332.09
财务杠杆系数	1.18	1.14	1.04	1.09

2005—2007年,赣粤高速的每股收益从2005年度的0.45元上升到2007年度的0.94元。三年的高速发展在众多的上市公司中是较少见的,但就赣粤高速现在及未来的发展状况而言,2008年第一季度并不乐观,财务杠杆利用程度也在不断提升。如何继续保持它的高速成长和举债能力,如保持2007年8.4的利息保障倍数(可能性很小),将面临以下问题:

① 2008年2月发行分离可转债12亿元,在2010年可转换为股本,但根据2008年的预测,净资产收益率会产生下滑,可转债赠送的附加股票期权行权可能过高,直接影响赣粤高速在证券市场的再筹资能力。

② 从目前拥有的已营运的高速公路项目看,2006年和2007年收入增长较快,预计2008年增长开始回落,收益增长趋缓。

③ 目前投资的项目行业单一,不仅投资额大,而且在建周期长、投资效益不明显,公路网格局正在发生变化,有可能影响2008年以后的收入和收益,从而影响未来的融资能力。

（二）分析思考

1. 试分析赣粤高速未来的融资能力，并思考如何优化其资本结构。

2. 赣粤高速现有负债率不高，帮助其确定一个最优的财务杠杆区间以便优化财务结构。

（三）分析建议

"杠杆"表示成倍地增加某种效果的影响，这个词在物理学中的含义是用来增加力量的杠杆。在英文中，杠杆的词根是 lever，源于法语 g 个古老的单词，意思是"减轻"，这是对杠杆威力的最适当的形容。使用杠杆，重物可以变轻，而将杠杆的原理应用于金钱时，则是表示效果得到倍增。

如果一个企业的资本中除普通股权益资本外，还有一部分来源于负债或需要支付固定股息的优先股，那么这些负债或优先股便使企业有了财务杠杆。这一原理通常教材会通过一系列的数据去证明，这种财务杠杆使企业股东的净收入的变化幅度超过企业营业收入的变化幅度，并且使企业股东的收入流量除因经营状况变化而变化外，有了个新的不确定性，这种因企业资本结构而引起的收益的不确定性即为财务风险。负债资本在资本总额中占的比例越大，企业的财务杠杆作用也越强，财务风险也随之增加。著名的雷曼兄弟破产案的原因之一便是自有资本过少，杠杆率太高，受次贷危机的影响，银行面临严重亏损，其影响便被杠杆率放大。财务风险可以用财务杠杆系数 DFL 来表示。财务杠杆系数是指企业每股收益 EPS 的变动。

另外，公司在利用财务杠杆提高股东收益时，也会受到很多制约。这是因为财务杠杆的利用意味着高风险，公司资本提供者在预期有较高风险时，总是以提高其必要报酬率作为补偿。公司过度利用财务杠杆将会付出较高的资本成本，这会抵消掉利用杠杆所带来的收益。过度负债经营并不总是意味着公司价值的相应提高，当负债达到某一均衡点后，公司价值反而会下降。公司管理者必须了解资本结构对公司价值的影响，进行资本结构决策和管理，寻求一种恰当的筹资组合，使得一定风险下的股东收益最大化。

主要参考文献

1. 王明虎，王锴.财务管理原理.北京：机械工业出版社，2013.

2. 宋巾.财务管理.西安：西北大学出版社，2015.

3. 张琳.科学高效融资 发展效能交通——记赣粤高速资本市场运作的成功案例.交通财会，2009(05).

4. 孙硕，李俊.完善资本市场 消除股权分置.台声·新视角，2005(06).

5. 刘玉辉.完善资本市场优化资源配置.求是，2002(24).

6. 李洁.完善资本市场重在发展和规范.财经问题研究，2000(04).

7. 秦海敏.完善资本市场，促进高速公路建设.黄河科技大学学报，2007(04).

案例二十一　公司上市前的财务梳理及其整改措施实例分析

教学目标

1. 掌握企业上市前是需要企业有一定的资质条件和企业财务指标的一般要求；

2. 了解企业上市前预备期内需要会计师事务所、审计师事务所、律师事务所对企业相关事项是否符合上市条件进行调查取证并出具相关证明意见；

3. 了解分析排查企业可能存在的财务隐患和管理漏洞的主要方法与思路。

案例分析

案例1　江苏振兴模具科技有限公司

1. 公司简介

江苏振兴模业科技有限公司(以下简称振兴模业)系刘成功自然人独资建立的有限责任公司,于2014年3月27日取得临海市滨海区市场监督管理局颁发的企业法人营业执照。

法定代表人:刘成功;注册资本:2 000万元人民币;认缴出资金800万元人民币,认缴出资日期2014年6月9日。无实缴资本金信息。企业类型:有限责任公司(自然人独资);注册地址:临海市滨海区市跃龙街道益民居委会8-C-1幢(D)。经营范围:模具的研发、设计、制造、销售、维修,模具配件、汽车配件、通用设备制造及销售,自营和代理各类商品及技术的进出口业务(国家限定企业经营和禁止进出口的商品及技术除外)。依法须经批准的项目,经相关部门批准后方可开展经营活动。

2. 关联公司基本情况

(1) 江苏振兴模塑有限公司(同一法定代表人)

注册资本:500万美元(见表21-1);成立日期:2014年11月4日;所属行业:汽车制造业;企业类型:有限责任公司(中外合资);注册地址:临海市经济技术开发区新能源汽车产业园(北环路69号);法定代表人:刘成功。经营范围:金属模具研发、设计、制造、销售、技术服务;汽车零部件、通用设备的制造和销售。依法须经批准的项目,经相关部门批准后方可开展经营活动。

表 21-1

股　东	出资额	认缴出资日期
SONJEOUNG SU（朴景煜）	250.00 万美元	2015 年 11 月 3 日
江苏振兴模业科技有限公司	250.00 万美元	2015 年 11 月 3 日

实缴情况,如表 21-2 所示。

表 21-2

股　东	出资额	实缴出资金额	实缴出资时间
SONJEOUNG SU（朴景煜）	250.00 万美元	26.259 万美元	2015 年 12 月 23 日
江苏振兴模业科技有限公司	250.00 万美元	7.265 7 万美元	2015 年 4 月 7 日

(2) 临海顺达汽车零部件有限公司(同一法定代表人)

法定代表人:刘成功;注册资本:300 万元人民币(见表 21-3);成立日期:2009 年 1 月 6 日;所属行业:汽车制造业;注册地址:临海市世纪大道临海中小企业(创业)园内;经营范围:汽车配件、摩托车配件、空调配件、机械电子产品、电气机械与器材、新能源设备制造、塑料制品(农膜限零售)、橡胶制品、复合材料、汽车及汽车零部件销售。依法须经批准的项目,经相关部门批准后方可开展经营活动。

表 21-3

股东	认缴出资额	实缴出资额	实缴出资时间
刘成功	270 万元人民币	270 万元人民币	2009 年 1 月 6 日
李金权	30 万元人民币	30 万元人民币	2009 年 1 月 6 日

3. 公司存在问题

(1) 法律层面

① 股东人数。当前公司为一人有限公司,无法股改为股份有限公司,因此公司至少要新增一名股东。可以以增资或股权转让的方式引入。建议以股权转让的方式引入。

② 实缴注册资本。公司认缴注册资本 3 000 万元,截至 2016 年 10 月 21 日,工商系统显示公司全部未实缴。股改要求必须实缴,因此公司应该在审计基准日前实缴 3 000 万元并出具验资报告。据了解,公司已实缴 598 万元,附有验资报告,因此还需实缴 2 602 万元。

③ 同业竞争问题。江苏振兴模塑有限公司、临海顺达汽车零部件有限公司主营业务均为汽车零件模的生产、销售,挂牌主体主营业务主要是模具的销售。因此避免未来同业竞争的可能性,江苏振兴模业科技有限公司要合并振兴模塑、顺达汽车,将其纳为子公司。

④ 关联交易问题。据了解,振兴模业存在低价向振兴模塑采购产品,同时又高价销售产品的情形,财务部分要具体核查,关联采购和关联销售占比情形。调查价格变化的原因以及价格是否公允。江苏振兴模业科技有限公司如果要合并振兴模塑、顺达汽车变为振兴模塑子公司后,关联交易消除,只需解释历史上关联交易的必要性以及价格公允即可。

⑤ 关联方往来。核查公司财务账册、会计报表，了解是否存在股东占款情形。如果报告期内存在股东占款，需要清理。因为变更顺达汽车为振兴模业全资子公司时，公司应支付刘成功500万元，因此这部分可以对冲股东占款。

⑥ 公司管理层组建。公司股改成股份公司时，需要同时成立董事会、监事会。董事会组成人员至少5人，监事会组成人员至少3人，其中至少有1人为职工监事。高管人员设总经理1名，财务负责人1名，董事会秘书1人。其中董事、财务负责人都可兼任董秘。董事也可兼任高管。

⑦ 子公司顺达汽车的财务报表上显示公司未分配利润负400多万元，公司已经资不抵债，为避免收购时以原出资额收购，价值不公允，因此要求溢价增资，使未分配利润为正数。

（2）财务方面

① 应收账款问题。2016年8月末，应收账款余额为1 228.28万元，2015年度销售收入737.13万元，2016年1—8月销售收入为879.02万元，其中振兴模塑借方为697.19万元，顺达零部件借方为323.00万元，关联方占用资金明显，应收账款余额占销售收入比例远超100%，销售未形成现金流。质疑是否为企业销售磨具、修模或磨具开发所形成的收入。

② 其他应收款科目。振兴模塑借方余额65.74万元，属于借款性质，存在关联方占款问题。

③ 存货问题。2016年8月末存货余额173 287.04元，经询问，实际存货严重不足，存在账实不符，需作调整处理。

④ 长期股权投资问题。长期股权投资170.00万元，与工商信息不符。

⑤ 固定资产与无形资产问题。公司固定资产主要系机器设备，为关联方振兴模塑实际使用，土地系租用。

⑥ 应付账款问题。其中振兴模塑贷方为297.74万元，顺达零部件贷方为380.10万元，系购货往来。

⑦ 其他应付款问题。股东法人代表刘成功借款给公司279.90万元，另台中银融资租赁（苏州）有限公司贷方余额99.41万元，系融资租赁。

⑧ 长期应付款问题。系设备融资租赁。

4. 具体整改措施（参考建议）

① 顺达汽车溢价增资。

② 收购顺达汽车和振兴模塑为控股子公司。

③ 振兴模业新增至少一名股东。

④ 公司进行账面调整，确定审计基准日。

⑤ 审计基准日前，联系好会计师事务所，实缴公司注册资本，出具验资报告。实缴到公司账户的钱，除公司正常业务支出外，无正当理由在审计基准日前必须在账，不能以挂"其他应收款——股东"的方式出去。

⑥ 审计师事务所和资产评估所进场评估、审计。

⑦ 提前确定好公司董事（5人）、监事（3人）、高级管理人员（总经理、副总经理、财务负责人、董事会秘书）名单。

⑧ 审计所要出具审计报告、评估所要出具评估报告，另外要召开股东大会、董事会、监事会来商定相关变更事宜，做好相关原始记录。

⑨ 工商迁档,股份公司预核名,提交股改资料。

⑩ 股份公司营业执照领取,向江苏股交中心申报电子版材料,反馈修改后,公司盖章签字出具正式版本。

⑪ 江苏股交中心出具同意挂牌通知函,先取得股权代码,然后实行挂牌仪式。

案例2　江苏真顺利商贸有限公司

1. 公司基本情况及股东结构

企业名称:江阴市真顺利商贸有限公司

注册号:统一社会信用代码81320902069486816D

法定代表人:赵实处

组织机构代码:96947687-8

注册资本:1 000 万元人民币

成立日期:2013 年 5 月 22 日

所属行业:批发业

经营状态:在业

企业类型:有限责任公司(自然人独资)

注册地址:江阴市江苏金城世贸商城 A11 幢 118 室(7)

营业期限:自 2013 年 5 月 22 日至 2033 年 5 月 21 日

经营范围:化工产品销售(涉及危险化学品的,按《危险化学品经营许可证》所列范围和方式经营,除农药,不得代存代储);通信设备(除卫星地面接收设备)、家用电器、服装批发、零售;中央空调销售;家用电器安装、维修;商品展示服务。依法须经批准的项目,经相关部门批准后方可开展经营活动。

登记机关:江阴市云亭区市场监督管理局

发照日期:2015 年 10 月 15 日

在 2015 年 6 月 30 日前未按规定报送 2013 年年度报告,根据《企业经营异常名录管理暂行办法》第六条的规定列入经营异常名单。

关联方企业:鼎盛机电设备安装有限公司

企业名称:江阴市鼎盛机电设备安装有限公司

注册号:统一社会信用代码88320902330983977C

法定代表人:郑强

组织机构代码:44098398-8

注册资本:500 万元人民币

成立日期:2015 年 3 月 11 日

所属行业:建筑安装业

经营状态:在业

企业类型:有限责任公司(自然人独资)

注册地址:江阴市区时代广场 5 幢 401-2 室(2)

营业期限:自 2015 年 3 月 11 日至 2035 年 3 月 10 日

经营范围:机电设备、净水设备、空调安装、销售;水电安装;建筑智能化工程、钢结构工程、环保工程、电梯安装工程施工;家用电器销售。依法须经批准的项目,经相关部门批准后方可开展经营活动。

登记机关:江阴市云亭区市场监督管理局

发照日期:2016 年 7 月 18 日

2. 公司主要财务数据

资产负债表,如表 21－4 所示。

表 21－4　资产负债表　　　　　　　　　　　　　　　　　　单位:万元

项　目	2015 年 12 月 31 日	2016 年 12 月 31 日
流动资产		
货币资金	66 825.14	46 423.68
短期投资		
应收票据		
应收账款	5 029 662.82	4 605 927.36
减:坏账准备		
应收账款净额	5 029 662.82	4 605 927.36
预付账款		
其他应收款	56 753.20	55 259.20
存货	5 741 235.19	1 219 127.72
待转其他业务支出		
待摊费用		
待处理流动资产净损失		
一年内到期的长期债券投资		
其他流动资产		
流动资产合计	10 894 476.35	5 926 737.96
长期投资:		
长期投资		324 991.00
固定投资		
固定资产原价	900 064.56	949 564.56
减:累计折旧		
固定资产净值	900 064.56	949 564.56
固定资产清理		
在建工程		
待处理固定资产净损失		

续　表

项　目	2015 年 12 月 31 日	2016 年 12 月 31 日
固定资产合计	900 064.56	949 564.56
无形及递延资产：		
无形资产		
递延资产		
无形及递延资产合计		0.00
其他长期资产：		
其他长期资产		
资产总计	11 794 540.91	7 201 293.52
流动负债		
短期借款		
应付票据		
应付账款	－520 676	(259 412.90)
预收账款		
其他应付款	4 188 790.26	(995 219.40)
应付工资	67 387	80 897.00
应付福利款		
未交税金	－931.46	
未付利润		
其他未交款		
预提费用		
一年内到期的长期负债		
其他流动负债		
流动负债合计	3 734 569.80	(1 173 735.30)
长期负债：		
长期借款		
应付债券		
长期应付款		
其他长期负债		
长期负债合计	0.00	0.00
负债合计：		
所有者权益：		
实收资本	2 500 000.00	2 500 000.00
资本公积		

续　表

项　目	2015 年 12 月 31 日	2016 年 12 月 31 日
盈余公积		
未分配利润	5 559 971.11	5 875 028.82
所有者权益合计	8 059 971.11	8 375 028.82
负债及所有者权益总计	11 794 540.91	7 201 293.52

利润表,如表 21-5 所示。

表 21-5　利润表　　　　　　　　　　　　　单位:万元

项　目	2015 年度	2016 年度
一、产品销售收入	19 402 020.70	15 237 789.77
减:销售折扣与折让	0.00	
商品销售收入净额	19 402 020.70	
减:商品销售成本	13 761 687.18	10 849 859.53
经营费用	4 008 535.58	
商品销售税金及附加	93 972.61	134 028.27
二、商品销售利润	1 537 825.33	4 253 901.97
加:代购代销收入	0.00	
三、主营业务利润	1 537 825.33	
加:其他业务利润	1 248 957.98	952 600.16
减:管理费用	914 009.72	1 477 125.29
财务费用	359 686.05	553 226.65
汇兑损失	0.00	
营业费用		3 450 823.13
四、营业利润	1 513 087.54	(274 672.94)
加:投资收益	0.00	0.00
营业外收入	8 501.48	129 275.02
减:营业外支出	49 609.65	151 019.96
五、利润总额	1 471 979.37	(296 417.88)
减:应交所得税	3 290.48	3 135.18
六、税后利润	1 468 688.89	(299 553.06)

3. 存在主要问题

(1) 下游客户"应收账款"资金回笼比较慢

2015 年年末余额为 5 029 662.82 元、2016 年 10 月月末余额为 4 605 927.36 元,同期销售收

入占比分别为 25.92%、30.23%，比例趋于上升；考虑到 2016 年 10 月月末存货为 1 219 127.72 元，该两项因素是占用本公司资金的主要方面，对公司的现金流造成了很大的影响。

（2）净利润呈下滑趋势

公司截至 2016 年 10 月末，累计未分配利润 5 875 028.82 元，毛利率稳定在近 30%，整体经营状况是良好的。2016 年净利润下滑是工程项目的利润下降所致，有国内经济形势的影响。公司从发展的角度可以考虑回报高，资金投入规模不是很大的项目。

（3）成本核算方法较简便导致大单利润不精确

对于金额较大的订单核算，应分别计算毛利率，作相应的成本分析，从而为管理提供决策依据，对相应销售人员的激励也有数据支撑。

（4）增值税税负问题凸出税务成本存在隐患

合理分析经营过程中的增值环节，在运输、提供服务的供应方面尽量取得进项票，并考虑取得成本。在充分了解企业经营的情况下，作进一步的税务筹划。

（5）部分存货可能账实不符影响资本运作决策

在实体经营的前提下，考虑成长版、价值版的挂牌，在资本市场上，以自己有利的条件取得收益。

（6）内部账务毛利率各月之间差异较大

因为企业业务可能受季节性的影响，各月之间的毛利率存在差异，如果不是季节性的原因，有可能是成本核算的有关核算未实施会计核算原则导致。也可能是市场竞争带来的定价出现波动较大的原因。

4. 具体整改措施（参考建议）

（1）公司重新制定营销人员的业绩考评方案

账面得出：应收账款主要有施工方工程供货及施工进度的影响因素，对方按工程进度付款；从企业管理的角度，建议企业加强销售货款的回笼工作，加强催收力度，避免坏账的发生，对销售人员的业绩提成必须按销售客户是否在规定的收款期内到账后方能兑现。另一方面公司从采购方面付款很少有延迟的情况，占用对方资金的情况较少，这样自然加大了自有资金的压力，企业账面的货币资金余额较少。

（2）建议公司增加一人，以公司注册资本承担有限责任

真顺利公司系一人独资企业，孙玉萍对企业债务承担无限连带责任，公司最新的经营范围里已没有水性涂料销售。鼎盛机电公司系一人独资企业，王强对企业债务承担无限连带责任。真顺利公司及鼎盛机电公司均系孙联国、薛梅夫妇实质控制的公司，因此财务数据以上述公司的报表合并而成，反映经营状况。建议增加一人，以公司注册资本承担有限责任，降低企业风险成本。

（3）超过五万以上的业务需要一单一成本的配比核算方式

成本结转计算有几种方法可供会计人员选择，而中小企业的会计人员月末往往使用倒挤法进行，这样比较便捷，但是不够准确，为了有利于管理者制定合适的价格建议公司在每一单收入超过五万元的尝试进行一单一成本的成本计算方法。

（4）进货尽量有增值税发票

增值税往往遵循在企业流通环节增值后才交税，不增值就不交税的"税不重征"原则，随

着国家税务机关征税系统的完善,单位的纳税业务越来越透明了,金税三期系统可以实行实时监控,2017年税务局会加快税收征管法的修订工作。企业过去靠增值税偷税漏税的方法现在不可取了,因此在新的一年业务发生时尽量做好企业税务规范工作。进货尽量有发票,销售也应该有发票,在税务成本与价格成本中进行博弈。

(5)增设内部控制流程

根据业务合同,从业务开端为起点直到工程服务或销售结束为一个循环过程实施企业内部控制,以资金管理为中心的控制模式,对企业业务人员、生产服务人员、会计结算人员都有一个连锁跟踪管理,尽量使企业避免意外损失,为企业增收节支,奖罚分明,管理得当。

(6)建议员工参股

员工参股既可以增强企业员工凝聚力,又可以缓解企业资金周转的困难,员工能够以企业为家,同时激发其参与管理的热情,激发其工作积极性。参股方式可以研究,借资形式还是投股形式,具体可以边做边调整,可以债转股,可以债券方式,可以股东形式。只要员工接受完全可以尝试实施。同时进行股份支付的方式,这样可以留住企业优秀员工。

(二)分析思考

1. 公司上市前进行财务梳理的步骤?
2. 根据两个案例,请具体分析公司存在的问题及其整改思路;
3. 通过以上案例,请思考寻求上市的企业在经营过程中应如何注意会计信息处理?

(三)分析建议

公司上市是公司一项长期的、系统的、复杂的大工程。上市是对公司过去历史、现时状态、未来发展规划的一次全方位大梳理、大整顿,是以各种法律、规章为准绳,来衡量和推进公司做到在各个方面满足上市规范要求的一个过程,而财务问题往往直接关系功败垂成。据统计,因财务问题而与上市仅一步之隔的公司占大多数。上述公司上市的财务条件都是硬指标,也是最低要求,是必须遵守的进而达到的要求。首先需要通过三年左右的时间面对传统的“利润市场”,做好一系列积极有效的准备,制定可靠的公司发展战略,构建可行的商业营运模式和赢利模式,规范公司内部管理组织和流程体系,强化财务管控和会计核算程序,使公司的成长性和优势竞争力得以保证,并能预见和有效化解一系列经营风险。

在以上措施和准备基本到位的前提下,正式为进军海内外资本市场打开通路,使新一轮公司发展战略水到渠成。这里就公司上市前涉及财务方面的问题进行梳理与规划。

1. 上市前的准备工作。

公司的改制上市首先必须遵循各种政策法规,包括《公司法》《证券法》《股票发行与交易管理暂行条例》《拟上市公司改制重组指导意见》等。这些法律法规对于公司公开向社会发行股票都做了市场准入规定,主要包括公司的资产规模、注册资本、连续盈利能力的证明、公司使用外部资金的能力说明以及发行流通股票之后的股本结构区间等等。在这些问题中许多属于硬性规定,是公司必须依靠自身的经营能力和财务状况达到的,有些则是公司可以根据自身发展要求通过财务设计来解决的。

2. 改制上市的股本规模设计和股权结构安排。

对一个拟上市公司的股本规模设计及股权结构安排涉及公司状况、行业特点、上市条件、政府计划等诸多因素。如果简单地从财务角度来看，这个问题是一个筹资风险与收益之间的权衡。如果从长远发展来看，股权结构的稳定程度、股权结构的集中与分散程度、控股权的归属及其变动决定了公司经营策略的连续性、盈利能力的保障程度以及产业转型的可能性。所以，股本规模设计及股权结构安排，应注意以下几个问题：如何确定合适的股本规模；股权性质设计问题；充分考虑主发起人的控股地位；合理安排股权结构并符合相关法律政策的要求。

3. 公司改制过程中相关财务会计问题。

① 公司整体变更为股份有限公司，净资产折股应当按账面净资产值折股，这样业绩能够连续计算，而不能按照经评估确认的净资产折股。否则，业绩不能连续计算。

② 公司整体变更股份公司，在变更时不能增加新股东或原股东不能同时追加出资。因为整体变更仅仅是公司形态的变化，因此除国务院批准采取募集方式外，在变更时不能增加新股东，但可在变更前进行增资或股权转让。

③ 发起人股权出资及其条件：一是用以出资的股权不存在权利瑕疵及潜在纠纷；二是发起人的出资股权应当是可以控制的，且作为出资的股权所对应的业务应与所组建公司的业务基本一致；三是应办理股权过户手续，新《公司注册资本登记管理规定》规定应当在出资时就办妥过户手续；四是发起人以其他有限责任公司股权作为出资，同时需要遵守《公司法》中关于转让股权的规定，如需要全体股东过半数同意，且其他股东有优先购买权；五是一般应是控股股权。

④ 财务重组行为及其他行为不能影响业绩连续计算，判断公司持续盈利的前提条件：一是主要业务没有发生重大变化；二是管理层没有发生重大变化；三是实际控制人没有发生改变。

4. 公司盈利能力规划。

能够持续盈利是公司发行上市的一项基本要求，可从以下几个方面来规划公司的持续盈利能力：

① 财务会计信息方面，盈利能力主要体现在收入的结构组成及增减变动、毛利率的构成及各期增减、利润来源的连续性和稳定性等三个方面。如果原材料价格对公司毛利率的影响太大，公司要提出如何规避及提高议价能力的措施。否则，即使 3 年期间内盈利能力达到上市的要求，申请上市时也会被否决。

② 公司自身经营方面，决定企业持续盈利能力的内部因素——核心业务、核心技术、主要产品以及其主要产品的用途和原料供应等方面。

③ 公司经营所处环境方面，决定企业持续盈利能力的外部因素——所处行业环境、行业中所处地位、市场空间、公司的竞争特点及产品的销售情况、主要消费群体等方面。

④ 公司的商业模式是否适应市场环境，是否具有可复制性，这些决定了企业的扩张能力和快速成长的空间。

⑤ 公司的盈利质量，包括营业收入或净利润对关联方是否存在重大依赖，盈利是否主要依赖税收优惠、政府补助等非经常性损益，客户和供应商的集中度如何，是否对重大客户

和供应商存在重大依赖性。如果公司的经营成果存在严重依赖税收优惠和客户过于集中,在申请上市时,也会被否决。

因此,为确保公司发行上市成功,要从上述 5 个方面来打造公司的持续盈利能力。

5. 营业收入及成本费用规划。

① 营业收入。

营业收入是公司利润的重要来源,反映了公司创造利润和现金流量的能力。在主板及创业板上市管理办法规定的发行条件中,均有营业收入的指标要求。

公司的销售模式、渠道和收款方式。根据企业会计准则的规定,判断公司能否确认收入的一个核心原则是商品所有权上的主要风险和报酬是否转移给购货方,这就需要结合公司的销售模式、渠道以及收款方式进行确定,即营收的实现;销售循环的内控制度是否健全,流程是否规范,单据流、资金流、货物流是否清晰可验证。这些是确认收入真实性、完整性的重要依据,也是上市审计中对收入的关注重点;销售合同的验收标准、付款条件、退货、后续服务及附加条款。同时还须关注商品运输方式;收入的完整性,即所有收入是否均开票入账,对大量现金收入的情况,是否有专门内部控制进行管理。

现金折扣、商业折扣、销售折让等政策。根据企业会计准则的规定,发生的现金折扣,应当按照扣除现金折扣前的金额确定销售商品收入金额,现金折扣在实际发生时计入财务费用;发生的商业折扣,应当按照扣除商业折扣后的金额确定销售商品收入金额;发生的销售折让,公司应分别不同情况进行处理;关注销售的季节性,产品的销售区域和对象,公司的行业地位及竞争对手,结合行业变化、新客户开发、新产品研发等情况,确定各期收入波动趋势是否与行业淡旺季一致,收入的变动与行业发展趋势是否一致,是否符合市场同期的变化情况;公司的销售网络情况及主要经销商的资金实力,所经销产品对外销售和回款等情况,公司的营收与应收账款及销售商品、提供劳务收到的现金的增长关系。

② 成本费用。

成本费用直接影响公司的毛利率和利润,影响公司的规范、合规性和盈利能力。

其一是成本核算方法是否规范,核算政策是否一致。拟改制上市的企业,往往成本核算较为混乱。对历史遗留问题,一般可采取如下方法处理:对存货采用实地盘点核实数量,用最近购进存货的单价或市场价作为原材料、低值易耗品和包装物等的单价,参考企业的历史成本,结合技术人员的测算作为产成品、在产品、半成品的估计单价。问题解决之后,应立即着手建立健全存货与成本内部控制体系以及成本核算体系。

其二是费用方面,公司的费用报销流程是否规范,相关管理制度是否健全,票据取得是否合法,有无税务风险。对于一些长期挂账的费用及款项,应逐一清理,落实责任并进行账务处理。

其三是对于成本费用的结构和趋势的波动,要有合理的解释。

其四是在材料采购方面,原材料采购模式,供应商管理制度等相关内部控制制度是否健全,价格形成机制是否规范,采购发票是否规范。

6. 税收问题。

税务问题是公司改制上市过程中的重点问题。在税务方面,中国证监会颁布的主板和创业板发行上市管理办法均规定:发行人依法纳税,各项税收优惠符合相关法律法规的规定,发行人的经营成果对税收优惠不存在重大依赖。

其一是公司执行的税种、税率要合法合规。

其二是税收优惠是否合法,是否属于地方性政策且与国家规定不符,税收优惠有没有正式的批准文件。要妥善保管税务当局及其他政府部门有关征、免、减税文件及税务鉴证清单等正式书面文件。对于税收优惠属于地方性政策且与国家规定不一致的情况,一般采取的规范措施是:由主管税务机关出文确认拟上市企业没有税务违法行为,且暂不征收少缴的税款,充分披露风险,由原股东承诺承担有可能追缴的税款。

其三是纳税申报是否及时,是否完整纳税,避税行为是否规范,是否因纳税问题受到税收征管部门的处罚。

这里注意的是公司在日常纳税申报表及财务报表审签中,报表应由相关责任人自行或书面授权签字。曾有企业在 IPO 申报中因比对纳税申报表法人代表签字笔迹不一致且无书面授权资料而被否决的情况。

7. 资产质量问题。

资产质量良好,资产负债结构合理是公司上市的一项要求,应注意以下几个方面:

其一是应收账款余额、账龄时长、同期收入相比增长是否过大。应收账款余额过大,应收账款占总资产的比例每年都在 40% 以上,风险较大,则会被否决。

其二是存货余额是否过大、是否有残次冷背、周转率是否过低、账实是否相符。如果存货余额较高,占流动资产的比例较高,而且存货周转率呈现连年下降的趋势,随着公司应收账款和存货规模的不断增加,流动资金短缺的风险进一步加大,也会被否决。

其三是是否存在停工在建工程,固定资产产权证是否齐全,是否有闲置、残损固定资产。

其四是无形资产的产权是否存在瑕疵,作价依据是否充分。

其五是其他应收款与其他应付款的核算内容,这两个科目常被戏称为"垃圾桶"和"聚宝盆"。其他应收款是否存在以下情况:关联方占用资金、变相的资金拆借、隐性投资、费用挂账、或有损失、误用会计科目。其他应付款是否用于隐瞒收入,低估利润。

其六是财务性投资资产,包括交易性金融资产、可供出售的金融资产等占总资产的比重,比重过高,表明公司现金充裕,上市融资的必要性不足。

8. 现金流量。

现金流量反映了公司真实的盈利能力、偿债和支付能力,现金流量表提供了资产负债表、利润表无法提供的更加真实有用的财务信息,更为清晰地揭示了公司资产的流动性和财务状况。

其一是经营活动产生的现金流量净额直接关系到收入的质量及公司的核心竞争力。要结合公司的行业特点和经营模式,将经营活动现金流量与主营业务收入、净利润进行比较。经营活动产生的现金流量净额为负数的要有合理解释。公司报告期内经营活动现金流不稳定,连续两个年度经营活动现金流量净额为负且持续增大,公司现金流和业务的发展严重不匹配,就会被否决。

其二是投资、筹资活动现金流量与公司经营战略的关系。比如,公司投资和筹资活动现金流量净额增加,表明公司实行的是扩张的战略,处于发展阶段,此时需要注意偿债风险。

9. 财务风险方面。

在公司财务风险控制方面,中国证监会颁布的主板和创业板发行上市管理办法均作了禁止性规定,包括:不存在重大偿债风险;不存在影响持续经营的担保、诉讼以及仲裁等重大或有事项;不存在为控股股东、实际控制人及其控制的其他企业进行违规担保的情形;不得有资金被控股股东、实际控制人及其控制的其他企业以借款、代偿债务、代垫款项或者其他方式占用的情形。如果公司有上述之情形的,须在改制前或上市发行前处理完毕。

10. 会计基础工作方面。

会计基础工作规范,是公司上市的一条基本原则。

拟改制上市企业,特别是民营企业,由于存在融资、税务等多方面需求,普遍存在几套账的情况,需要及时对其进行处理,将所有经济业务事项纳入统一的一套报账体系内。

会计政策要保持一贯性,会计估计要合理并不得随意变更。如不随意变更固定资产折旧年限,不随意变更坏账准备计提比例,不随意变更收入确认方法,不随意变更存货成本结转方法。

11. 独立性与关联交易。

公司要上市,其应当具有完整的业务体系和管理结构,具有和直接面向市场独立经营的能力,具体为资产完整、人员独立、财务独立、机构独立和业务独立五大独立。尤其是业务独立方面,证监会对关联交易的审核非常严格,要求报告期内关联交易总体呈现下降的趋势。因此对关联交易要有完整业务流程的规范,还要证明其必要性及公允性。

财务独立是指:独立的财务部门;独立做出财务决策;独立的核算体系;独立的银行账户;独立纳税。

关联交易方面:尽量减少、依法规范关联交易。

关联交易往往与公司的独立性有关。如公司业务不独立或资产不完整,缺乏直接面向市场独立经营的能力,则关联交易不可避免。如果公司收入和利润对关联方存在较大的依赖,则公司是否具有持续盈利能力令人怀疑。

规范关联交易方面,一是制度规范,决策权限和程序、回避制度、独立董事监督;二是定价规范,公开、公平、公正的交易原则,公允定价;三是披露规范,按规定充分披露(经常性和偶发性;决策程序;独立董事的意见)。新准则规定只有在提供确凿证据的情况下,才能披露关联方交易是公平交易。

12. 业绩连续计算问题。

主板上市管理办法规定最近三年内主营业务和董事、高级管理人员没有发生重大变化,实际控制人没有发生变更。即使创业板也规定最近两年内上述内容没有变化。

对同一公司控制权人下相同、类似或相关业务的重组,在符合一定条件下不视为主营业务发生重大变化,但需掌握规模和时机,不同规模的重组则有运行年限及信息披露的要求。

13. 内部控制问题。

目前,政府相关机构对企业的内部控制监管越来越严格,主板及创业板上市管理办法均对发行人的内部控制制度进行了明确规定。值得一提的是 2010 年 4 月《企业内部控制应用指引第 1 号——组织架构》等 18 项应用指引,以及《企业内部控制评价指引》和《企业内部控制审计指引》颁布,自 2011 年 1 月 1 日起在境内外同时上市的公司施行,自 2012 年 1 月 1

日起在上海证券交易所、深圳证券交易所主板上市公司施行,择机在中小板和创业板上市公司施行。因此公司应按照相关要求,建立健全内部控制并严格执行。

主要参考文献

1. 王军.中国公司法.北京:高等教育出版社,2015.
2. 公司法及公司法解释汇编.北京:法律出版社,2017.
3. 中国注册会计师协会.税法.北京:中国财政经济出版社,2017.
4. 大数据.徐子沛.桂林:广西师范大学出版社,2014.

案例二十二　项目投资决策

教学目标

1. 掌握项目投资决策的概念与流程；
2. 掌握项目现金流量的计算；
3. 掌握项目投资决策的评价指标及其分析。

案例分析

（一）案例介绍

案例1　同硕公司音箱生产线项目投资决策案例

同硕公司是生产音箱的中型企业，该公司生产的音箱质量优良，价格合理，近几年来一直供不应求，为了扩大生产能力，该公司准备新建一条生产线。王明是该公司投资部的工作人员，主要负责投资的具体工作。该公司财务总监要求王明收集建设新生产线的相关资料，写出投资项目的财务评价报告，以供公司领导决策参考。

王明经过半个月的调研，得出以下有关资料：该生产线的初始投资为57.5万元，分两年投入，第一年初投入40万元，第二年初投入17.5万元。第二年可完成建设并正式投产，投产后，每年可生产音箱1000台，每台销售价格为800元，每年可获得销售收入80万元。投资项目预计可使用5年，5年后的残值可忽略不计。在投资项目经营期内，需垫支流动资金15万元，这笔资金在项目结束时可如数收回。该项目生产的产品年总成本的构成情况如下：

原材料	40万元
工资费用	8万元
管理费（不含折旧）	7万元
折旧费	10.5万元

王明又对本公司的各种资金来源进行了分析研究，得出该公司加权平均资金成本为10%。该公司所得税税率为25%。

李强根据以上资料，计算出该投资项目的营业现金净流量、现金净流量及净现值（见表22-1~表22-3），并把这些数据资料提供给公司高层领导参加的投资决策会议。

表22-1 投资项目的营业现金净流量计算表 单位:元

项 目	第一年	第二年	第三年	第四年	第五年
销售收入	800 000	800 000	800 000	800 000	800 000
付现成本	550 000	550 000	550 000	550 000	550 000
其中:原材料	400 000	400 000	400 000	400 000	400 000
工资	80 000	80 000	80 000	80 000	80 000
管理费	70 000	70 000	70 000	70 000	70 000
折旧费	105 000	105 000	105 000	105 000	105 000
税前利润	145 000	145 000	145 000	145 000	145 000
所得税	36 250	36 250	36 250	36 250	36 250
税后利润	108 750	108 750	108 750	108 750	108 750
现金净流量	213 750	213 750	213 750	213 750	213 750

表22-2 投资项目的现金净流量计算表 单位:元

项 目	第0年	第1年	第2年	第3年	第4年	第5年	第6年
初始投资	−400 000	−175 000					
流动资金垫支		−150 000					
营业现金净流量			213 750	213 750	213 750	213 750	213 750
流动资金回收							150 000
现金净流量合计	−400 000	−325 000	213 750	213 750	213 750	213 750	363 750

表22-3 投资项目净现值计算表 金额单位:元

年 份	现金净流量(元)	10%的现值系数	现值(元)
0	−400 000	1	−400 000
1	−325 000	0.909	−295 425
2	213 750	0.826	176 558
3	213 750	0.751	160 526
4	213 750	0.683	145 991
5	213 750	0.621	132 739
6	363 750	0.564	205 155
合 计			125 544

　　在公司领导会议上,王明对他提供的有关数据作了必要说明。他认为,建设新生产线有50 915元净现值,因此这个项目是可行的。

　　公司领导会议对王明提供的资料进行了研究分析,认为王明在收集资料方面作了很大的努力,计算方法正确,但却忽略了物价变动的问题,这使得王明提供的信息失去了客观性和准确性。

公司财务总监认为,在项目投资和使用期间,通货膨胀率大约为 6%。他要求有关负责人认真研究通货膨胀对投资项目各有关方面的影响。

生产部经理认为,由于物价变动的影响,原材料费用每年将增加 10%,工资费用也将每年增加 8%。财务部经理认为,扣除折旧后的管理费每年将增加 4%,折旧费每年仍为 10.5 万元。销售部经理认为,产品销售价格预计每年可增加 8%。

公司领导会议决定,要求王明根据以上各部门的意见,重新计算投资项目的现金流量和净现值,提交下次会议讨论。

案例 2　普众药业有限公司投资项目决策分析

2014 年 1 月 6 日,在普众药业有限公司的四楼会议室,公司的管理层正开会讨论一款新保健品的项目投资决策。

普众药业有限公司(以下简称普众药业),是一家按健康产业链拓展,产学研相结合,科工贸一体化,集成式发展的中国医药企业。公司成立于 2003 年,注册资本 8 000 万元,资产总额约 12 000 万元人民币,占地面积 30 万平方米。主要从事中成药领域的研究和开发以及制造与经营业务,近年来在中成药、化学原料药及制剂、医疗器械、保健品等方面有了持续快速的发展,是国家火炬计划重点高新技术企业。普众药业经过多年的精心打造和加速发展,逐步形成了以"普众"和"天益"为主品牌推动的中医药产品集群。普众药业面对日益激烈的商业竞争,从 2012 年开始,在中成药等主营业务领域的生产研发外,还积极地开展保健茶饮品的研发。经过两年的不懈努力,终于研发成功一种疗效好、具有清肠功能的茶饮品。

投资项目决策会从下午两点就开始了,参加讨论会议的有公司董事长、总经理、研发部经理、财务部经理等高层管理人员。会上,研发部经理首先介绍了新产品的特点和保健效果,研究开发费用,以及开发项目的现金流量等。研发部经理指出,为了解市场上"清肠茶"的市场状况,公司首先在相关地区进行了市场调研,支付调研费 50 000 元;为生产该产品购置专用设备、包装用品设备等需投资 50 万元,而厂房和其他设备等可使用公司现有闲置和剩余的资源。预计设备使用年限 15 年,期满无残值。按 15 年计算新产品的现金流量,与公司一贯奉行经营方针一致,在公司看来,15 年以后的现金流量具有极大的不确定性,与其预计误差,不如不予预计。研发部经理列示了"清肠茶"投产后公司的年现金流量表,如表 22-4 所示,并解释由于新产品投放后会冲击原来两种清肠保健药品的销量,因此"清肠茶"投产后增量现金流量如表 22-5 所示。研发部经理介绍完毕,会议对此展开了讨论,在分析市场状况、投资机会以及同行业发展水平的基础上,确定公司投资机会成本为 10%。

表 22－4 开发新产品后公司预计现金流量（年）

年 份	现金流量	年 份	现金流量
1	70 000	9	100 000
2	70 000	10	100 000
3	70 000	11	60 000
4	70 000	12	60 000
5	70 000	13	60 000
6	100 000	14	60 000
7	100 000	15	60 000
8	100 000		

表 22－5 开新产品公司增量现金流量（年）

年 份	现金流量	年 份	现金流量
1	50 000	9	63 000
2	50 000	10	63 000
3	50 000	11	45 000
4	50 000	12	45 000
5	50 000	13	45 000
6	63 000	14	45 000
7	63 000	15	45 000
8	63 000		

公司总经理问："开发新产品是否应考虑增加的流动资金?"研发部经理解释说："新产品投产后,每年需追加流资40 000元,由于这项资金于每年年初投入,在年末返还,一直保留在公司,所以无须将此项费用列入项目现金流量中。"

接着,公司董事长提问："生产新产品占用了公司的剩余生产能力,是否应该支付使用费? 如果将这部分剩余能力出租,公司将会收取一定的租金。是否应当将项目投资收益与资产出租收入相比较?"

已经是下午五点了,会议室里董事长、总经理和研发部经理之间的讨论渐缓渐息,而财务部经理心里的算盘却仍在稳健地拨动着。

案例3 保健产品项目投资决策

ABC公司正在对某项目做投资决策分析,目前,公司研究开发出一种保健产品,其销售市场前景看好。为了解保健产品的潜在市场,公司支付了50 000元,聘请咨询机构进行市场调查,调查结果表明,这一产品市场大约有10%～15%的市场份额有待开发。公司决

定对该保健产品投资,成本效益分析如下:

第一步,预测项目现金流量。

① 市场调研费 50 000 元为沉没成本,属于项目投资决策的无关成本。

② 保健品生产设备购置费为 110 000 元,使用年限 5 年,设备残值为 5 500 元,按直线法计提折旧,每年折旧费 20 900 元;预计 5 年后不再生产该产品后可将设备出售,其售价为 30 000 元。

③ 公司购买一处可以满足项目需要的厂房,价款为 70 000 元,根据税法规定,厂房按 20 年计提折旧,假设 5 年后该厂房的市场价值为 60 000 元。

④ 预计保健品各年的销售量(件)依次为 500、800、1 200、1 000 和 600;保健品市场销售价格,第 1 年为每件 200 元,由于通货膨胀和竞争因素,售价每年将以 2% 的幅度增长;保健品单位付现成本第 1 年 100 元,以后随着原材料价格的大幅度上升,单位付现成本每年将以 10% 的比率增长。

⑤ 生产保健品需要垫支的经营性营运资本,假设各期按下期销售收入 10% 估计。第 1 年年初经营性营运资本投资 10 000 元,第 5 年年末经营性营运资本为零。

⑥ 公司所得税税率为 25%,假设在整个经营期内保持不变。

根据上述①~⑥的相关数据,首先编制经营收入与成本预测表,然后编制项目现金流量表,如表 22-6 和表 22-7 所示。

表 22-6 经营收入与付现成本预测

年 份	销售量	单价	销售收入(元)	单位付现成本	付现成本总额(元)
1	500	200.00	100 000	100.00	50 000
2	800	204.00	163 200	110.00	88 000
3	1 200	208.08	249 696	121.00	145 200
4	1 000	212.24	212 242	133.10	133 100
5	600	216.49	129 892	146.41	87 846

表 22-7 现金流量预测 单位:元

项 目	0	1	2	3	4	5
项目经营期现金流量						
销售收入		100 000	163 200	249 696	212 242	129 892
销售成本(付现成本)		50 000	88 000	145 200	133 100	87 846
设备折旧		20 900	20 900	20 900	20 900	20 900
厂房折旧		3 500	3 500	3 500	3 500	3 500
息税前利润		25 600	50 800	80 096	54 742	17 646
所得税(25%)		6 400	12 700	20 024	13 685	4 411
净利润(无负债)		19 200	38 100	60 072	41 056	13 234

续 表

项 目	0	1	2	3	4	5
折旧		24 400	24 400	24 400	24 400	24 400
经营现金流量		43 600	62 500	84 472	65 456	37 634
固定资产投资：						
设备投资	−110 000					23 875
厂房	−70 000					58 125
经营性营运资本：						
经营性营运资本(年末)	10 000	16 320	24 970	21 224	12 989	0
经营性营运资本增加值	−10 000	−6 320	−8 650	3 745	8 535	12 989
投资与经营性营运资本增加值	−190 000	−6 320	−8 650	3 745	8 235	94 989
现金净流量	−190 000	37 280	53 850	88 217	73 691	132 624
累计现金净流量	−190 000	−152 720	−98 870	−10 652	63 039	195 663

注：表中数据是利用 Excel 电子表格完成的，与手工计算结果有一定的尾数差异。

第五年年末的设备投资为设备残值出售时的资本利得，根据预测设备 5 年后的出售价为 30 000 元，而账面价值仅为 5 500 元，出售价超过账面价值的差额应缴纳所得税 6 125 元[＝(30 000−5 500)×25%]，出售设备税后净收入为 23 875 元(＝30 000−6 125)。

根据预测第 5 年项目结束时，厂房的市场价值为 60 000 元，账面价值为 52 500 元，出售厂房税后收入为 58 125 元，计算方法与设备相同。

第二步，确定项目资本成本。

假设该项目风险与公司风险相同，那么可以采用公司加权平均资本成本作为折现率。预计公司真实资本成本(不考虑通货膨胀因素)第 1 年等于公司当前资本成本 10%，以后各年逐年上升，到第 5 年上升至 12.15%，预计通货膨胀率在第 1 年为 2%，到第 5 年上升至 4%。投资项目资本成本、净现值及内部收益率计算，如表 22-8 所示。

表 22-8　投资项目资本成本净现值及内部收益率

项 目	0	1	2	3	4	5
资本成本						
真实资本成本		10%	10.5%	11.05%	11.6%	12.15%
预计通货膨胀率		2%	2.5%	3%	3.5%	4%
名义资本成本		12.2%	13.26%	14.38%	15.51%	16.64%
累计折现因子		12.2%	27.08%	45.36%	67.9%	95.83%
现金净流量	−190 000	37 280	53 850	88 217	73 691	132 624
现金净流量现值	−190 000	33 226	42 375	60 690	43 891	67 725
净现值	57 908					
内部收益率	23.53%					

表 22-8 中有关项目说明如下：

① 由于项目的现金流量是按名义现金流量计算的,因此需将真实资本成本调整为名义资本,调整公式为:

$$名义利率＝(1＋真实利率)×(1＋预期通货膨胀率)－1$$

第一年名义资本成本＝$(1＋10\%)×(1＋2\%)－1＝12.2\%$

其他各期计算方式依此类推。

② 由于项目资本成本各年不相同,需计算各年累计资本成本,如第2年累计资本成本为:

第2年累计资本成本＝$(1＋12.2\%)(1＋13.26\%)－1＝27.08\%$

其他各期计算方式依次类推。

第三步,进行项目评价。

根据上述各项数据,投资项目净现值计算如下:

$$NPV = -190\,000 + \frac{37\,280}{1+12.20\%} + \frac{53\,850}{1+27.08\%} + \frac{88\,217}{1+45.36\%} + \frac{73\,691}{1+67.90\%} + \frac{132\,624}{1+95.83\%}$$

$$= -190\,000 + 247\,908$$

$$= 57\,908(元)$$

根据表22-8,该项目的内部收益率为23.53%。根据表22-7和表22-8的数据计算的获利指数和投资回收期、会计收益率如下:

$$PI = \frac{247\,908}{190\,000} = 1.3$$

$$PP = 3 + \frac{10\,652}{73\,691} = 3.15(年)$$

$$ARR = \frac{(19\,200 + 38\,100 + 60\,072 + 41\,056 + 13\,234)÷5}{180\,000÷2} × 100\% = 38.1\%$$

在这个案例中,NPV大于零,PI大于1,IRR大于资本成本,会计收益率比较高,但投资回收期比较长。根据现有假设条件和预测数据,这个项目是可行的。但是,项目各种评价标准在本质上都是一个预期值,它与项目最终的结果可能存在很大的差别。根据当前信息确定的一个"好"项目,不一定意味着最终一定是一个"好"项目;或者说一个"坏"项目也并不预示着该项目无法成功。这因为,不仅上述评价的各种参数都是预期值,与未来可能相差很大,而且项目估价仅仅具有技术层面的参考价值,而最终的决定与实施取决于其他因素和决策层判断。

(二) 分析思考

1. 根据三个案例,说明项目投资与固定资产投资的区别与联系,并研究项目投资与企业战略管理之间的关系。

2. 根据该公司领导会议的决定,请你帮助王明重新计算各投资项目的现金净流量和净现值,并判断该投资项目是否可行。

3. 从案例2来看,你认为新产品的市场调研费属于该项目的现金流量吗? 关于生产新产品所追加的流动资金,是否应算作项目的现金流量? 你同意研发部经理的解释吗?

4. 如果普众药业允许将闲置的厂房和设备出租,在此情况下,新产品生产使用公司剩余的生产能力,是否应该支付使用费? 如果普众药业奉行严格的固定资产管理政策,不允许出租剩余厂房、设备等固定资产,此时,新产品生产还需支付闲置厂房和设备的使用费吗?

5. 投资项目现金流量中是否应该反映由于新产品上市使原来老产品的市场份额减少而丧失的收入? 并计算普众药业投资"清肠茶"这一新项目的 NPV、IRR 和 PI,并依据投资决策法则给该公司一个投资决策建议。

6. 从案例 3 来看,折现率的大小对于项目指标的影响有多大? 你认为如何科学合理地确定折现率?

(三) 分析建议

1. 项目是什么?

人们常用"时间"、"资源(或缺乏资源)"、"有收益的工作计划和活动"、"某种工作努力"、"交付物或者产品"、"综合工程"、"有组织性的活动"以及"资金运用"等来给项目下定义。实际上,人们都认识到了一点共性,即项目首先是一种有计划的活动,其次它需要相关的资源来实现,再次要有时间限制,最终它要实现一个目标或效用。对这些实践特征的认识与探索,逐渐吸引人们开辟出了项目管理理论及相关领域。

项目有广义与狭义之分。广义的项目泛指在一定的约束条件(如资源、技术、资金、时间、空间、政策、法规等)下,投资主体为获得未来预期目标,将货币资本或实物资本投入营利性或非营利性的事业中。在社会经济活动中,在不同的场合下,项目又有不同的含义。如在生产经营领域,有企业经营战略规划项目、新产品开发项目、技术引进项目、设备更新项目等;在流通领域,有以物资流通为内容的销售网络项目;在建设领域,有以投资建设活动为内容的工程建设项目;在科研领域,有以研究开发为内容的新技术、高技术研究开发项目、终试项目;在军事领域,有各种军事项目等。项目通常既包括上述有形的项目,也包括无形的项目,如社会制度的改进、政策的调整和管理人员培训等。美国专家约翰·宾(John Ben)指出"项目是要在一定时间里,在预定范围内需要达到预定质量水平的一项一次性任务"。所以,项目是指按限定时间、预算和质量标准完成的一次性任务。

而在境外,美国项目管理协会(The Official Project Management Institute USA)和世界银行等均给出了自己认知范围内的项目定义。例如,美国项目管理协会在其《项目管理知识体系》(*Project Body of Knowledge*)文献中提出,"项目是可以按照明确的起点和目标进行监督的任务。现实中多数项目目标的完成都有明确的资源约束"。这个概念对项目特征做出了三点界定:项目应有明确的目标;项目应有明确的起点;项目应有明确的资源约束。综合而言,项目是一种独特的工作努力,即遵照某种规范及应用标准去导入或生产某种新产品或某项新服务。这种工作努力应在限定的时间、成本费用、人力资源及资财等项目参数内完成。因而,此处将项目定义为"为创建某一独特产品、服务或成果而使用有限的资源,组织适当的人员,在一定时间内通过策划、执行、管理等活动进行的一次性努力"。这里的资源指完成项目所需要的人、财、物;时间指项目有明确的开始和结束时间;客户指提供资金、确定需求并拥有项目成果的组织或个人;目标则是满足要求的产品和服务,并且有时它们是不可见的。

2. 项目投资决策的定义。

项目投资决策是指在项目投资活动中，为了实现预期的投资目标，在占有大量信息的基础上，运用一定的科学理论、方法和手段，通过一定的程序，对若干个具有可行性的项目投资方案进行研究论证，从中选出最满意的投资方案的过程。即对拟建工程投资项目的必要性和可行性进行技术经济论证，对不同的项目投资方案进行比较选择，并作出判断和决定的过程。

正确的项目投资决策不仅取决于决策者个人的素质、知识、能力、经验以及审时度势和多谋善断的能力，而且与认识和掌握决策的理论知识、基本内容和类型，以及与应用科学决策的理论方法有着密切的关系。

构成一个项目投资决策问题，必须具备以下几项基本条件：① 有明确的项目投资决策目标，即要求解决什么问题。确定目标是决策的基础，决策目标应明确具体，并且可以是定量描述的。② 有两个或两个以上可供选择和比较的决策方案。一个决策问题往往存在多种实施方案，决策的过程也就是方案的评估和比较过程。③ 有评估方案优劣的标准。决策方案的优劣必须有客观的评估标准，并且这些标准应当尽可能地采用量化标准。④ 有真实反映客观实际的数据资料。客观准确的原始数据资料与科学正确的决策方法一起构成了科学决策的两个方面，二者缺一不可。

3. 项目投资决策的特点。

① 投资决策具有针对性。项目投资决策要有明确的项目和建设目标，否则无所谓投资决策，达不到投资目标的项目投资决策就是失策。

② 投资决策具有现实性。投资决策是项目投资行动实施的基础。项目开展需要占用的资源、人员、时间等因素均对企业经营实践具有现实影响。因而项目投资决策需慎重、符合实际情况，并重视"决策—执行—再决策—再执行"反复循环的投资经营管理过程。

③ 投资决策具有择优性。项目投资决策与项目方案优选是并存的。投资决策中必须提供实现项目投资目标的几个可行方案，合理的选择就是优选。优选方案不一定是最优方案，但它应是诸多可行投资方案中最令人满意的投资方案。

④ 投资决策具有风险性。项目投资决策是在投资之前，对项目进程、资源消耗、投资回报、环境状况等的一种预测分析过程。然而在实践中将出现各种可预测或不可预测的变化，这种投资环境的变化将给项目投资实践带来不可预计的风险。对于偶然与客观发生的风险是无法避免的，因而需要管理者在制定决策的过程中设法认识风险的规律，并对风险做出评估，从而控制并降低风险。

4. 项目投资现金流量的估计原则与方法。

预测现金流量要建立在增量或边际的概念基础上，只有增量现金流量才是与项目相关的现金流量。所谓增量现金流量，是根据"有无"的原则（with-versus-without），确认有这项投资与没有这项投资现金流量之间的差额。判断增量现金流量，决策者会面临以下四个问题：

① 附加效应。公司投资一个新的项目可能对其原来的项目或业务产生影响，这种影响可能是积极的，即新项目与原有项目之间存在互补关系，项目实施后将增加原有项目的收入；这种影响也可能是消极的，即新项目与原有项目之间存在替代关系，新项目实施后会冲击原有项目的收入或获利水平。例如，一种新产品问世后，客户对公司现有产品的需求可能

会减少,在估计新项目现金流量时,必须从中扣除这部分减少的现金流量。

② 沉没成本。沉没成本是指过去已经发生、无法由现在或将来的任何决策所能改变的成本。在投资决策中,沉没成本属于决策无关成本。例如,某投资项目前期工程投资 50 万元,要使工程全部完工需追加 50 万元。如果工程完工后的收益现值为 60 万元,则应追加投资完成这一项目。因为公司面临的不是投资 100 万元收回 60 万元的问题,而是投资 50 万元收回 60 万元的投资。此时,工程前期发生的 50 万元投资是属于决策无关的沉没成本。如果决策者将沉没成本纳入投资成本总额中,则会使一个有利的项目变得无利可图,从而造成决策失误。一般来说,大多数沉没成本是与研究开发以及投资决策前进行市场调查有关的成本。尽管沉没成本不能作为投资决策考虑的因素,但一个公司必须在较长的时间里收回它所支付的沉没成本,这样才能为公司创造增量价值。

③ 机会成本。经济资源往往具有多样用途,选择了一种用途,必然要丧失另一种用途的机会,后者可能带来的最大收益就成了前者的机会成本。假设有一笔资金,可以把它存在银行里,也可以把它投入公司运营中。如果将其投入公司运营中,那么这笔资金储存的银行利息就是把资金投入公司运营的机会成本。虽然机会成本并未发生现金实体的交割或转让行为,但作为一种潜在的成本,必须加以认真对待,以便为既定资源寻求最佳使用途径。机会成本与投资选择的多样性和资源的稀缺性相联系,当存在多种投资机会,而可供使用的资源又是有限的时候,机会成本就一定存在。

④ 制造费用。在确定项目现金流量时,对于制造费用,要作进一步分析,只有那些确因本项目投资而引起的费用(如增加的管理人员、租金和动力支出等),才能计入投资的现金流量;与公司投资进行与否无关的费用,则不应计入投资现金流量中。

4. 项目投资决策指标计算方法与比较(见表 22 - 9)。

表 22 - 9　项目投资决策指标计算方法与比较

指　标	含　义	计　算	决策标准	特　点
投资回收期(静)(PP)	投资项目的未来净现金流量与原始投资额相等时所经历的时间,即原始投资额通过未来现金流量回收所需要的时间。	投资均集中发生在建设期,每年净现金流量相等时: $PP=$原始投资额/投产后年净现金流量(年平均净利润十年折旧) 如果现金流量每年不等,或原始投资分几年投入的,计算"累计净现金流量方式" $$\sum_{k=0}^{PP} NCF_k = 0$$ $$PP = \frac{m \text{ 年末尚未回收的投资额}}{NCF_{m+1}}$$	投资与否决策:投资回收期小于或等于基准(期望)投资回收期为可接受方案,否则拒绝。 $PP'<$经营期的一半 $PP<$项目计算期的一半 互斥方案:选择投资回收期较短的。	理解、计算容易; 忽视回收期以后的现金流量; 没有考虑现金流量的取得时间。
投资收益率(静)(ROI)	平均投资报酬率,是投资项目达产期正常年份或运营期年均利润占初始投资额的比率。即项目寿命周期内年均净利(或年均现金流量)与原始投资额的比率。	$ROI = \dfrac{\text{年平均净利润}}{\text{初始投资额}}$	投资与否决策:投资收益率大于基准(期望)投资收益率为可接受方案,否则拒绝。低于无风险投资利润率(资金时间价值)的方案为不可行方案。 互斥方案:选择投资收益率较高的。	简明易懂,容易计算; 没有考虑货币时间价值。

指 标	含 义	计 算	决策标准	特 点
净现值（动）（NPV）	投资项目未来净现金流量按资本成本折算成的现值减去初始投资现值后的余额	$NPV=\left[\dfrac{NCF_1}{(1+i)^1}+\dfrac{NCF_2}{(1+i)^2}+\cdots+\dfrac{NCF_n}{(1+i)^n}-C_0\right]$ 即 $NPV=\sum\limits_{t=0}^{n}\dfrac{NCF_t}{(1+i)^t}NCF_t$ 在项目第 t 年的净现金流量；i 预定的贴现率；C_0 初始投资总额的现值	投资与否决策：$NPV>0$ 为可接受方案，否则拒绝。互斥方案：选择净现值较大的方案	考虑货币时间价值；反映投资项目在整个经济年限内的总效益；可以根据需要改变贴现率；贴现率的确定比较困难。常用贴现率有资本成本率，最低资金利润率；无法比较原始投资额不同的方案的优劣。
净现值率（动）（NPVR）	是指投资项目的净现值占初始投资现值总和的百分比。每一元的资金投入能够赚取的净现值。	$NPV=\dfrac{NPV}{\sum\limits_{t=0}^{n}NCF_t(P/F,i_c,t)}$	对于独立方案，当净现值率大于 0 时方案可行；多个方案比较，净现值率大的的方案为优。	可以从动态角度反映投资项目的资金投入与净产出之间的关系，并可以对原始投资额不同的方案进行比较；无法直接反映投资项目本身的实际报酬率。
现值指数（动）（PI）	获利指数，是投资项目经营期与终结点净现金流量现值之和与初始投资现值之和的比率。每一元的资金投入能够收回资金的现值	$PI=\dfrac{\sum\limits_{t=s+1}^{n}NCF_t(P/F,i,t)}{\left[\sum\limits_{t=0}^{s}NCF_t(P/F,i,t)\right]}$ $PI=\dfrac{\sum\limits_{t=1}^{n}\dfrac{NCF_t}{(1+i)^t}}{C_0}$	投资与否决策对于独立方案，当现值指数大于 1 时方案可行；否则拒绝。互斥方案多个方案比较，现值指数大的的方案为优。	与净现值法类似。不同的是该指标便于对原始投资额不同的方案进行比较决策。
内含报酬率（动）（IRR）	使投资项目的净现值为零时的贴现率。内含报酬率反映了项目本身的收益能力。	$NPV=\sum\limits_{t=0}^{n}NCF_t(P/F,IRR,t)=0$ 经营期内各年现金净流量不等：（1）设定折现率，计算 $NPV1$，如果 $NPV1>0$，再假设时提高折现率；如果 $NPV<0$，降低折现率。（2）反复测试，寻找出使 NPV 由正到负或由负到正且 NPV 接近于零的两个贴现率。（3）用插值法求 IRR。	投资与否决策：内部收益率大于基准（期望）收益率为可接受方案，否则拒绝。互斥方案：选择内部收益率较高的方案 当一个投资方案的 IRR 高于资金成本率，说明方案可取，说明该方案收回投资后还会产生剩余的现金流入量。此时 $NPV>0$。投资方案的 IRR 等于资金成本率，则方案 NPV 等于零。投资方案的 IRR 低于资金成本率，则方案 NPV 小于零，方案不可取。	优点：非常注重资金时间价值，比较客观；能够直接体现方案本身所能够达到的实际收益水平。缺点：计算比较麻烦；当经营期大量追加投资时，可能得到若干个内含报酬率

主要参考文献

1. 周颖.项目投融资决策.北京：清华大学出版社，2010.

2. 刘淑莲.财务管理.北京：机械工业出版社，2015.

3. 百度文库：https：// wenku. baidu. com/view/53318457482fb4daa58d4bda. html？ from＝search.

案例二十三　现金的营运与管理

教学目标

1. 掌握公司持有现金的动机与现金成本构成；
2. 了解先进公司现金管理制度。

案例分析

（一）案例介绍

飞利浦公司的现金管理

飞利浦电子是世界上最大的电子品牌之一，在欧洲名列榜首。在彩色电视、照明、电动剃须刀、医疗诊断影像和病人监护仪、单芯片电视产品领域世界领先。目前主要通过医疗保健、照明和优质生活三个交叉部门为专业市场和消费市场提供服务。

飞利浦早在 1920 年就进入了中国市场。1985 年设立第一家合资企业。飞利浦已成为中国电子行业最大的投资合作伙伴之一，2003 年公司经营业绩持续增长，营业额达到 75 亿美元，在华国际采购额达到 38.3 亿美元。

为了创造最高的效率和最佳的控制，飞利浦有一个由各种中央职能部门组成的核心管理机构，这个核心机构负责整个公司在全球范围内的品牌、战略及资金整合。对于飞利浦来说，集团资金部就是这样的一个核心资金管理部门。集团资金部的核心任务是提供最高效和最安全的方式来处理集团的内部及外部支付，提供对短期流动性管理的最佳支持，使整个集团的融资成本最小化，用一种最有效的方式来定义、评估并削减公司的财务风险和运营风险，这些风险可能对企业的利益造成极大的损害。

从职能上来看，集团资金部主要有以下 4 大职能，他们分别是：

① 公司财务控制。公司财务控制的首要任务是增加股东财富。所以，最小化公司的融资成本是关键因素，其任务是建立理想的公司资金结构，包括股权和债务结构。

② 财务风险控制。财务风险控制包风险咨询和风险管理，主要是定义并衡量公司的财务风险敞口。所以，它的主要职责是制定公司在外汇、利率、国家信用和商品风险上的政策。并且提供一种集中性的、系统风险的咨询来帮助各产品部来辨认并规避风险。

③ 运营中心。运营中心是资金交易中心，它为所有单位提供一种流畅的、自动的、安全

的付款程序。它通过与资金部其他职能的员工的紧密合作,大量减少了付款过程中的手工操作,用这种方式,飞利浦建立了一套全自动的、独立于银行系统的整合的流程。

运营中心主要由以下几个部分组成:

付款工厂(Payment Factory—PF),它是一个全球范围内充分共享的公司内部外部付款服务的提供者。它提供所有的付款包括内部交易付款、外部交易付款和跨国界付款。

内部银行(In House Bnak—DR)。它的任务是执行所有企业的交易指令,包括在外汇市场上建立头寸和相关交易的支付。

④ 现金管理。在飞利浦,现金管理被定义成一种短期资产管理,其核心是和其他流动资产相比,到底需要多少现金才是最合适的。现金管理的任务是通过各种与现金有关的业务包括收款、付款和流动性管理来为股东创造财富。它的目标是提供最理想的短期流动性管理并提供最有效和最安全的方式来处理飞利浦的内部和外部支付。

飞利浦公司现金管理的区域架构与业务架构

在飞利浦公司中有一种最理想化的现金管理结构,这种结构并不考虑国家的具体限制,与银行的关系和内部各产品部的自身政策的限制。其现金管理结构可以从两个方面来分。一是按区域来分,二是按业务结构来分。

1. 飞利浦公司现金管理的区域架构

飞利浦在全球范围内的现金管理被分成四个区域,每个区域都由各自的资金经理来负责各区域的现金管理。在每个区域里还按国家来划分,飞利浦在每个国家都有自己的国家管理中心,每个国家的资金经理与区域资金部和全球资金部一起合作来负责每个国家的现金管理。

2. 飞利浦公司现金管理的业务结构

从飞利浦的业务流程来说,基本上是一个从采购到生产再到销售的过程,那么,现金管理就包括了一个现金收款和支付系统以及一个短期投资系统。所以,现金管理包括现金流入、流出的控制和流动性控制两个主要方面。

在结合了飞利浦内部四个区域的划分后,现金管理被分成以下四个方面。

(1) 第三方付款

在飞利浦,付款可能是现金管理系统中最重要的部分,因为付款对成本负责。飞利浦每年从全球各地采购并用各种各样的货币向数以千计的供货商支付货款。付款工厂(PF)是行使这种职能的主要部门。一个PF被定义为"为创造最高的效率,通过集中和全自动支付各种内部交易和外部交易款项的现金管理的理念。"

飞利浦各地的企业对付款管理负责,它们决定向谁支付,为什么支付和何时支付,但它们让PF代表它们来付款。当地企业将所有的付款指令通过公司内部网传送到PF,然后PF再将付款指令送交银行,银行向供货商付款。然后,每个企业在PF完成付款后将从PF收到确认函。企业可以通过内部网查询其在内部银行的余额及交易记录。

通过PF向第三方支付货款可以将跨国支付转化为国内支付,这可以通过飞利浦在供货商所在地的账户支付来完成。PF还向收款人(供货商)提供汇款建议以节省成本。对于内部交易，其通过内部网的 EDI 信息向供货商提供汇款建议来使整个汇款流程更流畅。对于外部付款，FD 通过安全网页、电子邮件和传真形式向供货商提供建议。

在这个付款流程中，付款账户是重要的一环。付款账户是在 PF 中专门为付款而开设的专用于付款的账户，PF 在每个与飞利浦有业务往来的国家都开设有这种账户，每个国家的付款账户都分成两种类型：

① 当地币种的付款账户。

每个国家的全国资金中心都有自己的本币账户，PF 使用这些账户来完成代表在这些国家的当地飞利浦所属企业向第三方的付款。这些付款通常都是用当地货币来支付的。

② 非当地币种的付款账户。

这些账户被命名为 KPENV。PF 使用这些 KPENV 账户来完成代表不在这些国家的别国的飞利浦所属企业向当地第三方的付款。这些付款可能使用当地货币，也可能使用外币。通过这些账户付款可以将国际支付转变成国内支付以节省高昂的国际汇款费用。

通过 PF 形式付款的优点在于，当地付款可以节省昂贵的国际汇费；由于本地付款基本上都是丹田结算的，因而银行浮游期可以大大降低；通过 PF 支付，可以减少企业的专门负责付款的雇员和银行账户，从而降低成本。

（2）第三方收款

在集中管理应收账款之前，飞利浦每个子企业都有许多银行账户，而且因为有很多不同币种的应收账款导致开设了许多外币账户。飞利浦根据地域的划分账户种类给现金管理带来了极大的帮助。

飞利浦的应收账款账户可以分成以下两种：

① 产品部的非当地货币账户。

飞利浦已经实施了货币中心的原则。这就是说，所有货币的收入、支付、投资、借贷都应该在该货币的发行国来处理。例如，美元在纽约处理，日元在东京处理。通过一个例子可以说明这个原则：一个有巨额美元应收账款的德国企业应当在美国纽约开立一个美元账户，这就是非当地货币账户，它是设立在经营国以外的。因为该账户设在美国，所以美元应收账款就不必通过国际汇款来结算，这可以大大缩短收款的时间。这些账户都被设立在飞利浦的全球现金管理的合作银行，所以这些应收账款收到后可以非常迅速和便捷的被再次集中管理。

② 当地货币银行账户。

在每个国家，每一个地区现金管理银行或者全球现金管理银行都用当地货币账户来管理应收账款。比如，在荷兰使用荷兰银行管理，在匈牙利使用花旗银行管理。

（3）内部交易

内部交易的现金流是由于内部销售而产生的。这就是说每个企业将它的半成品或制成品销售给飞利浦内部的其他企业作为原料。为了简化现金管理系统中的这一重要组成部分，飞利浦的重要原则是：如果我们可以在最终环节集中处理的话，那么就不应该花费大量的人力物力来分别处理这些数量庞大的交易。飞利浦公司使用了净额结算的系统并结合内部银行（一个由母公司所拥有的在集团层面为整个集团提供类似银行服务业务的组织）来处理数量庞大的内部交易。就像向第三方付款那样，内部银行付款也通过 PF 而不是通过银行来完成实质上的交易,收款企业在内部银行的账户会被贷记,而付款企业则被借记。这大大节省了银行汇款的费用。

飞利浦决定通过将外汇收款和付款集中在资金部从而将外汇风险集中管理。这样,每个企业在内部银行就只有一个本币账户,其他币种的付款和收款将被自动转换成其本币,而公司金融部则集中管理每天的外汇敞口。

对于每个跨国公司的子公司来说,每个子公司都会存在各自的货币敞口。目前跨国公司一般都通过对冲保值交易的形式来控制汇率风险。飞利浦公司也一样,其每个子公司都分别对自己的外汇敞口进行对冲交易。但是,每个子公司对对冲保值交易只有决策权,而没有交易权,所有的交易都将交给公司资金部的交易室来处理。每个子公司需要进行交易时,就通过公司内部网站向交易室发出指令,交易室就根据指令来进行交易,这样交易室可以实时监控全球范围内总的货币敞口及其外汇风险。这也是风险集中管理的一种手段。

(4)流动性管理

由于PF和内部银行的实施,除了第三方应收账款以外的所有现金流都被集中管理了。对于应收账款来说,一个全球现金管理合作银行看着所有的外币收款,它通过每个国家收到其本币的形式来管理。所以,在这种设计中每个国家都会有一个理想的整现金余额。但是,即使当国家或集团层面上的余额是正的,然而其下属有些企业可能有正的现金余额而有的却存在负的余额。那么,此时最好的解决办法就是构造一个现金池也就是现金集中,这种现金池可能并不仅限于国家范围内,也可以是全球范围内的。

飞利浦每天用60多种货币进行交易,这些非欧元货币余额会给飞利浦带来巨大的外汇风险。为了控制这种风险,集团资金部通过当天零余额的方法来控制这些货币账户。飞利浦在每个符合条件的国家都已经建立了一个国家控制中心,其下属的国家资金部门将其管辖的所有企业的现金余额集中在一个国家中央账户中,而这个账户的余额将被集中到一个设在飞利浦全球合作银行的叫作全球现金池的全球中央账户中。在这个全球中央账户中,每个国家的资金部都有一个以国家名字命名的子账户,这个子账户记录了所在国家的资金部在全球中央账户中的资金往来过程。每个国家的资金部都可以通过内部银行来监控这个子账户的情况。一旦这个全球中央账户中的某一个货币的余额超过了一个规定余额后,那么,所超过的金额将被自动转到全球交易室进行以天为基础的短期投资。

进行这种流动性管理的基础是每个国家管理中心的流动性预测。这种预测需要对现金流做出三天、两天甚至一天的预测。为了有效地管理现金,飞利浦实施了每日现金预测。所有的当地资金经理都要将每日现金预测传送至全球资金部,这样交易室就可以提前做出投资金额和投资方向的决策。而这种预测的准确性取决于每个国家对现金预测的管理标准。

(二)分析思考

1. 通过上述案例,你认为飞利浦所进行的现金管理制度存在怎样的先进性?

2. 结合现金管理知识,对飞利浦的现金管理政策进行分析,如何有效地解决现金的流动性和收益性之间的矛盾?

（三）分析建议

现金是立即可以投入流通的交换媒介。它的显著特点是普遍的可接受性，即可以立即用于购买商品、货物、劳务或偿还债务。现金通常被称为非收益性资产。所以持有现金的成本是非常昂贵的。同时，现金也是公司中变现能力及流动性最强的资产，具体包括库存现金、各种形式的银行存款、银行本票、银行汇票等。

有价证券是现金的一种转换形式。有价证券变现能力强，可以随时兑换成现金，所以当公司现金暂时闲置时，常将现金兑换成有价证券；当现金流出量大于流入量，需要补充现金不足时，再出让有价证券，换回现金。在这种情况下，有价证券就成了现金替代品，是"现金"的一部分。

公司缺乏必要的现金，将不能满足交易性、预防性与投机性的需要，使公司经营蒙受损失。但是，如果公司持有过多的现金，又会因此增大机会成本。此外，在市场正常情况下一般流动性较强的资产，其收益相对较低，这就意味着公司应适当留存现金、合理分布和运用现金，避免现金闲置或者过多地用于低收益项目。公司现金管理的目标就是在资产的流动性和赢利性之间做出抉择，提高现金使用效率。

詹姆斯·C.范霍恩在《财务管理与政策》一书中对现金日常管理工作进行了详细的描述。他认为：现金日常管理活动开始于客户开出支票支付本公司应收账款之时，结束于供应商、雇员或政府从公司的应付账款中收回现金。这两点之间的所有活动都包括在现金管理活动之内。公司努力使客户能在某一时间内支付账单的有关内容属于应收账款的管理；公司决定何时支付自己的账单属于应付账款的管理。

要保证现金管理的整体效率，公司除了应按照国家规定的现金管理条例，在现金使用范围、库存现金限额等方面进行管理和控制以外，还必须从加速现金收回和控制现金支出两个方面进行现金日常管理。现金日常管理的基本思路是：尽快收回应收账款；在保持公司信誉的前提下，尽可能延迟支付账单。

主要参考文献

1. 王月.财务管理.北京：清华大学出版社，2015.
2. 搜狐：飞利浦公司的现金管理，http://mt.sohu.com/20170112/n478549997.shtml.

案例二十四　信用政策的制定

教学目标

1. 掌握企业财务管理目标的层次与利弊；
2. 熟悉企业社会责任的概念；
3. 了解社会责任报告意义与体系。

案例分析

（一）案例介绍

ABC 公司信用政策的制定

ABC 企业的信用政策（发布日期：2013 年 4 月 27 日），该政策对向客户授信的目标和流程做了如下规定。

要点：

1. 月末逾期应收账款金额：¥890 000 以内。

2. 逾期天数：35 天。

3. 货款回笼周期（信用周期）：55 天。

4. 信用控制人员：2 人（每人负责 92 个客户和 ¥450 000 的逾期应收账款）。

目标：

下列情况下，信用可成为使销售机会最大化的工具：

1. 各客户的信用期限和付款条件已获批准，所有的客户资料完整且记录在案。客户通过填写标准信用申请表提出授信申请，企业则利用信用授权系统和信用额度及条件系统对这些申请逐一进行评估，然后将计算机系统内的客户信息更新。此外，企业必须保存信用申请表和有关赊销信用条款的原件。

2. 现金流量和财务成本控制在可接受的范围内。企业经营的信用周期大致为 55 天。这包括从拿到订单开始，必要的原材料采购期（7 天）、生产期（11 天）、开票期（2 天）和收款期（35 天）。给赊销业务提供足够的资金，企业需要相当于可供 35 天平均采购所需的银行存款，以保证不用外部融资。企业的银行借款利率在基础利率（当时是 6％）上上浮 4％，即 10％。55 天的信用周期减去 30 天的赊销期限后，还剩 25 天。

— 178 —

3. 客户未超出授信范围。所有的赊销客户都有对应的授信额度和付款期限,"标准"条件是不存在的。如果某个客户逾期未支付(即自发票开出日起超过了30天),那么没有信用经理的授权,企业就不能给该客户提供任何产品或服务。

4. 核查客户过去6个月内的付款能力和状况。如果客户过去6个月的付款能力通过了核查,那么即使该客户已达到了当前的最大授信额度,企业还是可以接受该客户的新订单。企业核查客户的付款能力和状况时,需要一份银行交易参考(参考金额至少应达到其2个月的订单额度)和资信报告作为佐证。客户的所有相关资料(企业名称、地址、电话/传真、联系人、银行和会计等)必须得到确认,所有修改也需在系统中更新。然后,必须使用信用授权系统核准向该客户的授信。

流程:

1. 回款状况和目标符合可接受的标准

每当一笔账款过期(在30天的赊销期限之后),企业就会在以下方面蒙受损失:管理过期发票,准备并寄发催款函,通过电话/传真催款,支付供应商款项,透支银行存款。

净利率为10%时,净利润的25%会在36天内被吞噬,而146天后就会分文不剩。这项数据的计算过程如下:平均每个客户的销售额为¥4 000,每年对拖欠客户的管理成本是销售额的25%,即¥1 000,一年365天,365÷100＝3.65;4 000×10%＝400,3.65×400＝1 460。

目前企业从开票到收款的时间可以接受,为45天(见前文),这个数字代表了企业的现金回笼目标。

企业目前每年的赊销金额是¥7 200 000,则平均每月赊销额是¥600 000(＝7 200 000÷12),每天赊销额是¥19 770(＝7 200 000÷365)。现企业平均逾期账龄为45天,平均每天赊销额为¥19 770,那么平均过期账款余额就是¥890 000(＝45×19 770)。企业的目标是将每月的逾期账款余额控制在¥890 000以下。

负责完成目标的人员应经过考核,以保证他们有良好的工作绩效,并保持合理的回款水平。企业目前有2名信用控制员,足够完成必需的工作。

每名信用控制员需对约50%(即¥450 000)的逾期账款余额(¥890 000÷2),以及92个账户/客户(¥890 000÷400＝1 840,1 840÷2＝920)的管理负责。

2. 逾期账款催收和报告

信用经理每个周一上午决定每个信用控制员本周的回款目标和工作量,每个周五下午将听取信用控制员的工作汇报并向客户总监提交本周工作报告。

信用经理通过检查信用控制员对所负责账户的收款日记账簿来评估其绩效。日记账簿的内容应包括债务人名称、账户号码、付款金额、原到期日。

3. 付款的过账

每天上午10点以前所有客户付款的汇款通知和有关信函都需交付信用控制员,以便进行客户确认并马上过到确认的账户下。所有未获确认的付款要过到待处理账户下,并向所附信函中的地址寄送一封标准询问函。

4. 质询的控制

所有质询都需经过相关的信用控制员作初始处理,然后信用控制员将记录下反馈期限、处理质疑的人员姓名和质询的概况。

如果在规定的期限内(不超过 7 天)仍没有对质询的回复,信用控制员应向负责处理的人员提交一项备忘录。信用经理必须核查所有超过 7 天仍悬而未决的质询,如果不能立即解决则向客户总监报告。

核销待处理款项的权限为:¥200 以内由信用经理决定,超过 ¥200 的需经正式批准程序核销。

5. 追债和坏账

信用经理负责对需进行"追收"的应收账款(即需要通过追账机构或者诉讼来解决)做出早期确认和处理。信用经理有权批准支付不超过欠款余额 10% 的累计追债费用(最多不超过 ¥5 000),累计超过 ¥5 000 的需由客户总监批准。

6. 坏账的核销

信用经理负责应核销坏账的早期确认。

对每个客户名下坏账的核销权限为:信用经理:¥10 000;客户总监,¥25 000;管理总监,¥25 000 以上。

7. 汇报的层级

企业通过以下汇报层级进行赊销的授权:¥5 000 以内由信用经理签字;¥10 000 以内由客户总监签字;¥10 000 以上由管理总监签字;管理总监缺席时,需有两个总监共同批准 ¥10 000 以上、¥20 000 以内的赊销额度。

8. 信用管理报告

每个月信用经理需向客户总监汇报,报告内容应包括:

(1) 一份关于信用政策、流程、系统、员工(信用控制、销售和行政)和管理的主要问题的报告。

(2) 一份关于相关月份情况的总结和对所有重要问题的月度、年度分析,包括以下所有内容。

① 未到期账款的金额、客户数量和比例;

② 1~30 天应收账款的金额、客户数量和比例;

③ 31~60 天应收账款的金额、客户数量和比例;

④ 61~90 天应收账款的金额、客户数量和比例;

⑤ 90 天以上应收账款的金额、客户数量和比例;

⑥ 正在通过追账机构或法律程序解决的应收账款的金额、客户数量和比例;

⑦ 待处理款项(按质询类型、销售区域/人员及产品/服务细分)的金额、客户数量和比例。

信用管理报告将作为企业月度汇报的一部分在董事会上讨论。企业会发布修订的信用政策文件,将所有的修订内容通知有关部门,而各部门领导有责任保证新颁布的文件得到遵循。

（二）分析思考

1. 分析 ABC 公司的信用政策，简要概括出该公司信用标准、信用条件和收账政策。
2. 你认为该公司的信用政策还有哪些需要改进的地方？

（三）分析建议

应收账款是公司流动资产中的一个重要项目，是商业信用的直接产物。随着市场经济的不断发展，商业竞争的日趋加剧，公司的应收账款数额明显增多，因此，应收账款管理已成为流动资产管理的重要课题。应收账款管理的目的，就是正确衡量信用成本和信用风险，合理确定信用政策，及时回收账款，保证流动资产价值的真实性。

对于企业来讲，提供商业信用一方面可以扩大产品的销售收入，另一方面又形成了一定的应收账款，造成机会成本、管理成本、坏账损失等费用的增加，增加了企业的经营风险。因此，应收账款管理的基本目标，就是要制定科学合理的应收账款信用政策，并将这种信用政策所增加的赢利与采用这种政策预计要负担的成本做出权衡比较，只有当增加的赢利超过增加的成本时，才能实施和推行这种信用政策。

应收账款管理的最终目标是足额、按时收回账款，最小化持有应收账款的成本，最大化应收账款的净收益，以降低和规避信用风险，维系良好的客户关系，保护客户的声望，让客户重新启动还款计划，并鼓励客户尽快将款项结清以节约费用等。这些目标使收回账款愈加复杂，企业要在这些目标中确定重点。如把尽快收款看作重点，一旦有欠款发生，则采用严格、紧急的账务催讨，然而这种方式会产生高额费用，并且让客户的声誉受到损害；另一方面，如果重点是维护客户的声誉，那采取的手法就很温和，收款进度缓慢。因此，企业要理解利润与收款之间的关系，确定最恰当的收款办法。总的来说，应收账款管理要达到的目标有两个：一是保证金额收回账款，二是保证按期收回账款。这两个目标对企业同等重要，缺一不可。

广义的应收账款也被称之为信用管理，信用管理对作为生产经营者的企业具有至关重要的意义。由于市场环境的变化，企业在生产经营活动中可能会遇到各种风险。例如，开发一种新产品、采用某种新的生产工艺、企业竞争对手改进了管理或者企业原材料供应减少等等，都会给企业造成威胁。但对企业而言，最明显、最惨重的损失莫过于客户减少以及客户无力偿还欠企业的货款而给企业造成的损失。为了避免遭遇类似情形，企业必须注意对每个客户进行评估和分类，并根据结果调整自己的生产经营计划。而这些工作大部分是属于信用管理的范围。

实际上，信用管理可被视为一种"情报服务"性质的工作，它可以提供各种有关客户的材料和信息。通过审查客户的财务报表、计算财务比率，对客户偿债能力进行评估，确定对客户的信用政策，从而达到既能从与客户的交易中获取最大收益，又能将客户信用风险控制在最低限度的目的。信用管理涉及信用风险测量与管理的各个方面，其对象（客体）不仅包括企业的国内客户，也包括国外客户；不仅有经营良好的客户，也有经营出现危机甚至濒临破产的客户。这是一项相当复杂而细致的工作。

案例二十五 存货的管理

教学目标

1. 掌握 VMI 的概念与实施效果;
2. 企业实施 VMI 需要的前提条件和流程。

案例分析

(一) 案例介绍

VMI 即供应商管理库存,是一种在供应链环境下的库存运作模式,它将多级供应链问题变成单级库存管理问题,相对于按照用户发出订单进行补货的传统做法,VMI 是以实际或预测的消费需求和库存量,作为市场需求预测和库存补货的解决方法,即由销售资料得到消费需求信息,供货商可以更有效地、更快速地适应市场变化和消费需求。

作为近年来在理论与实践上逐步成熟的管理思想,VMI 备受众多国际大型企业的推崇。大型零售商沃尔玛、家乐福是实施 VMI 的先驱,朗科、惠普、戴尔、诺基亚等都是成功实施 VMI 的典范。

案例一 达可海德服装公司的 VMI 系统

美国达可海德(DH)服装公司把供应商管理的库存(VMI)看作增加销售量、提高服务水平、减少成本、保持竞争力和加强与客户联系的战略性措施。在实施 VMI 过程中,DC 公司发现有些客户希望采用 EDI 先进技术并且形成一个紧密的双方互惠、信任和信息共享的关系。

为对其客户实施 VMI,DC 公司选择了 STS 公司的 MMS 系统,以及基于客户机/服务器的 VMI 管理软件。DC 公司采用 Windows NT,用 PC 机做服务器,带有五个用户终端。STS 公司对员工进行了培训,设置了必要的基本参数和使用规则。技术人员为主机系统的数据和 EDI 业务管理编制了特定的程序。

在起步阶段,DC 选择了分销链上的几家主要客户作为试点单位。分销商的参数、配置、交货周期、运输计划、销售历史数据以及其他方面的数据,被统一输入了计算机系统。经过一段时间的运行,根据 DC 公司信息系统部副总裁的统计,分销商的库存减少了 50%,销售额增加了 23%,取得了较大的成效。

接着,DC 公司将 VMI 系统进行了扩展,并且根据新增客户的特点又采取了多种措施,在原有 VMI 管理软件上增加了许多新的功能。

① 某些客户可能只能提供总存储量的 EDI 数据,而不是当前现有库存数。为此,DC 公司增加了一个简单的 EDI/VMI 接口程序,计算出客户需要的现有库存数。

② 有些客户没有足够的销售历史数据用来进行销售预测。为解决这个问题,DC 公司用 VMI 软件中的一种预设的库存模块让这些客户先运行起来,直到积累起足够的销售数据后再切换到正式的系统中去。

③ 有些分销商要求提供一个最低的用于展示商品的数量。DC 公司与这些客户一起工作,一起确定他们所需要的商品和数量(因为数量太多影响库存成本),然后用 VMI 中的工具设置好,以备今后使用。

VMI 系统建立起来后,客户每周将销售和库存数据传送到 DC 公司,然后由主机系统和 VMI 接口系统进行处理。DC 公司用 VMI 系统,根据销售的历史数据、季节款式、颜色等不同因素,为每一个客户预测一年的销售和库存需要量。

为把工作做好,DC 公司应用了多种不同的预测工具进行比较,选择出其中最好的方法用于实际管理工作。在库存需求管理中,他们主要做的工作是:计算可供销售的数量和安全库存、安排货物运输计划、确定交货周期、计算补库订货量等。所有计划好的补充库存的数据都要复核一遍,然后根据下一周(或下一天)的业务,输入主机进行配送优化,最后确定出各配送中心装载/运输的数量。DC 公司将送货单提前通知各个客户。

一般情况下,VMI 系统需要的数据通过 ERP 系统获得,但是 DC 公司没有 ERP。为了满足需要,同时能够兼顾 VMI 客户和非 VMI 客户,DC 公司选用了最好的预测软件,并建立了另外的 VMI 系统数据库。公司每周更新数据库中的订货和运输数据,并且用这些数据进行总的销售预测。结果表明,DC 公司和其客户都取得了预期的效益。

案例二　联想集团 VMI

联想集团 VMI 物流项目已正式启动,联想成为国内 IT 界第一个"吃螃蟹"的企业,其物流管理模式也由此脱胎换骨。

目前,联想集团电脑年销量达 300 多万台,名列全世界电脑生产厂商第八位,其业务规模完全达到了 VMI 模式的要求,并已经引起了供应商的重视。在国内 IT 企业中,联想是第一个开始品尝 VMI 滋味的,其在北京、上海、惠阳三地的 PC 生产厂的原材料供应均在项目之中,涉及国外供应商的数目也相当大。

联想以往物流运作模式是国际上供应链管理通常使用的看板管理,即由香港联想对外订购货物,库存都放在香港联想仓库,当国内生产需要时由香港公司销售给国内公司,再根据生产计划调拨到各工厂,这样可以最大限度地减少国内材料库存。但是此模式经过 11 个物流环节,涉及多达 18 个内外部单位,运作流程复杂,不可控因素很大。同时,由于订单都是从香港联想发给供应商,所以大部分供应商在香港交货,而联想的生产信息系统只在内地的公司上使用,所以生产厂统计的到货准时率不能真实反映供应商的供货水平,导致不能及时调整对供应商的考核。

按照联想 VMI 项目要求,联想将在北京、上海、惠阳三地工厂附近设立供应商管理库存,联想根据生产要求定期向库存管理者即作为第三方物流的伯灵顿全球货运物流有限公司发送发货指令,由第三方物流公司完成对生产线的配送,从其收到通知,进行确认、分拣、海关申报及配送到生产线,时效要求为 2.5 小时。该项目将实现供应商、第三方物流与联想之间货物信息的共享与及时传递,保证生产所需物料的及时配送。实行 VMI 模式后,将使联想的供应链大大缩短,成本降低,灵活性增强。VMI 项目涉及联想的国际采购物料,为满足即时生产的需要,供应商库存物料在进口通关上将面临很多新要求,如时效、频次等。因此,海关监管方式对于 VMI 模式能否真正带来物流效率的提高至关重要。

针对联想所提出的 VMI 物流改革方案,北京海关与联想集团多次探讨,具体参与并指导联想集团对供应商管理库存模式的管理。北京海关改革了传统的监管作业模式,在保税仓库管理、货物进出口、货物入出保税仓库、异地加工贸易成品转关等方面采取了相应监管措施。

在物流方面,货物到港后,北京海关为其提供预约通关、担保验放等便捷通关措施,保证货物通关快速畅通。同时与其他海关配合协调,实现供应商在境内加工成品的快速转关、避免所需货物"香港一日游"。另外,北京海关与深圳海关加强协调,双方起草了"VMI 货物监管草案"。

在信息系统方面,海关通关作业系统、保税仓库管理系统与联想、第三方物流企业间的电子商务平台建立连接,实现了物流信息的共享,既方便作业又强化海关的监管,联想根据生产要求向第三方物流企业发出货物进口、出库、退运等各种指令后,由第三方物流公司向海关提出相应申请。海关接到审批查验后,由第三方物流企业完成货物出库、物流配送及出口报关、装运。据预测,VMI 项目启动后,将为联想的生产与发展带来可观的效益:一是联想内部业务流程将得到精简;二是使库存更接近生产地,增强供应弹性,更好地响应市场需求变动;三是改善库存回转,进而保持库存量的最佳化,因库存量降低,减少了企业占压资金;四是通过可视化库存管理,能够在线上监控供应商的交货能力。

(二)分析思考

1. 什么是 VMI?它与联合库存(JMI)有何区别?
2. 达可海德在实施 VMI 时需要什么样的前提条件?
3. 联想原有库存管理模式是如何实现的?存在哪些不足?
4. 实施 VMI 给联想带来了哪些好处?

(三)分析建议

VMI,即供应商管理库存(Vendor Managed Inventory),是指供应商等上游企业基于其下游客户的生产经营、库存信息,对下游客户的库存进行管理与控制。为了克服供应商管理库存(VMI 系统)的局限性和规避传统库存控制中的"牛鞭效应",联合库存管理(Jointly Managed Inventory,JMI)随之出现。简单地说,JMI 是一种在 VMI 的基础上发展起来的供应商与用户权利责任平衡和风险共担的库存管理模式。实施与供应商联合库存控制策略,中小制造企业与其供应商和用户应该做到：① 库存连接的供需双方要从供应链整体观念出发，同时参与，共同制定库存计划，以解决供应链系统中由于各节点企业的相互独立库存运作而导致的需求放大现象。② 各合作企业要建立有效的信息沟通渠道，提高信息的透明度、共享范围和使用价值，并充分利用诸如条形码技术、EDI 系统、EOS 系统和 POS 系统等现代物流技术来加强信息交流的有效性和实时性。

① 联想原有库存管理模式是使用的看板管理实现的，即由香港联想对外订购货物，库存都放在香港联想仓库，当国内生产需要时由香港公司销售给国内公司，再根据生产计划调拨到各工厂。

原有库存管理模式存在以下不足：经过 11 个物流环节，涉及多达 18 个内外部单位，物流环节多，涉及面广，运作流程复杂，不可控因素很大；生产信息系统只在内地的公司上使用，供应商不能共享；信息失真，不能及时调整对供应商的考核。

② 实施 VMI 的措施：由第三方物流伯灵顿全球货运物流有限公司管理库存，并负责分拣、海关申报及配送到生产线；海关通关作业系统、保税仓库管理系统与联想、第三方物流企业间的电子商务平台建立连接，实现了物流信息的共享；请北京海关参与并指导联想集团对供应商管理库存模式的管理，改革了传统的监管作业模式，使通关、担保验放更为便捷。

③ 一是联想内部业务流程得到精简；二是使库存更接近生产地，增强供应弹性，更好地响应市场需求变动；三是改善库存回转，进而保持库存量的最佳化，因库存量降低，减少了企业占压资金；四是通过可视化库存管理，能够在线上监控供应商的交货能力。

最终，联想物流速度加快，时效缩短，及时保证生产所需物料的配送；同时，联想供应链大大缩短，成本降低，灵活性增强。

主要参考文献

1. 刘淑莲.财务管理.北京：机械工业出版社,2015.

2. 叶陈刚.公司财务管理.北京：机械工业出版社,2014.

3. 侯卓丽,席俊生,杨潇琼,王文景.山西连锁超市存货管理研究与探索.财会学习,2016(16).

4. 刘泽华.连锁超市存货管理问题分析.企业改革与管理,2015(16).

5. 陈思龙.零售业存货管理研究.合作经济与科技,2016(01).

6. 赵宇.家电销售企业存货管理中存在的问题及对策研究.时代金融,2014(03).

7. 百度文库：https://wenku.baidu.com/view/ddbe24fbfab069dc502201d4.html.

8. 百度文库：https://wenku.baidu.com/view/8611bac549649b6648d747ac.html.

案例二十六　平衡计分卡与绩效评价

教学目标

1. 进一步理解平衡计分卡的概念、运用流程与类型；
2. 进一步理解绩效评价的概念、作用及意义；
3. 进一步掌握平衡计分卡在企业绩效评价中的应用。

案例分析

（一）案例介绍

青岛啤酒股份有限公司运用平衡计分卡进行绩效评价

1. 青岛啤酒股份有限公司平衡计分卡的实施背景

1998年,青岛啤酒股份有限公司召开了"大名牌战略研讨会"确定战略主题：高起点发展,低成本扩张。青岛啤酒股份有限公司短短几年时间并购了几十家区域性啤酒公司及其品牌。这种并购式发展使公司的整体规模实现了快速扩张,但数十家啤酒公司的松散集合并不是青岛啤酒股份有限公司的最终目标,必须转变成一个统一的啤酒公司。这就对公司的内部管理提出了挑战。2002年公司开始调整经营战略,并明确了从"做大做强向做强做大"的战略转型思路。一开始取得了效果,但随着整合向纵深发展,整合的难度也越来越大。战略执行力不强,执行不到位的现象致使整合战略难以有效落实,内外部环境的变化也使转型后的新组织架构露出弊端,过度分权化的组织造成了协同上的困难,难以发挥集团协调作战的整体优势。战略转型需要强有力的战略执行工具,正是在这样的背景下,平衡计分卡被引入了青岛啤酒股份有限公司。

2. 青岛啤酒股份有限公司平衡计分卡的实施流程

青岛啤酒股份有限公司认识到平衡计分卡是增强集团战略执行力和组织协同力的有效方法,所以建立了平衡计分卡体系。以下流程是青岛啤酒股份有限公司将平衡计分卡运用到企业绩效的具体流程。

（1）进行前期准备

青岛啤酒股份有限公司高级管理者积极组建专业团队,编制企业进度计划。通过调查整理,对公司（内部）和行业（外部）各类相关信息资料进行收集,运用企业内部环境分析等方法对企业内外部环境和现状进行系统全面的分析。企业管理者在担任公司战略执行者时也担任公司绩效考核体系的带头人,凭借榜样化标榜在各职能部门、员工中,能得到深刻体会并有效的落实到实际工作中。同时,公司开展内部培训和座谈,加强内部宣传,做好内部沟通,加强员工对公司长远战略任务的认识。这样公司整体统一的思想产生很强的凝聚力,在提高平衡计分卡运用效果上产生较强的推进作用。

(2) 构建平衡计分卡

青岛啤酒股份有限公司首先确立集团战略图和平衡计分卡,再按照整体战略逐级分解,建立各事业部门、职能部门的平衡计分卡,从而保证了企业战略的纵向一致性和协调性。青岛啤酒股份有限公司主要从四个角度进行考核,分别为财务、客户、内部流程、学习与成长。

财务和客户的角度较为单一。从财务角度出发,企业首先以实现利润为目标,为企业长期提供资金储备;其次是加强生产计划的安排和实施,保证产量任务的完成,及时满足市场需求;最后提高了资金利用率。青岛啤酒股份有限公司的行为目标是让财务状况进入良性循环,企业利润稳步增长,资产收益高于对手。从客户角度出发,企业主要以主品牌市场占有、消费者满意度等为考核标准,明确青岛啤酒股份有限公司的市场定位和价值定位。主要措施有:第一,优化品牌结构,提高主品牌市场占有率;第二,将消费者反馈信息及时反馈公司业务部门,提高消费者满意度;第三,根据地区差异不同,发展适合公司需求的经销商,从而培育双赢的营销商关系;第四,青岛啤酒股份有限公司既要传承传统形象又要结合当下的流行趋势,提升品牌差异化形象。

内部流程和学习与成长这两个角度,是从多个层次进行考核。其中从内部流程出发,企业主要是从高效营销、产品领先、营运管理和环境与社会这四个方面进行考核,这对财务角度增强成本竞争力和提升资本使用率提供了强大的战略支撑。具体措施:首先,通过技术革新及流程优化,降低青岛啤酒股份有限公司的生产成本,提高生产效率,降低综合能耗,努力成为行业内效率、成本领先者;其次,抓好产品质量管理,降低产品质量成本;最后可以通过工厂最优化管理工作项目的实施,推动工厂管理变革及创新,提升企业盈利能力。从学习与成长的角度出发,企业主要是从人力资本、信息资本和组织资本进行考核。具体措施有:第一,青岛啤酒股份有限公司提高人力资源配置及使用效率,提高劳动生产率;第二,完善竞争性薪酬系统及激励机制,提升核心人才胜任能力;第三,维护公司信息安全,加强信息的推广与应用。这些措施为青岛啤酒股份有限公司长期业绩的发展、公司整体文化发展和信息系统的建立提供很大的帮助。

(3) 设计运行系统

企业强化了构建战略管理,从过去侧重于战略规划的执行方式转变为在规划的同时监控和评价战略的执行方式,并建立了基于平衡计分卡的战略执行回顾报告及会议制度,将战略的动态管理作为一个标准流程固定下来,如图 26-1 所示。

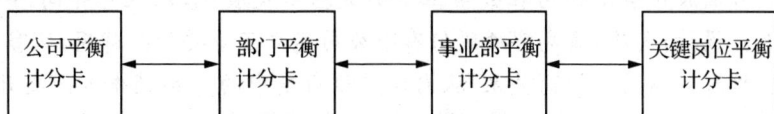

公司平衡计分卡 ← → 部门平衡计分卡 ← → 事业部平衡计分卡 ← → 关键岗位平衡计分卡

图 26-1　战略动态管理图

通过平衡计分卡的实施,公司建立了双循环控制体系,把战略和运营有效对应,从而达成对战略的共识。一方面是建立制定平衡计分卡的战略流程,另一方面是建立平衡计分卡的战略执行、分析和调整。明确公司的整体目标,以及每个年度的目标。围绕目标,公司的各个业务单元、职能部门、每一个员工都清晰地知道要做什么。通过平衡计分卡在规定期间内进行回顾和控制,分析数据并及时发现问题,然后采取相应的应急措施。同时青岛啤酒股份有限公司建立了管理信息系统平台,将各式数据罗列进系统里,利用信息平台将数据进行效的处理,从而对平衡计分卡的指标进行调整,以便在企业内部建立一个完善的平衡计分卡。

(4) 实施平衡计分卡

平衡计分卡的基本思想已经在公司形成,从公司高级管理者到各职能部门形成了战略性行动、无形资产驱动等思维导向,并有效地贯彻到员工的日常工作当中。同时形成了纠偏机制、责任落实机制、跟踪回顾机制和战略沟通机制,提高了战略执行方面的一致性,为科学战略管理体系实施提供了保障。

青岛啤酒股份有限公司为了能够让平衡计分卡在绩效评价中得到成功应用,开展了全程实时监控。首先包括对业务人员绩效进行监控,主要分为目标管理、过程、考核结果监控。企业建立终端数据库,对员工的工作进行目标设立。由销售专员定期向上级汇报工作,并采取上级对基层进行不定期拜访的措施,形成双重的监督机制。在一定工作日内,将成绩核算并公布。其次包括为营销公司、总部职能部门、工厂三方的权责监督机制,有效地保证了实现共同战略目标。

3. 青岛啤酒股份有限公司平衡计分卡实施的成效

(1) 业绩的大幅提升

平衡计分卡实施后,明显表现为业绩的大幅提升,青岛啤酒股份有限公司实现了销售、净利润、收入的全面增长。这源自公司改善品牌结构和整合内部带来的管理水平提升。表26-1是平衡计分卡在青岛啤酒股份有限公司绩效评价中应用后2009—2013年的销量、净利润、收入的具体数据。

表26-1 2009—2013年青岛啤酒股份有限公司销量、净利润、收入表

年份 项目	2009年	2010年	2011年	2012年	2013年
销量(万千升)	591	635	715	790	870
净利润(亿元)	12.53	15.2	17.85	17.59	19.73
收入(亿元)	177.6	196.10	231.58	257.82	282

(2) 观念的形成发展

首先,青岛啤酒股份有限公司在公司上下形成基本发展观,以生产导向向市场导向转变,战略围绕客户设计;其次,青岛啤酒股份有限公司建立了重要的品牌观,从客户角度提高消费者满意度、培育双赢的经销商关系,从内部流程角度中的产品领先方面提升产品质量,从高效营销方面开拓基地市场、优化品牌结构,从学习与成长角度的信息资本方面建立青岛啤酒股份有限公司特色的企业文化;最后,青岛啤酒股份有限公司建立了基本竞争观,从客

户角度培育双赢的经销商关系,从内部流程角度的高效营销方面培育战略性经销商,从学习与成长角度来分析 ERP 在信息资本方面的应用的问题。

(3)资源的高度聚焦

青岛啤酒股份有限公司扩张以后,对日常事务的规划缺乏一个主题,资源利用效率十分低下。运用平衡计分卡后,通过明晰公司的战略目标,聚焦公司的资源投向,提高资源的利用效率。青岛啤酒股份有限公司可以强化采购管理,抓好供应商管理,建立原材料比价系统,合理控制采购成本,还可以进行产品整合,减少因产品数量过多造成的生产加工成本、销售储运成本负担。主要举措体现在两个方面:第一,公司采用了高效的营销方式,提高了资源的利用率;第二,公司提高营运能力并结合新技术形成了强大的成本竞争优势。

(4)沟通机制的有效建立

青岛啤酒股份有限公司在使用平衡计分卡中强调管理层和员工持续不断的沟通。在目标建立阶段,管理者与员工经过沟通让目标和计划达成一致,并确定平衡计分卡评价标准,这是基础的一个环节,如果缺少了沟通,员工没有参与感,心里有抵触。在目标实施过程中,员工可能会遇到各种问题,甚至会遇到一些跨部门的障碍,作为青岛啤酒股份有限公司的管理者有义务与员工随时进行沟通,解决他们在技术、资源等方面上的困难,确保员工在顺利完成目标的同时能获得最直接的辅导和帮助,从而达到提高绩效水平的目的。最后在考核时,青岛啤酒股份有限公司管理者能告诉员工过去几个月来的成绩和不足,并指导员工朝正确的方向发展。平衡计分卡着重构建青岛啤酒股份有限公司内部良好的沟通氛围和建设畅通的沟通渠道,使员工愿意说出真实的想法,改进管理者和员工的关系,及时纠正需要改进的工作方法,将可能出现的问题消灭在萌芽状态。

(二)分析思考

1. 作为企业绩效评价的一种方法,平衡计分卡与其他绩效评价方法相比有什么特点?
2. 平衡计分卡是基于什么理论来进行企业绩效评价的?
3. 作为企业绩效评价的一种方法,平衡计分卡还有什么局限性?

(三)分析建议

1. 平衡计分卡(Balanced Score Card,BSC)是由美国哈佛商学院罗伯特·S.卡普兰(Robot S. Kaplan)教授与复兴国际战略集团创始人兼总裁戴维·P.诺顿(David P. Norton)提出的。从财务、客户、内部流程、学习与发展四个角度将组织的战略落实为可操作的衡量指标和目标值的一种新的绩效评价方法。运用平衡计分卡进行组织的绩效管理通常可以按照"前期准备→构建平衡计分卡→设计运作系统→实施、反馈和修正"的流程。企业在前期准备中,首先应该组建团队,其次推行编制进度计划,然后开始前期调查,最后进行宣传和培训。在构建计分卡时,企业先进行战略分析,其次构建公司、部门和个人平衡计分卡。在设计运作系统中,包括设计平衡计分卡与绩效管理的流程和制定平衡计分卡与管理的制度建立。在实施、反馈与修正阶段中,将平衡计分卡的实施与监控同时进行,并且要评估实施效果,最后修正和完善平衡计分卡指标体系。

2. 平衡计分卡的发展经历了萌芽、理论研究和应用推广三个阶段。在当前的经济环境中,相对于其他的绩效评价方式,平衡计分卡具有无可比拟的优势,主要表现为:首先,平衡计分卡可以连接企业战略与绩效管理系统。平衡计分卡为企业的绩效管理提供了一个战略框架,将企业内的所有资源和行动围绕战略协同起来。其次,平衡计分卡可以评价绩效并沟通考核结果,平衡记分卡可以阐明组织战略、传播组织战略,帮助企业、部门、个人建立一致的目标系统。再则,平衡计分卡可以促进组织学习,企业的高级管理人员通过重点讨论公司战略,可以加深对战略的理解。企业的中层管理者和普通员工也能够从中获得提高,企业的内部流程和员工行为也能得到更好的协调,提高绩效评价效果。员工间经常性的经验交流有助形成一种持久的企业文化。最后,平衡计分卡可以协调组织内部关系。平衡计分卡连接组织、部门、个人三方,通过改进业务流程,加强跨部门的信息交流,在不同部门之间建立相互关联,相互支持目标,来消除部门间的隔阂,减少部门间的分歧。

3. 平衡计分卡需要对企业内部利益相关者和外部利益相关者进行平衡,所以不能忽视政府、社区、社会公众等的外部利益相关者。青岛啤酒股份有限公司要在生产经营和社会活动中,增强与相关利益者互动,采用新媒体增加曝光率,帮助企业进行正面宣传。

4. 要客观地评价企业绩效需要客观的指标甄选体系,仅凭借企业管理者主观选择指标、分配权重,平衡记分法卡就变成了关键指标法(KPI),不便于企业前后年份绩效的比较,也不便于同类企业之间绩效的比较。青岛啤酒股份有限公司可以采用专业的咨询委托机构,为企业量身定制平衡记分卡。作为食品行业企业,青岛啤酒股份有限公司应该以消费者提供安全、健康的食品作为企业首要社会责任,还需对企业的部门平衡记分卡在原有财务、客户、内部流程、学习与发展的四个维度基础上新增质量维度等考核指标。

主要参考文献

1. 罗伯特·S.卡普兰,戴维·P.诺顿.平衡计分卡——化战略为行动[M].广州:广东经济出版社,2010.

2. 李高鹏.论平衡计分卡法对企业业绩评价的设计[J].西部大开发,2011,8:70.

3. 新浪财经:http://www.sina.com.cn/.

4. 同花顺财经:http://www.51ifind.com/.

案例二十七　上市公司财务报表财务分析

教学目标

1. 进一步理解财务分析的概念与理论；
2. 进一步掌握财务分析的具体方法及分类；
3. 进一步掌握各种财务分析方法在企业中的运用。

案例分析

（一）案例介绍

新华医疗财务分析

新华医疗成立于 1943 年,是我党我军创建的第一个医疗器械生产企业。2002 年 9 月 5 日,经中国证券监督管理委员会证监发行字〔2002〕96 号文核准,公司在上海证券交易所上市,向社会公开发行普通股 2 100 万股。七十余年来,新华医疗已发展成为以医疗器械及装备、制药装备、医疗服务为主要业务板块,可为用户提供消毒供应中心整体解决方案、制药装备系列整体解决方案、放射诊疗整体解决方案、数字化手术室整体解决方案、口腔整体解决方案、医用环保及供氧工程整体解决方案、实验动物保障系统整体解决方案、体外诊断试剂及仪器、生物医学材料及耗材九大产品线的中国医疗器械行业龙头企业。其中,消毒供应中心整体解决方案、制药装备系列整体解决方案、放射诊疗整体解决方案的产量、质量和市场占有率已跃居国内第一。每年都有几十个新产品推向市场,国家级新产品已达 14 个,企业荣获"中国驰名商标"和国内医疗器械行业中第一家"国家级企业技术中心"称号。企业以山东核心区域为研发、制造、营销和管理总部,有北京核心区域、上海核心区域的"一体两翼"战略发展框架和布局已经形成。

新华医疗作为一家国有股份公司,拥有 24 家子公司、16 家孙公司、7 家联营企业,资本结构较为复杂,相关利益者较多。企业集团 2009—2013 年的合并财务报表,如表 27-1～表 27-3 所示。

表 27 - 1　新华医疗 2009—2013 年资产负债表　　　　单位：万元

项　目 ＼ 年度	2013 年	2012 年	2011 年	2010 年	2009 年
流动资产					
货币资金	71 421.6	71 318.6	34 997.6	31 683.2	18 827.2
交易性金融资产	11.224	2.104	3.128	0	6.52
应收票据	6 349.1	1 710.05	1 336.07	3 770.87	1 446.89
应收账款	95 210.2	56 180.1	41 838.1	27 693	18 627.9
预付款项	28 608.1	16 318.3	9 391.36	3 419.44	1 827.26
其他应收款	9 756.33	6 302.37	5 486.71	4 101.23	2 932.38
存货	151 900	90 427.5	50 988	40 377.7	27 548.9
其他流动资产	3 100	1 200	2 000	0	0
流动资产合计	366 356	243 459	146 041	111 045	71 217.1
非流动资产					
长期应收款	0	0	0	0	30.872
长期股权投资	8 841.9	5 114.16	3 378.73	2 548.81	1 760.4
投资性房地产	618.186	639.517	665.672	6.388 86	0
固定资产原值	70 633.2	52 548.4	37 901.7	32 785.7	34 121.3
累计折旧	18 724.4	14 740.4	13 429.4	12 267.7	11 902.3
固定资产净值	51 908.7	37 808	24 472.3	20 517.9	22 219
固定资产净额	51 908.7	37 808	24 472.3	20 517.9	22 219
在建工程	27 561.1	7 262.68	10 411.8	8 736.47	1 474.06
无形资产	30 117	14 573.4	7 053.5	4 150.29	5 811.14
商誉	49 755.4	26 299.1	813.025	465.108	0
长期待摊费用	777.622	593.51	382.989	0	0
递延所得税资产	3 143.86	2 088.73	2 007.33	1 630.6	1 085.37
非流动资产合计	172 724	94 379.1	49 185.3	38 055.6	32 380.9
资产总计	539 080	337 838	195 226	149 101	103 598
流动负债					
短期借款	85 344.2	60 817	27 800	5 000	0
应付票据	19 969.5	5 729.9	4 171.77	5 014.82	1 000
应付账款	83 306.6	53 562.7	33 202.5	25 307.2	13 544.4
预收款项	55 621.4	42 730.2	34 457.5	29 939.9	14 425.8
应付职工薪酬	3 106.22	1 777.46	567.063	383.757	324.164

续 表

项 目 ＼ 年 度	2013 年	2012 年	2011 年	2010 年	2009 年
应交税费	1 419.46	475.056	−125.108	−1 325.99	283.879
应付利息	151.509	0	0	0	0
应付股利	650.021	579.664	823.727	414.746	0
其他应付款	12 177.7	5 825.94	4 062.14	4 174.95	754.274
一年内到期的非流动负债	112	10	0	0	0
其他流动负债	680.582	509.925	283	0	0
流动负债合计	262 539	172 018	105 242	68 909.4	30 332.6
非流动负债					
长期借款	498	600	600	600	600
递延所得税负债	1 043.44	750.723	146.92	0	0.378
其他非流动负债	2 722.74	1 986.76	2 119.55	1 885.7	1 653.35
非流动负债合计	4 264.17	3 337.48	2 866.47	2 485.7	2 253.73
负债合计	266 803	175 355	108 109	71 395.1	32 586.3
所有者权益					
实收资本(或股本)	19 877.4	17 405.3	13 439.4	13 439.4	13 439.4
资本公积	152 881	83 301.4	32 910.3	33 092.2	33 052.9
盈余公积	7 343.26	5 561.23	4 251.05	3 397.86	2 853.39
未分配利润	61 204.2	41 565.1	28 295	19 770.6	15 624.4
归属于母公司股东权益合计	241 306	147 833	78 895.8	69 700	64 970.2
少数股东权益	30 971.1	14 649.7	8 221.65	8 005.95	6 041.5
所有者权益(或股东权益)合计	272 277	162 483	87 117.4	77 706	71 011.7
负债和所有者权益(或股东权益)总计	539 080	337 838	195 226	149 101	103 598

表 27‐2 新华医疗 2009—2013 年利润表 单位:万元

项 目 ＼ 年 度	2013 年	2012 年	2011 年	2010 年	2009 年
一、营业总收入	419 376	303 556	210 613	134 223	88 583.7
营业收入	419 376	303 556	210 613	134 223	88 583.7
二、营业总成本	389 724	282 930	197 588	127 224	83 576.8
营业成本	323 283	234 383	162 663	101 752	65 303
营业税金及附加	1 871.21	1 505.61	988.27	609.598	618.862
销售费用	33 427.8	25 728.6	20 138	14 741.2	11 423.8

项　目　　＼年　度	2013 年	2012 年	2011 年	2010 年	2009 年
管理费用	25 905.3	18 175.8	11 757.7	8 981.23	5 830.17
财务费用	3 475.69	1 781.06	700.394	−142.283	145.993
资产减值损失	1 761.27	1 356.22	1 340.18	1 281.87	254.966
公允价值变动收益	−0.4	−1.024	−2.718	−2.52	3.805
投资收益	85.768 3	682.574	358.414	428.302	21.409 2
其中：对联营企业和合营企业的投资收益	25.102 2	190.28	358.414	367.041	114.45
三、营业利润	29 737.8	21 307.5	13 381.3	7 425.01	5 032.07
营业外收入	3 623.99	782.382	1 132.15	405.555	251.428
营业外支出	355.496	121.766	123.471	41.005 4	18.686 9
非流动资产处置损失	47.383 5	112.095	106.445	29.279 9	5.988 62
利润总额	33 006.3	21 968.1	14 390	7 789.56	5 264.81
所得税费用	6 358.93	3 876.78	2 626.14	1 326.94	861.318
未确认投资损失	0	0	0	0	0
四、净利润	26 647.4	18 091.3	11 763.8	6 462.62	4 403.49
归属于母公司所有者的净利润	23 168	16 331.1	10 725.8	6 035.23	4 128.68
少数股东损益	3 479.33	1 760.19	1 038.07	427.394	274.809
五、每股收益					
基本每股收益	1.28	0.98	0.8	0.45	0.31
稀释每股收益	1.28	0.98	0.45	0.45	0.31
六、其他综合收益	0	0	0	0	0
七、综合收益总额	26 647.4	18 091.3	11 763.8	6 462.62	4 403.49
归属于母公司所有者的综合收益总额	23 168	16 331.1	10 725.8	6 035.23	4 128.68
归属于少数股东的综合收益总额	3 479.33	1 760.19	1 038.07	427.394	274.809

表 27 - 3　新华医疗 2009—2013 年现金流量表　　　　　　　　单位：万元

项　目　　＼年　度	2013 年	2012 年	2011 年	2010 年	2009 年
一、经营活动产生的现金流量					
销售商品、提供劳务收到的现金	472 262	350 029	239 958	162 254	103 847
收到的税费返还	28.195 6	0	48.651 7	2.937 41	10.559 7
收到的其他与经营活动有关的现金	3 606.4	1 266.03	3 246.78	1 252.19	958.725

年度 项目	2013 年	2012 年	2011 年	2010 年	2009 年
经营活动现金流入小计	475 897	351 295	243 253	163 509	104 816
购买商品、接受劳务支付的现金	386 220	282 753	191 767	113 615	68 612.3
支付给职工以及为职工支付的现金	30 541	21 750.8	14 456.7	10 224.1	7 473.94
支付的各项税费	18 886.3	13 125.9	9 806.01	9 008.27	6 623.26
支付的其他与经营活动有关的现金	38 013.9	32 578.5	29 460.4	18 245.4	11 477.5
经营活动现金流出小计	473 661	350 208	245 490	151 092	94 187
经营活动产生的现金流量净额	2 235.57	1 086.7	−2 236.99	12 416.5	10 629.1
二、投资活动产生的现金流量					
收回投资所收到的现金	19 782.1	19 138.2	0	2 013.54	17.941 4
取得投资收益所收到的现金	60.601 8	1 075.53	20.58	0	0
处置固定资产、无形资产和其他长期资产所收回的现金净额	1 627.88	21.683 2	68.094	5.049 2	85.998 5
收到的其他与投资活动有关的现金	0	0	13.279 2	1 430.52	0
投资活动现金流入小计	21 470.6	20 235.5	101.953	3 449.11	103.94
购建固定资产、无形资产和其他长期资产所支付的现金	52 787.7	18 377.6	11 675.5	10 838	1 919.3
投资所支付的现金	24 056.2	28 623	1 665.4	182.173	303.041
取得子公司及其他营业单位支付的现金净额	3 996.83	28 713.6	672.39	0	0
支付的其他与投资活动有关的现金	0	0	0	1 974.77	0
投资活动现金流出小计	80 840.7	75 714.1	14 013.3	12 994.9	2 222.34
投资活动产生的现金流量净额	−59 370.1	−55 478.7	−13 911.3	−9 545.79	−2 118.4
三、筹资活动产生的现金流量					
吸收投资收到的现金	45 605.5	63 168	1 740	3 679.84	1 673.15
其中:子公司吸收少数股东投资收到的现金	0	2 946.88	1 740	3 679.84	1 673.15
取得借款收到的现金	91 234	70 453.1	28 768	9 300	600
收到其他与筹资活动有关的现金	382.629	196.371	0	0	0
筹资活动现金流入小计	137 222	133 817	30 508	12 979.8	2 273.15
偿还债务支付的现金	74 950.6	37 431.7	7 272.51	1 939.26	6 625
分配股利、利润或偿付利息所支付的现金	6 495.73	5 687.54	4 909.97	1 054.29	1 284.52

年　度 项　目	2013 年	2012 年	2011 年	2010 年	2009 年
筹资活动现金流出小计	81 446.3	43 119.3	12 182.5	2 993.55	7 909.52
筹资活动产生的现金流量净额	55 775.8	90 698.2	18 325.5	9 986.29	−5 636.37
附注	0	0	0	0	0
汇率变动对现金及现金等价物的影响	−34.591 1	34.908	−14.168 4	−1.004 17	−0.269 727
现金及现金等价物净增加额	−1 393.29	36 341.1	2 163.06	12 855.9	2 874.11
期初现金及现金等价物余额	70 187.4	33 846.2	31 683.2	18 827.2	15 953.1
期末现金及现金等价物余额	68 794.1	70 187.4	33 846.2	31 683.2	18 827.2
净利润	26 647.4	18 091.3	11 763.8	6 462.62	4 403.49
资产减值准备	1 554.53	1 154.79	1 005.54	1 281.87	254.966
固定资产折旧、油气资产折耗、生产性物资折旧	3 002.74	2 227.67	1 686.09	1 513.95	1 470.87
无形资产摊销	999.769	526.69	202.979	193.645	189.801
长期待摊费用摊销	185.774	157.862	0	0	0
处置固定资产、无形资产和其他长期资产的损失	−1 567.59	87.086 2	−105.027	10.436 4	−14.499 3
固定资产报废损失	150.32	0	0.442 519	0	0
公允价值变动损失	0.4	1.024	2.718	2.52	−3.805
财务费用	3 810.31	2 055.67	879.256	58.501 4	307.104
投资损失	−85.768 3	−682.574	−358.414	−428.302	−21.409 2
递延所得税资产减少	−777.191	−31.745	−376.733	−451.213	−99.182 4
递延所得税负债增加	−93.344	−56.354	−8.828 9	−0.378	0.378
存货的减少	−52 181.1	−37 284.1	−10 140.5	−10 211.9	1 348.84
经营性应收项目的减少	−28 563	−13 563.1	−20 011.2	−11 435.4	−506.724
经营性应付项目的增加	49 152.4	28 402.5	13 222.9	25 594.9	3 299.32
其他	0	0	0	−174.807	0
经营活动产生现金流量净额	2 235.57	1 086.7	−2 236.99	12 416.5	10 629.1
现金的期末余额	65 694.1	68 987.4	31 846.2	31 683.2	18 827.2
现金的期初余额	68 987.4	31 846.2	31 683.2	18 827.2	15 953.1
现金等价物的期末余额	3 100	1 200	2 000	0	0
现金等价物的期初余额	1 200	2 000	0	0	0
现金及现金等价物的净增加额	−1 393.29	36 341.1	2 163.06	12 855.9	2 874.11

1. 新华医疗偿债能力分析

（1）短期偿债能力分析

企业的短期偿债能力与企业的流动性密切相关。企业的流动性是指企业资源满足短期现金需要的能力。企业的短期现金需要通常包括支付日常生产经营开支的需要和偿还短期债务的需要，而企业日常生产经营开支往往与短期债务密不可分。另外，企业缺乏流动性可能说明企业的支付能力不足，而企业长期拖欠短期债务又导致企业的筹资能力受损，因此当出现好的投资机会时，企业有可能因为缺乏支付能力和筹资效率而错失投资机会。因此，企业的流动性关系到企业的经营活动、筹资活动和投资活动，是企业生存和发展的重要前提，必须予以高度重视。

① 比较分析。选择了资产规模与新华医疗比较接近的一家医疗器械上市公司——鱼跃医疗——作为对比案例。与新华医疗不同，鱼跃医疗是一家民营企业上市公司，可以更全面地反映整个行业的情况。

a. 流动比率是指流动资产与流动负债的比值，考察的是流动资产和流动负债的关系。流动比率能反映出流动资产对流动负债的保障程度，并可以在不同企业之间进行比较（见表27-4和图27-1）。流动比率超出1的部分就是营运资金与流动负债的比值。

表 27 - 4　2009—2013 年新华医疗与鱼跃医疗的流动比率项目

项　目　　　　年　度	2009 年	2010 年	2011 年	2012 年	2013 年
新华医疗	2.34	1.61	1.39	1.42	1.40
鱼跃医疗	2.70	4.10	4.64	4.80	4.79

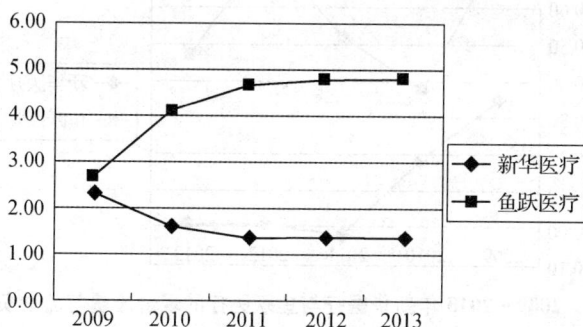

图 27 - 1　2009—2013 年新华医疗与鱼跃医疗的流动比率

由表27-4和图27-1可见，新华医疗的流动比率在2009—2013年期间始终在下降，当前已经低于1.5。而鱼跃医疗在2009—2013年流动比率始终在上升，而且总体保障程度和营运资金数量都高于新华医疗。根据经验，通常认为流动比率等于2比较合理，但这个数据不是绝对的。而通过横向比较，我们发现相似规模的企业流动比率远高于新华医疗，则可以说明新华医疗的偿债能力在行业中可能偏低，与竞争对手相比偏弱。通过对比新华医疗与鱼跃医疗的流动资产和流动负债可以发现：随着新华医疗流动资产五年内增加了4.14倍，流动负债增加了7.62倍；而随着鱼跃医疗的流动资产增加2.77

倍,流动负债仅增加了 1.12 倍。

流动比率是衡量企业流动性和短期偿债能力的一个非常有用的工具。但其存在一定的缺陷。企业下一个期间的流动性和短期负债能力取决于企业下一个期间的现金流入和流出的数量和时间。如果企业下一个期间的现金流入在数量和时间上都能满足现金流出的需要,则可以认为企业在下一个期间的流动性很强,将在下一个期间到期的负债十分安全。因此,企业在下一个期间的流动性和偿债能力还应该是一个动态的问题。因此,下面用现金流量与流动负债比率对企业的短期偿债能力进行分析。

b. 现金流量与流动负债比率是现金流量表中的"经营活动现金净流量"与流动负债的比值。因为经营活动现金净流量是一个期间的动态指标,而流动负债是一个时点上的静态指标,因此现金流量与流动负债比率是一个半动态比率。经营活动现金净流量是经营活动现金流入扣除经营活动现金流出的净额,用于偿还流动负债比较合理(见表 27-5 和图 27-2)。

表 27-5   2009—2013 年新华医疗与鱼跃医疗的现金流量与流动负债比率

年度 项目	2009 年	2010 年	2011 年	2012 年	2013 年
新华医疗	0.35	0.18	−0.02	0.01	0.01
鱼跃医疗	0.77	0.38	0.52	0.76	0.47

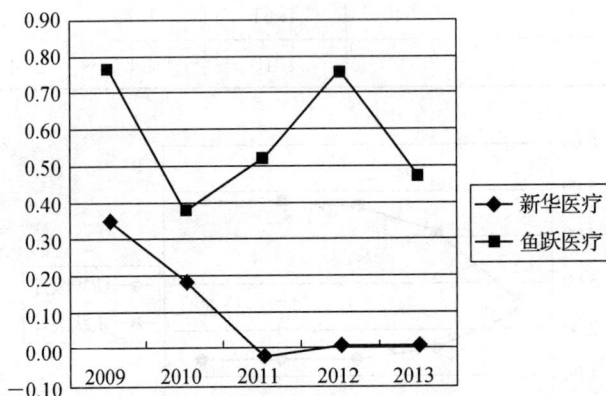

图 27-2   2009—2013 年新华医疗与鱼跃医疗的现金流量与流动负债比率

由表 27-5 和图 27-2 可见,新华医疗和鱼跃医疗和现金流量与流动负债比率的变化趋势有很大差异。鱼跃医疗的现金流量与流动负债比率在 2009—2010 年期间下降后在 2010—2012 年期间有较大回升,2012—2013 年又回落到原先水平。而新华医疗在 2009—2011 年期间的现金流量与流动负债比率持续下降,2011 年由于经营活动现金流量为负数而保障能力为负值,2012—2013 年期间经营活动现金流量对流动负债的保障能力都在 1% 左右。

② 趋势分析。短期偿债能力的趋势分析就是将企业连续几个期间的相关财务数据进行对比,从而得出企业短期偿债能力变化趋势的一种分析(见表 27-6 和图 27-3)。

表 27 - 6　2009—2013 年新华医疗短期偿债能力的趋势分析　　　　单位:亿元

项　目 ＼ 年度	2009 年	2010 年	2011 年	2012 年	2013 年
流动资产合计	7.12	11.10	14.60	24.35	36.64
流动负债合计	3.04	6.89	10.52	17.20	26.25
经营活动产生的现金流量净额	1.06	1.24	−0.22	0.11	0.22

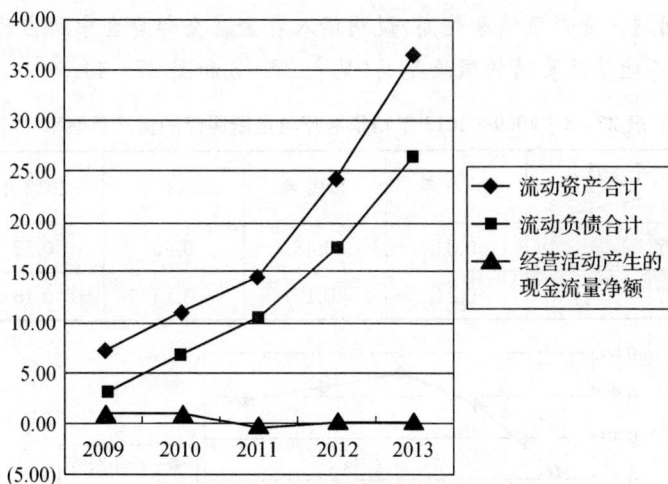

图 27 - 3　2009—2013 年新华医疗短期偿债能力的趋势分析

由表 27 - 6 和图 27 - 3 可见,新华医疗的流动资产和流动负债在 2009—2013 年期间始终呈迅速上升趋势,而经营活动产生的现金流量净额呈现缓慢下降趋势,在 2011 年甚至出现负值。这就解释了新华医疗的偿债能力没有随着流动资产的数额增加而上升。流动负债的增长趋势与流动资产趋近,呈现高负债经营的特点;资产的盈利能力没有提高,甚至还有下降。

③ 结构分析。短期偿债能力的结构分析通常包括流动资产占总资产的比重、流动负债占总负债的比重、总负债占总负债与所有者权益的比重等(见表 27 - 7)。

表 27 - 7　2009—2013 年新华医疗短期偿债能力的结构分析

项　目 ＼ 年度	2009 年	2010 年	2011 年	2012 年	2013 年
流动资产合计	0.69	0.74	0.75	0.72	0.68
流动负债合计	0.93	0.97	0.97	0.98	0.98
负债合计	0.31	0.48	0.55	0.52	0.49

由表 27 - 7 可见,流动资产占总资产的比重变化趋势不明显,基本处于 70% 左右的水平;而流动负债占总负债的比重高达 90% 以上,且持续上升。这种高风险的负债结构需要引起重视。

(2) 长期负债能力分析

企业的长期偿债能力与财务风险密不可分。财务风险有广义和狭义之分。广义的财务风险是指企业财务活动中由各种不确定因素的影响所带来的债务偿还、利润水平等的可变性。狭义的财务风险又叫筹资风险,是指企业与筹资活动有关的风险,也就是企业债务偿还的不确定性。

① 比较分析。

a. 资产负债率反映了企业资产对负债的保障程度。资产负债率越大,表明资产对负债的保障能力越低。由于资产的总额等于企业的全部资金总额,因此资产负债率又反映了在企业全部资金中有多大的比例是通过负债而筹集的。从这个角度看,资产负债率还反映了企业的资本结构问题。资产负债率越高,说明借入资金在全部资金中所占的比重越大,企业的资金成本越低,不能偿还负债的风险越高(见表27-8和图27-4)。

表27-8 2009—2013年新华医疗与鱼跃医疗的资产负债率

项　目　　　　年　度	2009 年	2010 年	2011 年	2012 年	2013 年
新华医疗	0.31	0.48	0.55	0.52	0.49
鱼跃医疗	0.24	0.17	0.15	0.15	0.16

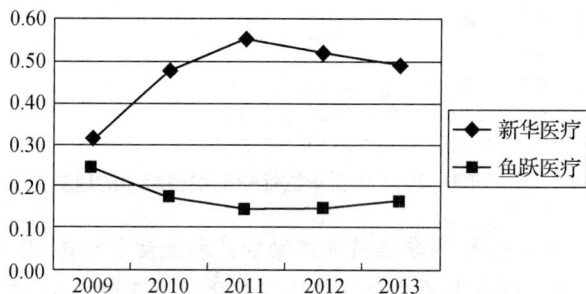

图27-4 2009—2013年新华医疗与鱼跃医疗的资产负债率

由表27-8和图27-4可见,新华医疗的资产负债率在2009—2013年期间有较大幅度的增长,从30%增长到50%后相对稳定。而用于对照的鱼跃医疗的资产负债率却持续降低,停留在15%左右。一般来说,资产负债率越低,企业的负债越安全,财务风险越小。但资产负债率不是越小越好,过低的资产负债率使得企业不能充分利用财务杠杆,即没能充分利用负债经营的好处。50%的负债比率在行业中可能相对偏高,但总体经营风险不大。

b. 股权比率是企业的股东权益总额与资产总额的比值,股权比率反映了在企业全部资金中有多少是所有者提供的。由于企业的资产要么是所有者提供的,要么是债权人提供的,因此股权比率与资产负债率之和必然为100%(见表27-9和图27-5)。

表27-9 2009—2013年新华医疗与鱼跃医疗的股权比率

项　目　　　　年　度	2009 年	2010 年	2011 年	2012 年	2013 年
新华医疗	0.69	0.52	0.45	0.48	0.51
鱼跃医疗	0.76	0.83	0.85	0.85	0.84

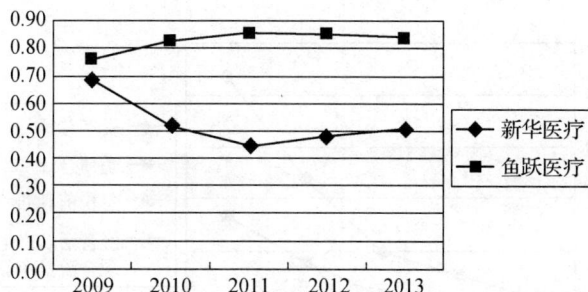

图 27-5　2009—2013 年新华医疗与鱼跃医疗的股权比率

由表 27-9 和图 27-5 可见,新华医疗的股权比率在 2009—2011 年期间发生了剧烈的下降,在 2011—2013 年期间稳定在 50% 左右,其中 2011 年有一个小幅度的上升。结合资产负债率进行分析,2011 年的资产负债率的上升与流动负债增加了 3.63 亿元有关,其中短期借款 2.28 亿元。2012 年股权比率与企业增发股票筹集资金,权益资本上升有关。

c. 利息保障倍数是息税前利润与利息费用的比值。利息保障倍数反映企业所实现的经营成果支付利息费用的能力。由于支付利息费用和缴纳所得税之前的所有利润都可以用于支付利息,因此分子的经营成果应该将利息费用和所得税加回。需要注意的是,我国的会计核算中没有单独核算利息费用,而利息费用还应包括资本化的利息费用,对企业进行财务报表分析时,往往难以取得各科目的具体组成。因此,通常使用财务费用代替利息费用用来计算利息保障倍数。不过,当财务费用为负数时,这样计算的利息保障倍数就毫无意义(见表 27-10)。

表 27-10　2009—2013 年新华医疗与鱼跃医疗的利息保障倍数

年度 项目	2009 年	2010 年	2011 年	2012 年	2013 年
新华医疗	37.06	无意义	21.55	13.33	10.50
鱼跃医疗	195.03	66.30	无意义	无意义	无意义

由表 27-10 可见,新华医疗的利息保障倍数在 2009—2013 年期间在不断减少,而且低于鱼跃医疗,但是仍然能保障 10 倍以上的利息支付,而且 2010 年还因为财务费用为负数而失去意义。所以,新华医疗的付息能力很强。由于新华医疗和鱼跃医疗都有数据失去意义的年度,因此不便于在图形中反映变动趋势。

② 趋势分析。长期偿债能力的趋势分析就是将企业连续几个期间的相关财务数据进行对比,从而得出企业长期偿债能力变化趋势的一种分析(见表 27-11 和图 27-6)。

表 27-11　2009—2013 年新华医疗长期偿债能力的趋势分析　　　单位:亿元

年度 项目	2009 年	2010 年	2011 年	2012 年	2013 年
资产总计	10.36	14.91	19.52	33.78	53.91
负债合计	3.26	7.14	10.81	17.54	26.68
息税前利润	0.54	0.76	1.51	2.37	3.65
经营活动产生的现金流量净额	1.06	1.24	−0.22	0.11	0.22

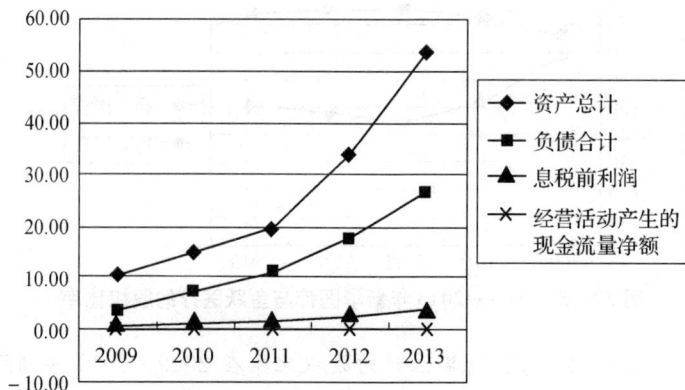

图 27－6　2009—2013 年新华医疗长期偿债能力的趋势分析

由表 27－11 和图 27－6 可见,新华医疗的总资产和总负债都呈现上升趋势,但是资产上升的幅度更大,这导致新华医疗的长期偿债能力总体上趋于增强。但是,新华医疗经营活动产生的现金流量净额在 2009—2011 年发生较大下降,虽然 2011—2013 年期间有一定回升,但总体还是较小。

③ 结构分析。长期偿债能力的分析中所关注的结构通常包括流动资产、非流动资产占总资产的比重,流动负债、非流动负债占总负债的比重、股东权益占负债和股东权益的比重等(见表 27－12)。

表 27－12　2009—2013 年新华医疗长期偿债能力的结构分析　　　　　单位:亿元

年度　项目	2009 年	2010 年	2011 年	2012 年	2013 年
流动资产	0.69	0.74	0.75	0.72	0.68
非流动资产	0.31	0.26	0.25	0.28	0.32
流动负债	0.93	0.97	0.97	0.98	0.98
非流动负债	0.07	0.03	0.03	0.02	0.02
股东权益	0.69	0.52	0.45	0.48	0.51

由表 27－12 可见,新华医疗的流动资产、非流动资产比重都有一定幅度的波动,变化趋势不明显。新华医疗的流动负债比重趋于上升,非流动负债比重趋于下降,反映出长期债务风险的上升。股东权益变化不明显,但总体趋于下降。

2. 新华医疗营运能力分析

(1) 流动资产营运能力分析

① 存货周转率。存货周转率又叫存货周转次数,是营业成本与存货平均余额的比值。存货周转一次指的是从购入存货到卖出存货的全过程。新华医疗与鱼跃医疗的存货周转率,如表 27－13 和图 27－7 所示。

表 27 - 13 2009—2013 年新华医疗与鱼跃医疗的存货周转率

年 度 项 目	2009 年	2010 年	2011 年	2012 年	2013 年
新华医疗	2.32	3.00	3.56	3.31	2.67
鱼跃医疗	4.63	4.07	3.90	3.99	3.47

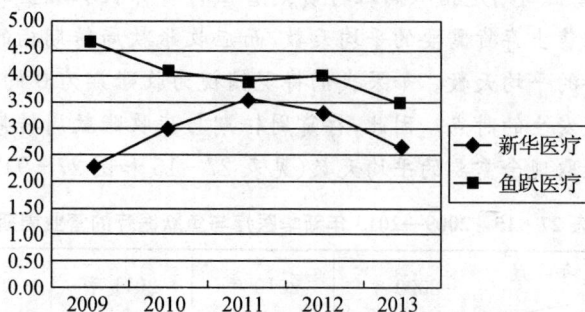

图 27 - 7 2009—2013 年新华医疗与鱼跃医疗的存货周转率

由表 27 - 13 和图 27 - 7 可见，新华医疗的存货周转率在 2009—2011 年期间呈上升趋势，在 2011—2013 年期间呈下降趋势，总体低于鱼跃医疗。2011 年之后新华医疗和鱼跃医疗的存货周转率都有所下降，这说明行业中可能出现了存货周转情况恶化的问题。

② 应收账款周转率。应收账款周转率又叫应收账款周转次数，是赊销收入与应收账款平均余额的比值。应收账款周转一次指的是应收账款从发生到收回的全过程。其中，赊销收入与现销收入相对应，指的是没有立即收到货款的营业收入。在无法获取赊销收入的数据时，将现销收入视为收账期为 0 的赊销收入，从而用营业收入代替赊销收入。新华医疗与鱼跃医疗的应收账款周转率，如表 27 - 14 和图 27 - 8 所示。

表 27 - 14 2009—2013 年新华医疗与鱼跃医疗的应收账款周转率

年 度 项 目	2009 年	2010 年	2011 年	2012 年	2013 年
新华医疗	4.81	5.80	6.06	6.19	5.54
鱼跃医疗	8.36	7.77	6.59	5.28	4.64

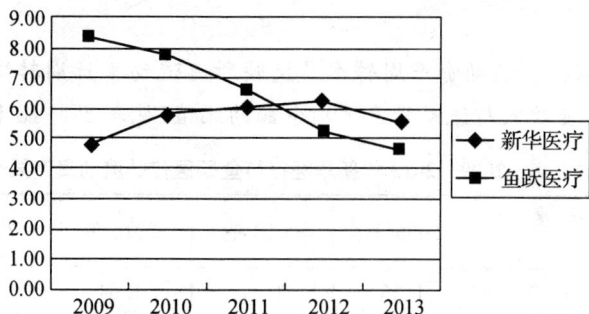

图 27 - 8 2009—2013 年新华医疗与鱼跃医疗的应收账款周转率

由表27－14和图27－8可见,新华医疗的应收账款周转率在2009—2012年期间持续增长,在2013年发生下降。鱼跃医疗的应收账款周转率在2009—2013年期间持续下降,并从2012年开始低于新华医疗。新华医疗和鱼跃医疗的应收账款周转率都比较高,但是均出现了下降趋势。这种现象的原因主要是两公司的应收账款都持续上升,而且上升幅度大于营业收入上升幅度。

③ 营业周期。营业周期是指从购入存货到售出存货并收取现金的这段时间。存货周转期是从购入存货到售出存货需要的平均天数,而应收账款周转期指的是应收账款从发生到应收账款收回需要的平均天数。如果我们将现销视为收账期为0的赊销,那么售出存货的时点即为应收账款发生的时点。因此,存货周转期与应收账款周转期之和就等于从购入存货到售出存货并收取现金需要的平均天数(见表27－15和图27－9)。

表27－15　2009—2013年新华医疗与鱼跃医疗的营业周期　　　单位:日

项　目 年　度	2009 年	2010 年	2011 年	2012 年	2013 年
新华医疗	230.27	182.28	160.53	166.73	199.90
鱼跃医疗	120.87	134.89	146.92	158.36	181.16

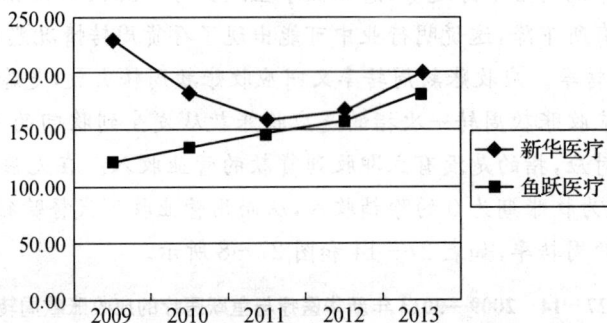

图27－9　2009—2013年新华医疗与鱼跃医疗的营业周期

由表27－15和图27－9可见,新华医疗的营业周期始终高于鱼跃医疗,说明新华医疗完成一次营业活动的时间高于鱼跃医疗。新华医疗的营业周期在2009—2011年期间呈下降趋势,在2011—2013年期间回升至200天左右。新华医疗营业周期的增加主要是因为存货周转速度的放慢。

④ 流动资产周转率。流动资产周转率是反映所有流动资产周转情况的重要指标。流动资产周转率等于营业收入与流动资产平均余额的比值(见表27－16和图27－10)。

表27－16　2009—2013年新华医疗与鱼跃医疗的流动资产周转率

项　目 年　度	2009 年	2010 年	2011 年	2012 年	2013 年
新华医疗	1.26	1.47	1.64	1.56	1.38
鱼跃医疗	1.77	1.69	1.49	1.35	1.21

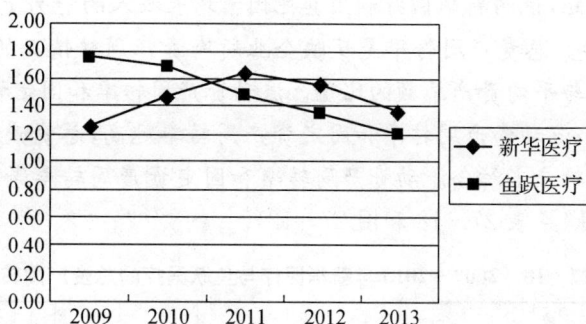

图 27-10　2009—2013 年新华医疗与鱼跃医疗的流动资产周转率

由表 27-16 和图 27-10 可见,新华医疗的流动资产周转率在 2009—2011 年期间上升,在 2011—2013 年期间发生回落,在 2011—2013 年期间新华医疗的流动资产周转率超过了鱼跃医疗。两公司的流动资产周转率在 2011—2013 年期间都发生下降,主要原因在于流动资产的大幅上升。

(2) 固定资产与总资产营运能力分析

① 固定资产周转率。固定资产周转率是反映固定资产周转情况的重要指标。固定资产周转率等于营业收入与固定资产平均余额的比值(见表 27-17 和图 27-11)。

表 27-17　2009—2013 年新华医疗与鱼跃医疗的固定资产周转率

项　　目 ＼ 年　度	2009 年	2010 年	2011 年	2012 年	2013 年
新华医疗	4.01	6.28	9.36	9.75	9.35
鱼跃医疗	3.43	4.04	4.39	4.30	4.01

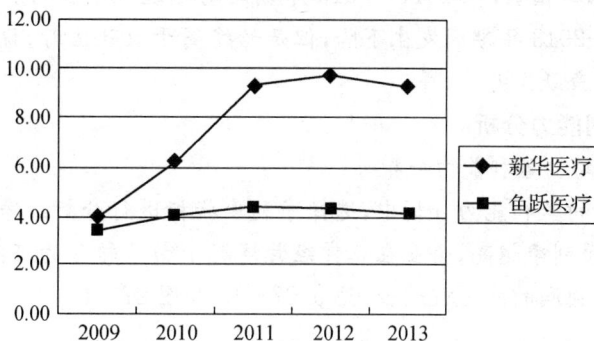

图 27-11　2009—2013 年新华医疗与鱼跃医疗的固定资产周转率

由表 27-17 和图 27-11 可见,新华医疗的固定资产周转率在 2009—2013 年期间持续上升,而且始终高于鱼跃医疗。新华医疗在 2009—2013 年期间的营业收入增长了 3.73 倍,固定资产平均余额增长了 1.02 倍,营业收入的增长幅度远大于固定资产增长幅度;鱼跃医疗在 2009—2013 年期间的营业收入增长了 1.64 倍,固定资产平均增长了 1.26 倍,营业收入的增长幅度略大于固定资产增长幅度。两公司的固定资产增长幅度比较接近,主要是营业收入的增长拉开了差距,说明新华医疗利用其他因素增长收入的能力更强。

② 总资产周转率。总资产周转率是反映企业所有资产周转情况的重要指标。总资产周转率等于营业收入与平均资产总额的比值。流动资产周转率和固定资产周转率对总资产周转率有直接的影响,流动资产周转率和固定资产周转率越高,总资产周转率越高。因此,对总资产周转率的分析应当结合流动资产周转率和固定资产周转率等的周转情况进行,从而分析透彻,找到根源(见表 27-18 和图 27-12)。

表 27-18　2009—2013 年新华医疗与鱼跃医疗的总资产周转率

年度 项目	2009 年	2010 年	2011 年	2012 年	2013 年
新华医疗	0.87	1.06	1.22	1.14	0.96
鱼跃医疗	0.99	1.04	0.99	0.93	0.85

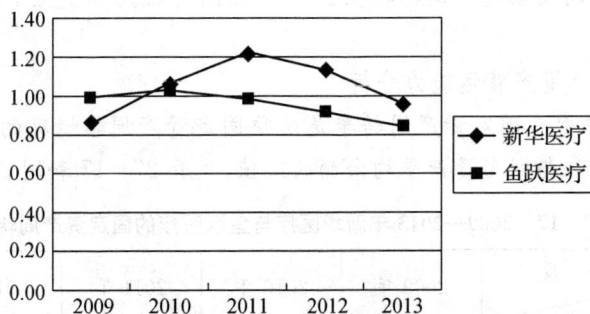

图 27-12　2009—2013 年新华医疗与鱼跃医疗的总资产周转率

由表 27-18 和图 27-12 可见,新华医疗的总资产周转率在 2009 年低于鱼跃医疗,在 2010 年与鱼跃医疗基本相等,在 2011—2013 年期间均超过鱼跃医疗。尽管新华医疗的总资产周转率在 2011—2013 年期间发生下降,但是始终高于鱼跃医疗,说明新华医疗资产周转的整体情况要好于鱼跃医疗。

3. 新华医疗盈利能力分析

(1) 基于营业活动的盈利能力分析

在基于营业活动的盈利能力分析中,选择净利率指标进行分析。净利率是净利润与营业收入的比值,营业净利率越高,企业在正常经营情况下由盈转亏的可能性就越小,并且通过扩大营业规模获取利润的能力就越强(见表 27-19 和图 27-13)。

表 27-19　2009—2013 年新华医疗与鱼跃医疗的营业净利率

年度 项目	2009 年	2010 年	2011 年	2012 年	2013 年
新华医疗	4.97	4.81	5.59	5.96	6.35
鱼跃医疗	18.80	18.25	19.47	18.68	18.15

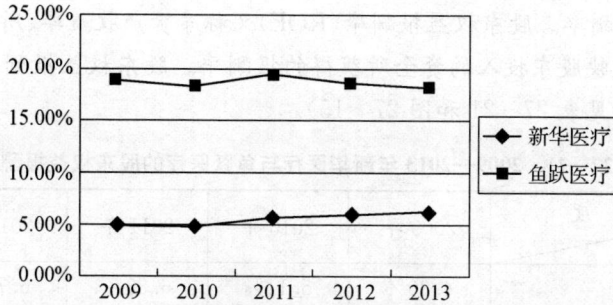

图 27-13　2009—2013 年新华医疗与鱼跃医疗的营业净利率

由表 27-19 和图 27-13 可见，新华医疗的净利率在 2009—2013 年期间持续上升，但始终低于鱼跃医疗。根据分析，新华医疗在 2013 年实现的毛利润为 9.61 亿元，远高于鱼跃医疗的 2.05 亿元；但计入期间费用、营业外收支后，新华医疗的净利润为 2.66 亿元，仅比鱼跃医疗高出 0.07 亿元。这可能与新华医疗的销售费用和管理费用偏高有一定关系。

（2）基于投资报酬的盈利能力分析

① 总资产报酬率。投资报酬率是指投入资金所获得的报酬率，是反映"投入—产出"的最典型的指标。净利润这种反映企业报酬的指标主要关注企业的产出，但是产出只有与投入相结合，才能反映效率和效益。总资产报酬率（ROA）反映的是企业投入的全部资金获取报酬的能力，是息税前利润与平均资产总额的比值，在分析中，通常使用净利润代替息税前利润。下面的分析就用净利润代替息税前利润，计算新华医疗和鱼跃医疗的总资产报酬率（见表 27-20 和图 27-14）。

由表 27-20 和图 27-14 可见，新华医疗的总资产报酬率在 2009—2011 年期间有小幅度上升，在 2011—2013 年期间变化不明显。尽管新华医疗的总资产报酬率与鱼跃医疗的差距逐渐缩小，但始终低于鱼跃医疗。由于这里的总资产报酬率可以看作销售净利率与总资产周转率的乘积，而新华医疗的总资产周转率高于鱼跃医疗，说明新华医疗较低的总资产报酬率是由销售净利率引起的。

表 27-20　2009—2013 年新华医疗与鱼跃医疗的总资产报酬率

项　目　＼　年　度	2009 年	2010 年	2011 年	2012 年	2013 年
新华医疗	4.30%	5.11%	6.83%	6.79%	6.08%
鱼跃医疗	18.60%	18.96%	19.31%	17.28%	15.42%

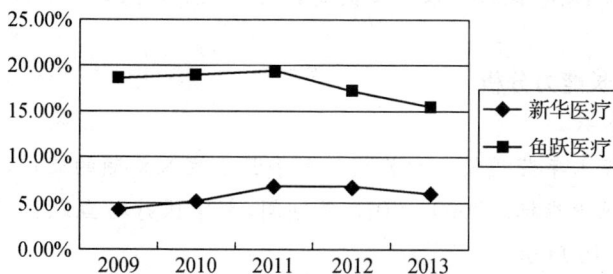

图 27-14　2009—2013 年新华医疗与鱼跃医疗的总资产报酬率

② 股东权益报酬率。股东权益报酬率(ROE)又称净资产收益率、所有者权益报酬率或权益资本报酬率,反映股东投入的资金所获得的报酬率。股东权益报酬率等于净利润与平均股东权益的比值(见表27-21和图27-15)。

表27-21 2009—2013年新华医疗与鱼跃医疗的股东权益报酬率

项 目 \ 年 度	2009年	2010年	2011年	2012年	2013年
新华医疗	4.30%	5.11%	6.83%	6.79%	6.08%
鱼跃医疗	18.60%	18.96%	19.31%	17.28%	15.42%

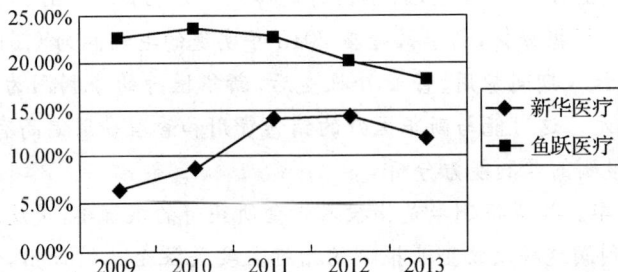

图27-15 2009—2013年新华医疗与鱼跃医疗的股东权益报酬率

由表27-21和图27-15可见,新华医疗的股东权益报酬率在2009—2011年期间有小幅度上升,在2011—2013年期间变化不明显,并且始终低于鱼跃医疗。

由于股东权益报酬率可以看作总资产报酬率和平均权益乘数的乘积,所以又进行了驱动因素分析(见表27-22)。

表27-22 2013年新华医疗与鱼跃医疗的股东权益报酬率的驱动因素分析

项 目 \ 企业	新华医疗	鱼跃医疗
总资产报酬率	0.06	0.15
平均权益乘数	2.02	1.19
股东权益报酬率	0.12	0.18

由表27-22可见,2013年新华医疗的总资产报酬率显著低于鱼跃医疗,平均权益乘数高于鱼跃医疗。由此可见,新华医疗的股东权益报酬率低于鱼跃医疗的最主要原因是总资产报酬率偏低。因此,新华医疗如果想要提高其股东权益的报酬水平,应该着力提升其资产的盈利能力。

4. 新华医疗成长能力分析

(1) 销售增长指标

销售增长率表示本年营业收入增长额与上年营业收入总额的比率,是评价企业发展状况和发展能力的基础性指标。2009—2013年期间,新华医疗与鱼跃医疗的销售增长率,如表27-23和图27-16所示。

表 27‑23　2009—2013 年新华医疗与鱼跃医疗的销售增长率

项　目　　　　年　度	2009 年	2010 年	2011 年	2012 年	2013 年
新华医疗	35.25%	51.52%	56.91%	44.13%	38.15%
鱼跃医疗	34.01%	64.33%	32.43%	12.11%	8.54%

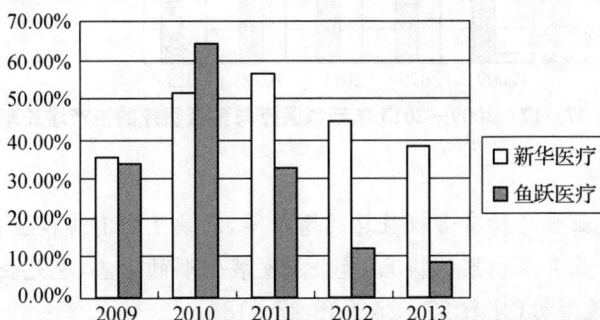

图 27‑16　2009—2013 年新华医疗与鱼跃医疗的销售增长率

　　由表 27‑23 和图 27‑16 可见,新华医疗的销售增长率在 2009—2011 年期间从 35% 上升到 57%,在 2011—2013 年期间从 57% 回落到 38%。鱼跃医疗的销售增长率在 2009 年与新华医疗接近,2010 年超过新华医疗,但在 2011—2013 年期间始终低于新华医疗。这说明新华医疗在新版 GMP 实施后营业收入上升,但因为收入基数大增长不明显;在新版 GMP 集中准备认证的 2010—2011 年期间,新华医疗保持日常营业收入的能力比鱼跃医疗更高。

　　(2) 资产增长指标

　　资产代表企业用以取得收入的资源,同时也是企业用以偿还债务的。资产的增长是企业发展的一个重要方面,也是企业实现价值增长的主要手段。从企业经营实践来看,成长性高的企业一般能保证资产的稳定增长。对资产增长情况进行分析的方法可以分为绝对增长量分析和增长率分析。为了数据的可比性,这里使用增长率进行分析,如表 27‑24 和图 27‑17 所示。

表 27‑24　2009—2013 年新华医疗与鱼跃医疗的资产增长率

项　目　　　　年　度	2009 年	2010 年	2011 年	2012 年	2013 年
新华医疗	2.36%	43.92%	30.94%	73.05%	59.57%
鱼跃医疗	42.01%	66.62%	21.95%	18.73%	17.77%

　　由表 27‑24 和图 27‑17 可见,新华医疗的总资产增长率在 2009—2013 年期间始终呈波动上升趋势,2011—2013 年期间始终超过鱼跃医疗。这与新华医疗近年来扩大生产经营规模和经营范围,购买土地使用权,成立企业的积极扩张行为有关。总资产增长率与企业的发展速度有关,新华医疗持续上升的总资产增长率反映了新华医疗较快的发展速度。

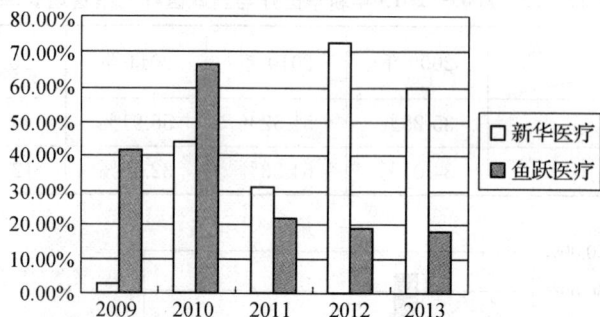

图 27 - 17　2009—2013 年新华医疗与鱼跃医疗的资产增长率

（3）资本扩张指标

资本积累率是企业当年所有者权益总的增长率，反映了所有者权益在本年的变动水平。资本积累率体现了企业资本积累的状况，是企业发展强弱的标志，也是企业扩大再生产的源泉，展示了企业的发展潜力（见表 27 - 25 和图 27 - 18）。

表 27 - 25　2009—2013 年新华医疗与鱼跃医疗的资本积累率

年　度项　目	2009 年	2010 年	2011 年	2012 年	2013 年
新华医疗	8.23%	9.43%	12.11%	86.51%	67.57%
鱼跃医疗	18.94%	82.27%	25.91%	18.44%	15.66%

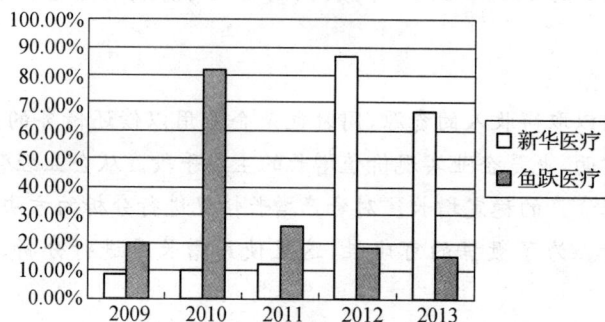

图 27 - 18　2009—2013 年新华医疗与鱼跃医疗的资本积累率

由表 27 - 25 和图 27 - 18 可见，新华医疗的资本积累率在 2012—2013 年期间高于鱼跃医疗，这可能与新华医疗 2012 年为筹资收购长春博讯向控股股东淄矿集团定向增发 780 万股，以及 2013 年为收购远跃药机而向特定投资者增发 800 万股有关。由于基数大和净利率较低，在没有股票发行计划的年度预计新华医疗的所有者权益增长不会太大。

4. 总结

（1）偿债能力

新华医疗的流动比率由 2009 年的 2.34 下降到 2013 年的 1.39，下降了 40.6%，已经远低于参考值 2；新华医疗的现金流量与流动负债指标在 2009—2011 年期间发生大幅度下降，随后停留在 1% 左右，这说明新华医疗依靠经营活动现金净流量每年只能偿还 1% 的流动负债;新华医疗的流动负债已经占到总负债的98%,是一种高风险的负债结构。新华医疗的高风险负债状况从盈利能力来看,难以通过营业净利润取得较大偿还流动负债的能力;从企业发展来看,未来的扩张有可能进一步增大负债规模。

(2) 营运能力

新华医疗的存货周转率由2009年的2.32增长到2013年的2.67,增长了15.08%,但比2011年的峰值3.56有所下降,同时始终低于同行业鱼跃医疗,并在2013年呈现继续下降趋势;新华医疗的应收账款周转率由2009年的4.8增长到2013年的5.54,增长了15.42%,但也呈现出下降趋势。因此,新华医疗的营业周期在2011—2013年期间迅速从160天上升到200天,比鱼跃医疗多了20天,主要是存货周转率下降所致。新华医疗的存货周转率下降主要因为生产规模增大和增加代理产品,是企业扩张的副产品。如果企业能够将在2012—2013年期间收购长春博讯、上海盛本、远跃药机、成都英德等企业的业务有效整合,将可能提高销售收入,化解库存过多问题。

(3) 盈利能力

新华医疗的股东权益报酬率在2011—2013年期间发生下降,且在2009—2013年期间均低于鱼跃医疗。这说明新华医疗利用净资产获取利润的能力较低;将股东权益报酬率拆分为总资产报酬率和平均权益乘数的乘积后,新华医疗的平均权益乘数高于鱼跃医疗,因此问题出在总资产报酬率上;将总资产报酬率拆分为销售净利率和总资产周转率的乘积后,新华医疗的总资产周转率远大于鱼跃医疗,而销售净利率仅为鱼跃医疗的1/4~1/3之间。新华医疗的销售净利润在2009—2013年期间始终稳定在5%~6%之间,如果将来不对营业成本、管理费用和销售费用进行压缩的话,盈利能力将不会有较大提升。

(4) 成长能力

新华医疗的销售增长率在2009—2013年期间均比较稳定,变化趋势不明显。其中2010—2011年期间销售增长率较高,尽管在2010年比鱼跃医疗低一些,但主要是因为营业收入基数较大。新华医疗的资产增长率在2009—2013年期间波动上升幅度较大,新华医疗的发展速度在加快,规模迅速扩张。新华医疗的资本积累率在2009—2011年期间始终低于鱼跃医疗,在2012—2013年期间远超过鱼跃医疗,这反映了企业发展的潜力,以及企业对投入资本的保全能力和增长能力。如资产增长率和资本积累率在2009—2011年期间处于低位,从企业积极进行并购扩张开始大幅上升。可以预测在这一轮整合完成后,如果新华医疗投资并购活动下降,资产增长率和资本积累率也会随之降低。

(二) 分析思考

1. 财务分析的基本目标及作用是什么?
2. 针对不同的财务分析目标,如何来设置企业财务分析体系?
3. 在对新华医疗进行财务分析时运用了哪些具体的分析方法?

（三）分析建议

1. 企业被要求进行财务信息披露，是高度发达的市场经济下所有权与经营权分离的必然结果。在两权分离后，由于企业的外部利益集团并不直接参与企业的经营管理活动，因此他们只有通过解读企业对外披露的财务信息来了解企业的财务状况。而要想更加深入地了解那些蕴含在数字背后的信息，就要对财务信息特别是财务报表数字进行进一步全面深入的分析。

2. 对企业而言，财务分析的意义主要在于：一是评价企业的经营业绩，了解企业销售的盈利能力、资产的盈利能力和资本的盈利能力，并分析各种盈利能力的影响因素和成因；二是诊断企业财务和经营的健康状况，了解企业的负债情况，判断企业的偿债能力或财务风险，分析企业的"收入—成本—利润"情况，判断企业的经营能力和经营风险；三是评价、调整企业的财务政策，包括营运资本管理政策、负债政策、股利政策、筹资和投资政策等；四是通过财务报表分析，全面了解企业的财务经营情况、面临的经营环境和内外部问题、竞争优势和劣势，从而制定和调整企业的发展战略，把握企业的发展机遇。

3. 财务分析是对企业等经济组织财务运行和发展状况进行分析与评价的一种经济管理活动。在全球经济一体化发展、市场竞争日趋激烈、经济环境日益复杂的背景下，财务分析为财务报告使用者如投资者、债权人、经营者、政府管理部门等利益相关者提供准确财务信息，使之了解企业的过去、评价企业的现状、预测企业的未来进而进行经济决策的重要作用日益明显。无论是对学术研究，还是企业经营管理实践来说，合理选择财务分析方法对现代企业尤其是上市公司进行全面财务分析，以协助企业完善经营管理活动，提高企业核心竞争力，促进产业繁荣发展，保障经济、社会稳健运行，都具有积极的意义。

4. 财务指标是以权责发生制和历史成本计量为基础、运用会计核算方法计算得出、用以评价企业业绩的参数，主要由资产负债表、利润表、利润分配表和现金流量表等常用的会计报表提取和演算得出。不同学术研究对财务指标的分类各不相同。"沃尔评分法"将财务指标分为7种类别，而传统的杜邦分析体系从获利能力（销售净利率）、营运能力（资产周转率）和偿债能力（权益乘数）3个方面分析企业权益净利率变动的原因。有研究者将财务分析指标体系分解为企业偿债能力指标、资产运用效率指标、盈利能力指标、社会贡献能力指标、综合财务能力指标、筹资投资能力指标等6大类别。有研究者将财务分析指标分为盈利能力、偿债能力、发展能力、营运能力4类。还有研究者运用因子分析法将财务指标综合为经营能力因子、货款流动速度因子和盈利能力因子3大类别。综合各方观点，可以看出常见的财务指标分析体系通常包括偿债能力指标、盈利能力指标、营运能力指标和发展能力指标4大类别。

主要参考文献

1. 张志治.陈友邦,财务分析(第七版),大连:东北财经大学出版社,2014.

2. 赵亚男,范会会.主成份分析与因子分析在上市公司财务指标综合分析中的运用.中国外资,2011(8).

3. 张胜堂.我国创业板上市公司财务状况比较分析——基于因子分析和聚类分析.时代经贸,2011(18).

4. 刘巧艳.对建立财务分析系统的构想.电子科技大学学报社科版,2000,II(4).

5. 兰琳.基于财务报表分析企业战略和竞争力研究.消费市场,2013.

6. 新浪财经:http://www.sina.com.cn/.

7. 同花顺财经:http://www.51ifind.com/.

案例二十八　利润分配管理

教学目标

1. 掌握公司利润分配的程序和方式；
2. 掌握公司股利分配政策的种类和区别；
3. 了解不同股利分配政策对公司的影响。

案例分析

（一）案例介绍

贵州茅台的股利政策

以下分别是贵州茅台酒股份有限公司（证券代码 600519）2013 年、2012 年及 2011 年的利润分配方案。

1. 2013 年度利润分配实施公告的主要内容

贵州茅台酒股份有限公司（以下简称"公司"或"本公司"）2013 年度利润分配方案已经在 2014 年 5 月 18 日召开的公司 2013 年度股东大会上审议通过。股东大会决议公告刊登于 2014 年 5 月 20 日的《上海证券报》、《中国证券报》和上海证券交易所网站（网址 www.sse.com.cn）。本公司董事会及全体董事保证本公告内容不存在任何虚假记载、误导性陈述或者重大遗漏，并对其内容的真实性、准确性和完整性承担个别及连带责任。

每股分配比例：以 2013 年年末总股本 103 818 万股为基数，对公司全体股东每股派送红股 0.1 股、每股派发现金红利 4.374 元（含税）。扣税前与扣税后每股现金红利：扣税前每股派发现金红利 4.374 00 元，扣税后个人股东（包括证券投资基金）每股派发现金红利 4.150 30 元，合格境外机构投资者（QFII）股东每股派发现金红利 3.926 60 元。本次分配共分配利润 4 644 817 320 元。股权登记日：2014 年 6 月 24 日，除权（除息）日：2014 年 6 月 25 日，新增无限售条件流通股份上市日：2014 年 6 月 26 日；现金红利发放日：2014 年 6 月 25 日。发放范围：截至 2014 年 6 月 24 日（股权登记日）下午上海证券交易所收市后，在中国证券登记结算有限责任公司上海分公司（以下简称"登记公司"）登记在册的本公司全体股东。

扣税说明：① 对于个人股东（包括证券投资基金），根据《关于实施上市公司股息红利差别化个人所得税政策有关问题的通知》(财税〔2012〕85号)的规定,公司暂按5％的税率代扣个人所得税,扣税后实际每股派发现金红利4.150 30元。如股东持股期限在1个月以内(含1个月)的,其股息红利所得金额计入应纳税所得额,实际税负为20％;持股期限在1个月以上至1年(含1年)的,实际税负为10％;持股期限超过一年的,实际税负为5％。个人股东(包括证券投资基金)转让股票时,登记公司根据其持股期限计算实际应纳税额,超过已扣缴税款的部分,由该股东指定交易的证券公司从其个人资金账户中扣收并划付登记公司,登记公司于次月5个工作日内划付本公司,本公司在收到税款当月的法定申报期内向主管税务机关申报缴纳。② 对于居民企业(该词语具有相关中华人民共和国税务法规及规则下的含义)股东(含机构投资者),本公司不代扣代缴所得税,每股派发现金红利4.374 00元。③ 对于合格境外机构投资者(QFII)股东,根据2009年1月23日国家税务总局颁布的《国家税务总局关于中国居民企业向QFII支付股息、红利、利息代和代缴企业所得税有关问题的通知》(国税函〔2009〕47号)的规定,按10％的税率代扣代缴企业所得税后,实际每股派发现金红利3.926 60元;如该类股东认为其取得的股息红利收入需要享受税收协定(安排)待遇的;可按照相关规定在取得股息红利后自行向主管税务机关提出退税申请。④ 对于其他非居民企业股东,本公司不代扣代缴所得税,由纳税人自行缴纳。

分配实施办法:① 现金红利。股东中国贵州茅台酒厂(集团)有限责任公司、贵州茅台酒厂集团技术开发公司的现金红利由本公司直接派发。除上述股东外,其余股东的现金红利委托登记公司通过其资金清算系统向股权登记日登记在册并在上海证券交易所各会员单位办理了指定交易的本公司股东派发,已办理指定交易的股东可于红利发放日在其指定的证券营业部领取现金红利,未办理指定交易的股东红利暂由登记公司保管,待办理指定交易后再进行派发。② 股票股利。本次送股由登记公司通过计算机网络系统,根据股权登记日登记在册的公司股东的持股数,按比例自动计入股东账户。送股过程中产生的不足1股的零碎股份,登记公司按照股东零碎股份数量大小顺序排列,零碎股份数量相同的,由电子结算系统随机排列。登记公司按照排列顺序,依次均登记为1股,直至完成全部送股。实施送股方案后,按新股本1 141 998 000股摊薄计算的公司2013年度每股收益为13.25元(见表28-1)。

表28-1　2013年度股本变动结构表

		本次变动前	变动数			本次变动后
			送股	合计		
无限售条件的流通股份	A股	1 038 180 000	1 038 180 000	1 038 180 000		1 141 998 000
	无限售条件的流通股份合计	1 038 180 000	1 038 180 000	1 038 180 000		1 141 998 000
股份总额		1 038 180 000	1 038 180 000	1 038 180 000		1 141 998 000

2. 2012年度利润分配实施公告的主要内容

2012年度利润分配方案已经2013年5月16日召开的本公司2012年度股东大会审议通过。股东大会决议公告刊登于2013年5月17日的《上海证券极》、《中国证券报》和上海证券交易所网站(网址 www.sse.com.cn)。

发放年度:2012 年度;发放范围截至 2013 年 6 月 6 日(股权登记日)下午上海证券交易所收市后,在中国证券登记结算有限责任公司上海分公司登记在册的本公司全体股东。本次分配以 2012 年年末总股本 103 818 万股为基数,向本公司全体股东每股派发现金红利6.419 元(含税),共计派发股利 6 664 077 420.00 元(含税)。

股权登记日:2013 年 6 月 6 日;除息日:2013 年 6 月 7 日;现金红利发放日:2013 年 6 月17 日。

扣税说明:① 对于个人股东(包括证券投资基金),根据《关于实施上市公司股息红利判别化个人所得税政策有关问题的通知》(财税〔2012〕85 号)的规定,公司暂按 5% 的税率别化个人所得税,扣税后实际每股派发现金红利 6.098 05 元。如股东持股期限在 1 个月以内(含 1 个月)的,其股息红利所得全额计入应纳税所得额,实际税负为 20%;持股期限在 1 个月以上至 1 年(含 1 年)的,实际税负为 10%;持股期限超过 1 年的,实际税负为5%。个人股东(包括证券投资基金)转让股票时,登记公司根据其持股期限计算实际应纳税额,超过已扣缴税款的部分由该股东指定交易的证券公司从其个人资金账户中扣收并划付登记公司,登记公司于次月 5 个工作日内划付公司,本公司在收到税款当月的法定申报期内向主管税务机关申报缴纳。② 对于在中国注册的居民企业(该词语具有相关中华人民共和国税务法规及规则下的含义)的法人股东(含机构投资者),本公司不代扣代缴所得税,每股派发现金红利 6.419 元。③ 对于合格境外机构投资者(QFII)股东,根据 2009 年 1 月 23 日国家税务总局颁布的《国家税务总局关于中国居民企业向 QFII 支付股息、红利、利息代扣代缴企业所得税有关问题的通知》(国税函〔2009〕47 号)的规定,按10% 的税率代扣代缴企业所得税后,实际每股派发现金红利 5.777 1 元;如该类股东认为其取得的股息红利收入需要享受税收协定(安排)待遇的,可按照相关规定在取得股息红利后自行向主管税务机关提出返税申请。④ 对于其他非居民企业股东,本公司不代扣代缴所得税,由纳税人自行缴纳。

3. 2011 年度利润分配实施公告的主要内容

2011 年度利润分配方案已在 2012 年 5 月 29 日召开的股东大会审议通过。股东大会决议公告刊登于 2012 年 5 月 30 日的《上海证券报》、《中国证券报》和上海证券交易所网站(网址 www.sse.com.cn)。

发放年度:2011 年度;发放范围:截至 2012 年 7 月 4 日(股权登记日)下午上海证券交易所收市后,在中国证券登记结算有限责任公司上海分公司登记在册的本公司全体股东。本次分配以 2011 年年末总股本 103 818 万股为基数,向本公司全体股东每 10 股派发现金红利39.97 元(含税),扣税后每 10 股派发现金红利 35.973 元,共计派发股利 4 149 605 460.00 元(含税)。

股权登记日:2012 年 7 月 4 日;除息日:2012 年 7 月 5 日;现金红利发放日:2012 年 7 月13 日。

分红实施办法:① 对于个人股东(包括证券投资基金),按 10% 的税率代扣个人所得税,实际派发现金红利为每股 3.597 3 元,② 对于在中国注册的居民企业的法人股东(含机构投资者)实际派发现金红利为每股 3.997 元;③ 对于合格境外机构投资者(QFII),公司将根据国家税务总局(国税函〔2009〕47 号)等规定,由公司按照 10% 的税率代扣代缴企业所得税。

(二)分析思考

1. 请比较贵州茅台 3 个年度的股利分配方案,分析 3 年的异同。

2. 在股利分配过程的各个时间点,你认为股价理论上会有怎样的变化? 实际结果和理论分析是一致的吗?

3. 尝试进一步分析贵州茅台股利政策的类型,并解释原因。

(三)分析建议

股利政策研究是财务学的一个重要分支,也是数十年来一直困扰着财务经济学界的一个"谜"。在股利分配实务中,公司所选择的股利政策与公司所信奉的股利理论密切相关。公司股利政策是关于公司是否发放股利、发放多少股利以及何时发放股利等方面的方针和策略。股利政策所涉及的主要是公司对其收益进行分配或留存用于再投资的决策问题。

近年来,西方财务学界就股利政策的重要性展开了讨论,主要有股利无关论和股利相关论两大学术流派。前者认为股利政策对股票价格不会产生任何影响,后者则认为股利政策对股票价格有较强的影响。双方争论的焦点在于:企业支付多少股利才是合理的? 这两大学术观点受到了人们的普遍关注。

公司的财务目标是使公司价值最大化,股利政策作为财务管理的一部分同样要考虑其对公司价值的影响。股利理论主要研究两个问题:一是股利分配是否会影响企业价值;二是如果股利分配会影响企业价值,是否存在使企业价值最大化的股利分配政策。

支付给股东的盈余与留在企业的保留盈余,存在此消彼长的关系。所以,股利分配政策既决定给股东分配多少红利,也决定有多少净利留在企业——减少股利分配,会增加保留盈余。从而降低外部融资需求,因此股利决策也是内部融资决策。股利分配的实务中,公司采用的股利政策包括剩余股利政策、固定股利额政策、固定股利支付率政策、低正常股利加额外股利政策等。

主要参考文献

1. 王明虎,王锴.财务管理原理.北京:机械工业出版社,2013.

2. 宋巾.财务管理.西安:西北大学出版社,2015.

3. 高聪慧.贵州茅台、五粮液现金股利政策对比研究.财会月刊,2012(23).

4. 王艳林.贵州茅台与五粮液股利政策选择的动因分析.财务与会计(理财版),2013(10).

5. 宋艳敏,林为利,吴玉霞.现金股利政策影响因素实证分析——以食品制造业上市公司为例.财会月刊,2015(33).

6. 黄伟忠.基于我国制造业的现金股利政策的实证研究.中山大学研究生学刊(社会科学版).2010(01).

7. 梁婧,王晓燕.上市公司现金股利政策与企业价值关系研究——以电力行业为例.财会通讯,2015(23).

8. 林丹.上市公司现金股利政策分析——以贵州茅台为例.财经界(学术版),2015(03).

案例二十九　股票回购

教学目标

1. 掌握公司回购股票的动机；
2. 股票回购对公司价值的影响；
3. 了解我国对于上市公司回购股票的有关规定。

案例分析

（一）案例介绍

京东股票回购背后

近日（2016 年 9 月 10 日消息），京东宣布公司董事会已批准一项股票回购计划，根据该计划，京东将在未来 24 个月内最多回购 10 亿美元的自身股票。

本次回购计划是在京东二季度财报发布第二天宣布的。据悉，8 月 7 日下午，京东发布截至 6 月 30 日的 2015 财年第二季度未经审计财报。财报显示，京东第二季度净营收人民币 459 亿元（74 亿美元），同比增长 61％；该公司第二季度净亏损人民币 5.104 亿元（8 230 万美元），非美国通用会计准则（Non‑GAAP）净亏损人民币 1 570 万元（250 万美元），相比第一季度净亏损人民币 7.102 亿元（1.146 亿美元），非美国通用会计准则（Non‑GAAP）净亏损人民币 2.056 亿元（3 320 万美元），虽然亏损继续收窄，但仍在亏损之中。

1. 京东为啥回购股票？

事实上，京东回购股票是与其 8 月份以来股价大幅下跌有关的。据悉，近一个月以来，京东股价已经累计下跌近 30％。不仅如此，自 6 月中旬，京东股价冲击 38.00 美元最高值后，就一路呈下跌态势，截至 8 月下旬的 21.55 美元，距其发行价 19 美元仅有 2.55 美元的差距，而这距其上市已经快接近一年半时间了。

尤其值得注意的是，在阿里宣布 283 亿元入股苏宁后，京东股价两天内跌掉了 10％以上，市值蒸发超过 40 亿美元。此外，京东股价从 2015 年 12 初开始到 2016 年 6 月初，是经历一波上涨的，但之后便开始"下坡"。

在京东二季度财报发布后，国泰君安国际给予京东中性评级，认为京东目前自有资金链偏紧，短期有融资需求。此外，国泰君安国际认为，京东的新业务京东到家和京东金融将成为未来 2～3 年成为京东新的收入增长点,但短期可能会带来经营成本上升。如果据此来看,大笔的现金回购或许会加剧京东现有资金链的吃紧程度。数据显示,在回购计划公布的当天,周二(昨日),京东股价上涨 4.96％,报 23.93 美元。

2. 股票回购不止京东,还有阿里

近期在股票回购方面,不止京东,另一个电商巨头阿里也这样做。在阿里 8 月 12 日公布的业绩财报中表示,阿里巴巴集团董事会已经批准进行一个总额达 40 亿美元,为期两年的股份回购计划。而在 8 月 17 日,阿里向美国证监会递交了一份文件,文件显示,阿里巴巴集团董事局主席马云与阿里巴巴集团董事局副主席蔡崇信,将联手个人回购阿里巴巴集团股份。此外,阿里巴巴正式启动此前宣布的总额达 40 亿美元的回购计划。

对于股票回购,阿里称,主要是为了冲抵员工股权激励等计划所带来的股份稀释。但事实上,有关人士表示,阿里股权回购或许和京东一样,更多是为了稳定其股价,增强投资者对阿里的信心。8 月以来,阿里股价大幅下跌,虽然在 8 月 10 日,阿里宣布 283 亿元人民币投资苏宁,押宝线下,但并没有给其股价带来利好,反而跌得更厉害,甚至一度跌破其 IPO 发行价 60 美元,达到 58.00 美元。

事实上,更为严重的是,自 2015 年 9 月在美国纳斯达克上市,阿里股价一度冲到最高值 125 美元后,便一路呈下跌态势。

阿里股价的大幅下跌,也引起美国部分投资机构减持阿里股票,其中最引人注意的是管理 300 亿美元资产的索罗斯家族基金,其公布的二季度持仓组合显示,索罗斯几乎清仓阿里股票。

在阿里宣布股票回购后,确实也收到一些效果,受回购消息影响,多家分析机构将阿里巴巴的评级修改为“增持”。高盛、汇丰、摩根士丹利等华尔街各大行纷纷更新报告,看好阿里长期发展,给予股票“买入”评级,平均目标价达到了 105 美元。

但这种短期内的利好态势似乎并没有持续太长。昨日美股收盘,阿里股价报每股 60.91 美元,距其发行价仅高 0.91 美元。此外,据彭博社日前报道,由于阿里股价已连续十个月下跌,导致其市值蒸发 1 407 亿美元,从而将亚洲最大互联网公司的头衔拱手让给了腾讯。

(二)分析思考

1. 上市公司股票回购的目的是什么? 根据案例分析京东进行股票回购的目的及其原因。

2. 请查找有关资料,收集我国对于股票回购有哪些政策规定。

(三)分析建议

股票回购(stock repurchases),是指上市公司出资将其发行的流通在外的股票以一定价格购买回来予以注销或作为库藏股的一种资本运作方式。公司在股票回购完成后可以将所回购的股票注销,但在绝大多数情况下,公司将回购的股份作为“库藏股”保留,仍属于发行在外的股份,但不参与每股收益的计算和收益分配。库藏股日后可移作他用(如雇员福利计划、发行可转换债券等),或在需要资金时将其出售。

　　回购有时候也并不一定被当成一种股利来发放。当公司管理层认为本公司的股票价格暂时被低估,并且非金融性资产的投资机会很少时,公司会将回购股票作为一种投资。这样,既可以避免错投项目,又可以将现金交付给股东使其更好地利用资金,还可以向外界传达公司股价被低估的信号。研究表明,市场对于股票回购公告的反应通常是积极的。20世纪80年代中后期,纽约股票市场出现股价暴跌和市场持续低迷,美国企业纷纷发布大量回购本公司股票的计划,其目的就是抑制股价暴跌,刺激股价回升。近年来,我国股市进入熊市周期,很多上市公司也公布了股票回购计划。

主要参考文献

1. 刘淑莲.财务管理.北京:机械工业出版社,2015.

2. 叶陈刚.公司财务管理.北京:机械工业出版社,2014.

3. 谭劲松,陈颖.股票回购:公共治理目标下的利益输送——我国证券市场股票回购案例的分析.管理世界,2007(04).

4. 梁丽珍.上市公司股票回购的公告效应及动因分析.经济与管理研究,2006(12).

5. 搜狐财经:http://mt.sohu.com/20150911/n420910489.shtml.

兼并与收购篇

案例三十　企业并购理论与类型

教学目标

1. 进一步掌握企业兼并与收购的概念与类型；
2. 进一步掌握企业并购的基本理论。

案例分析

（一）案例介绍

2016 年中国发生的 10 大有影响的企业并购案例

1. 万达超 50 亿美元抄底传奇影业

2016 年 1 月 12 日，万达集团宣布以不超过 35 亿美元现金（约人民币 230 亿元）并购美国传奇影业公司 100％股权，成为迄今中国企业在海外最大的文化产业并购案，这也一举让万达影视成为全球收入最高的电影企业。

2. 海尔 55.8 亿美元并购通用家电

2016 年 1 月 15 日，海尔公告显示，海尔拟通过现金方式购买通用家电，交易金额为 54 亿美元。此后，双方就交易金额进行了调整，最终金额定为 55.8 亿美元（约合人民币 366 亿元）。6 月 7 日，海尔发表声明称两者已完成交割，通用家电正式成为海尔一员。该笔收购是中国家电业最大的一笔海外并购。

3. 顺丰 433 亿的借壳 A 股

在资本市场日渐成为快递企业新竞技场的情况下，此前一直表明不上市的顺丰也赶了一次借壳上市潮。2016 年 5 月 23 日，A 股上市公司鼎泰新材发布公告称，拟置出全部资产及负债（作价 8 亿元），与拟置入资产顺丰控股 100％股权（作价 433 亿元）中等值部分进行置换，交易完成后顺丰控股原股东预计将持有鼎泰新材 94.42％股权。

4. 京东近 100 亿"打包"接盘一号店

2016 年 6 月 21 日，京东宣布与沃尔玛达成一系列深度战略合作，并以增发 5％股本换得后者旗下 1 号店核心资产。按当时京东市值计算，京东接盘 1 号店约花了 14.9 亿美元（约合 98 亿元人民币）。

5. 腾讯 86 亿美元巨款并购 Supercell

2016 年 6 月 21 日,腾讯发公告称已决定收购 Supercell 84.3% 的股权,交易总额约 86 亿美元(约合人民币 566 亿元),这是腾讯史上最大一笔并购,腾讯也凭此从一家中国互联网大企业变身为全球游戏巨头。

6. 滴滴收购 Uber 中国

2016 年 8 月 1 日,滴滴出行宣布与 Uber(优步)全球达成战略协议,滴滴出行将收购优步中国的品牌、业务、数据等全部资产在中国大陆运营。双方达成战略协议后,滴滴出行和 Uber 全球将相互持股,成为对方的少数股权股东。Uber 全球将持有滴滴 5.89% 的股权,相当于 17.7% 的经济权益,优步中国的其余中国股东将获得合计 2.3% 的经济权益。同时,滴滴出行创始人兼董事长程维将加入 Uber 全球董事会。Uber 创始人 Travis Kalanick 也将加入滴滴出行董事会。收购完成后,滴滴也将因此成为唯一一家 BAT 共同投资的企业,据传,滴滴估值将高达 350 亿美元。

7. 国家电网收购巴西 CPEL

2016 年 9 月 1 日,国家电网 600 亿巨资买下 CPFL 68% 的股份,国家电网收购 CPFL 的交易成功后,将成为迄今为止中国在巴西的最大一笔投资。同时,这也意味着国家电网在巴西同时拥有发电、配电和电网资产,通过对巴西电力更实际的权力掌握,获得宝贵的海外经验。此次交易完成后,公司将在巴西市场实现电力发、输、配、售业务领域的全面覆盖,进一步丰富公司在巴西资产组合,显著提高公司在巴西投资的抗风险能力,为深度开拓巴西及南美市场奠定了坚实的基础。

8. 宝钢股份换股"吞并"武钢股份

2016 年 9 月 20 日,宝钢、武钢正式合并,这意味着国内钢铁产业深度整合大幕正式拉开。长期来看,在双方完成技术、产能与市场的深度整合之后,合并后新的上市主体有望将中国钢铁产业在全球的竞争力推升到一个全新的高度,整个钢铁产业也将由此迈出良性竞争的关键性一步,而钢铁行业的供给侧改革也有望借此得到实质性推动。

9. 海航收购 CIT 集团飞机租赁业务

2016 年 10 月,海航集团旗下渤海金控附属飞机租赁公司 Avolon 宣布,拟斥资 100 亿美元(约 780 亿港元)收购 CIT 集团的飞机租赁业务,Avolon 将成为全球第三大飞机租赁公司。Avolon 的飞机数量和类型会得到相应的扩充,并将扩展 Avolon 的交通服务领域,促使 Avolon 成为世界领先的飞机租赁公司。此次交易也将加强海航的国际影响力。

10. 美的获准收购德国库卡集团

德国工业机器人制造商库卡集团于 2016 年 12 月 30 日宣布,美国外资投资委员会及国防贸易管制理事会批准了中国美的集团对库卡的收购。据悉,该交易预计将于 2017 年 1 月上旬完成。通过本次收购,美的将持有库卡 94.55% 的股份。美的与库卡此前已达成协议,将维持库卡现有管理层,允许库卡独立运营。美的还将帮助库卡在中国发展机器人业务。库卡集团是全球知名智能自动化解决方案供应商。由于库卡被称为德国"工业 4.0"战略的核心企业,因此此次收购受到德国各界高度关注。

（二）分析思考

1. 一般来讲，并购有吸收并购、新设并购、收购和接管等，按照并购双方所处的行业不同可分为横向并购、纵向并购和混合并购，按照出资方式不同可分为出资购买资产式并购、以股票换取资产式并购和以股票换取股票式并购，按照并购的程序不同可分为善意并购、非善意并购，按照并购是否利用杠杆不同可分为杠杆收购、非杠杆收购。请从基本概念和并购分类的视角对上述十大并购案例进行分析。

2. 追求较高的并购效率是企业并购的目标之一，并购效率理念包括差别效率理论、无效率的管理者理论、经营协同效应理论、多元化经营理论、财务协同效应理论和价值低估理论等内容。请从并购效率理论的视角对上述十大并购案例进行分析。

（三）分析建议

1. 万达超 50 亿美元抄底传奇影业。该项并购属于收购，从出资方式来看，属于出资购买资产式并购，从双方所处行业来看，属于混合并购。从既有的信息来分析，万达集团主要追求的是经营协同效应和多元化战略的实施。

2. 海尔 55.8 亿美元并购通用家电。该项并购属于收购，从出资方式来看，属于出资购买资产式并购，从双方所处行业来看，属于横向并购。从既有信息来分析，海尔集团更多是为了实现管理协同效应（差别效率理论）、经营协同效应和多元化战略（区域多元化）。

3. 顺丰 433 亿借壳 A 股。该项并购属于接管，也是收购的一种，从出资方式来看，属于出资购买股票式并购，也是出资购买资产式并购的一种，从双方所处行业来看，属于混合并购。从既有信息来看，顺丰集团主要是追求实现多元化战略、经营协同效应、财务协同效应等效率。

4. 京东近 100 亿"打包"接盘一号店。该项并购属于收购，从出资方式来看，属于以股票换资产方式并购，从所处行业来看，既有横向并购的因素也有纵向并购的影子。从现有信息来看，京东集团更多是追求经营协同效应。

5. 腾讯 86 亿美元巨款并购 Supercell。该项并购属于收购，从出资方式来看，属于出资购买股票方式并购，从所处行业来看，主要应当属于混合并购，但也有纵向并购的影子。从现有信息来分析，腾讯集团主要是追求多元化经营、经营协同效应、管理协同效应。

6. 滴滴收购 Uber 中国。该项并购属于收购，从出资方式来看，属于以股票换取股票方式并购，从所处行业来看，属于横向并购。从现有信息来看，滴滴集团更多是追求经营协同效应和管理协同效应。

7. 国家电网收购巴西 CPEL。该项并购属于收购，从出资方式来看，属于出资购买股票方式的并购，从所处行业来看，属于横向并购。从现有信息来分析，国家电网更多的是追求区域多元化化战略和经营协同效应、管理协同效应、财务协同效应等。

8. 宝钢股份换股"吞并"武钢股份。该项并购属于新设合并，从出资方式来看，属于以股票换取股票方式并购，从所处行业来看，属于横向并购。从现有信息来分析，此项合并更多是追求经营协同效应、管理协同效应和财务协同效应等。

9. 海航收购 CIT 集团飞机租赁业务。该项并购属于收购，从出资方式来看，属于出资购买资产方式并购,从所处行业来看,既有横向并购的因素也有纵向并购的影子。从现有信息来分析,海航更多是为了追求经营协同效应、管理协同效应和实现区域多元化战略。

10. 美的获准收购德国库卡集团。该项并购属于收购,从出资方式来看,属于出资购买股票方式并购,从所处行业来看,属于混合并购。从现在信息来分析,美的集团主要是为了追求多元化战略、经营协同效应和管理协同效应。

主要参考文献

1. 郝宏晓.基于企业并购理论对我国商业银行并购动因的分析.金融发展研究,2012,05.

2. 李佳.对企业并购理论的探究.河北青年管理干部学院学报,2012,01.

3. 黄婷,岳东宇.企业并购的财务效应分析.现代经济信息,2014,22.

4. 王立立.企业并购的理论与实践探析.现代经济信息,2016,13.

5. 孔浩.公司战略并购及其风险分析.经济师,2011,07.

6. 于剑南,李小军.中国企业跨地区并购动因分析.经济研究导刊,2012,03.

7. 于瑞.跨国公司在我国并购的动因、模式及现状浅析.中国外资,2011,24.

8. 张蕾.我国企业并购过程中的问题及对策研究.中国证券期货,2013,08.

9. 王林元,王晓慧.影响企业并购的宏观经济因素分析——基于企业并购理论与中国市场实践的实证研究.吉林金融研究,2011,09.

10. 文淑惠,熊永莲.企业并购理论研究综述.中国商贸,2012,35.

案例三十一　企业并购战略与并购实施

📬 **案例分析**

(一)案例介绍

企业并购战略的类型

1. 产业内纵向并购

乐视网并购东阳市花儿影视公司

乐视网于 2013 年 10 月发布资产重组方案,以现金和发行股份相结合的方式购买东阳市花儿影视文化有限公司 100% 的股权,以发行股份的方式购买乐视新媒体文化(天津)有限公司 99.5% 的股权。花儿影视 100% 股权的最终交易价格为 90 000 万元,其中以现金的方式支付花儿影视交易对价的 30%,总计现金 27 000 万元。乐视新媒体 99.5% 股权的最终交易价格为 29 850 万元。该项重组方案已于 2014 年 4 月完成股权过户手续及相关工商登记。

花儿影视是乐视长期合作伙伴,在合作的过程中达成交易。进入乐视网之后,将实现乐视网在上游电视剧制作及发行领域资源的初步整合。在国内众多视频网站横向整合并购的背景下,这是首个将触角伸向产业链上游的并购案例,希望达到"平台＋内容＋终端＋应用"每一点上的整合。

2. 产业内横向并购

掌趣科技并购玩蟹科技

2013 年 10 月,掌趣科技公告预案,拟非公开发行股份并支付现金,购买交易对方持有的玩蟹科技 100% 股权;拟非公开发行股份并支付现金,购买交易对方持有的上游信息 70% 股权;并向不超过 10 名其他特定投资者发行股份募集配套资金用于本次交易的现金支付。根据上市公司与交易对方签署的各项协议,玩蟹科技 100% 股权作价 173 900 万元,上游信息 70％股权作价 81 400 万元。该项重组方案已于 2014 年 4 月完成资产过户。

此次交易的目的旨在增强公司移动网络游戏和网页游戏的开发能力和提升上市公司现有业务规模和盈利水平。据资料显示,玩蟹科技是中国领先的移动网络游戏研发运营商,根据易观智库统计的 2013 年上半年移动网游研发厂商市场份额排名,玩蟹科技位列第 5 名,占据 3.8％的市场份额。本次交易完成后,掌趣科技将进一步巩固其在手游和页游的研发、发行和运营方面的行业地位。

3. 跨产业多元化战略

中南重工收购大唐辉煌

中南重工将通过发行股份及支付现金方式收购大唐辉煌 100％的股权,同时配套融资。大唐辉煌 100％股权的交易对价为 10 亿元,中南重工以发行股份和支付现金相结合的方式向自然人股东及部分法人股东购买其持有的 69.53％的股权,其中现金和股份的比例为 1∶3;向其他股东发行股份购买其持有的 30.47％的股权。

本次交易完成后,中南重工的主业将在工业金属管件及压力容器制造行业之外,新增电视剧的制作、发行及其衍生业务。通过本次重组,其有望实现多元化发展战略,优化和改善现有业务结构和盈利能力,降低宏观经济波动对业绩的影响程度,提升抗风险能力。2014 年 9 月 25 日,上述项目获得并购重组委有条件审核通过。

爱使股份并购游久时代

上市公司通过发行股份和支付现金相结合的方式,购买刘亮、代琳、大连卓皓持有的游久时代合计 100％股权,交易价格为 11.8 亿元,其中现金对价部分由上市公司向其控股股东天天科技发行股份募集配套资金的方式筹集,不足部分以自有资金补足。

本次交易完成后,爱使股份将转变为煤炭开采销售与网络游戏运营并行的多元化上市公司。其双主业在行业周期性、资产类型、消费特征等方面存在互补,分散上市公司单一业务周期性波动风险,改善主营业务收入结构,实现转型升级和结构调整,波动风险较低且具备广阔前景;上市公司盈利能力将得到提升。2014 年 7 月 30 日,上述项目获得并购重组委有条件审核通过。

4. 曲线借壳并购

博盈投资收购武汉梧桐股权

2012 年 11 月 5 日,公司披露定增预案,博盈投资向英达钢构以及其他 5 家 PE 发行约 3.14 亿股,募集资金约 15 亿元用于收购武汉梧桐 100％股权、斯太尔动力增资等项目。

此次用于购买武汉梧桐 100％股权的交易价格则高达 5 亿元,与当初收购价(2012 年 4 月武汉梧桐收购 Steyr Motors 100％股权的交易价格为 3 245 万欧元,约 2.8 亿元人民币)相比增值了 76％。

同时,还有五家看似毫无关联的神秘资金为上述定增事项"抬轿",并且集体承诺仅作为财务投资者认购股份以分享公司业绩成长而无意参与公司的日常经营管理。本次发行完毕后,英达钢构成为博盈投资的控股股东。

道博股份借壳上市

2013 年 1 月 30 日,道博股份披露发行股份购买资产并配套募资方案,拟以 7.71 元/股的价格,向大股东新星汉宜、盘化集团和瓮福集团 3 家对象发行股份收购盘江民爆 86.39% 股权,并利用配套融资的部分资金收购剩余 13.61% 股权。

据资料,道博股份拟购资产的预估值为 7.35 亿元,而截至 2011 年 12 月 31 日,道博股份的净资产为 1.26 亿元,标的资产的预估值与道博股份净资产的比重高达 583.33%,已经构成重大资产重组。然而,经过巧妙安排,该交易并不构成借壳上市。其一是,在股票停牌期间,新星汉宜出资 1.5 亿元认缴盘江民爆新增注册资本 3 177 万元,获得 20.59% 的股份,该部分权益将在本次定向增发中转换为道博股份的股份。与此同时,本次重组配套融资的定增对象仅新星汉宜 1 家,募集资金 2.12 亿元中,1 亿元将用于收购盘化集团持有的盘江民爆剩余 13.61% 股权。通过"此消彼长"的股权安排,新星汉宜将在本次重组完成后持有 31.42% 的股权,仍为控股股东;盘化集团以 26.03% 的持股比例成为第二大股东。

神雾环保借壳上市

北京神雾筹备多年计划在创业板上市,在 2014 年 4 月份其已完成意见反馈,只等待封卷过会。不过,随后北京神雾就终止了 IPO 计划,而转道"借壳"天立环保。

2014 年 5 月 15 日,北京神雾旗下万和邦投资管理公司通过司法划转方式拿到了天立环保 19.79% 的股权,而原大股东王利品的控股权则只剩下 8.58%。随后,为了稳定公司董事会控制权,北京神雾和公司除王利品之外的剩余两名股东席存军和王树根签订《一致行动人协议》,而后两者目前合计持有上市公司 10.14% 的股权,三方合计持有 29.93% 的股权。不过,市场预期在完成实际控制权的变更之后,后期的资产重组只是一个时间问题。

(二) 分析思考

1. 企业并购的主流战略应当是什么? 什么情况下建议实施跨行业的混合并购?
2. 从曲线借壳并购的案例中可以归纳出哪几种具体实施办法?

(三) 分析建议

1. 产业内并购仍是并购市场的主流,为上市公司寻找上下游企业,关联行业企业是并购重组项目的突破点。对于发展遇到瓶颈的公司,可以根据市场热点寻找跨行业混合并购,实现多元化发展。

2. 从上述三个借壳并购的案例来看,"博盈投资收购武汉梧桐股权"采取了"定增融资＋收购资产"的办法实施借壳并购。"道博股份借壳上市"采取了降低收购资产主要股东持股比例,换股并购后使上市公司控制权不发生变更的策略,即实施了发行股份购买资产并配套募资的办法。"神雾环保借壳上市"则是采取了通过司法途径曲线并购的实施办法。

主要参考文献

1. 葛结根.并购支付方式与并购绩效的实证研究——以沪深上市公司为收购目标的经验证据.会计研究,2015,09.

2. 许亚湖,唐永超.现代经济条件下企业并购战略的研究——以蓝色光标为例.会计师,2016,03.

3. 赵海雁,周赛.企业并购战略探讨.合作经济与科技,2015,14.

4. 翁静飞.从阿里巴巴并购狂潮看大数据时代下企业的并购战略.财经界(学术版),2015,15.

5. 杜瑞丽.企业并购的战略整合模式选择及管理研究.中外企业家,2016,06.

6. 郭新东,张欣,王晶晶.企业并购的战略绩效——联想并购 IBM PC 业务部的案例再研究.管理案例研究与评论,2013,04.

7. 蒋楠.基于财务视角的横向并购协同效应研究——以优酷并购土豆为例.中国注册会计师,2014,04.

8. 霍晓萍.核心竞争力视角下的企业并购过程研究.商业会计,2011,27.

9. 李吉雯,刘琪,李吉康.基于荣之联并购车网互联案例的企业并购协同效应研究.中国乡镇企业会计,2015,10.

10. 潘开灵,李灿.基于 AHP 的钢铁企业并购战略选择研究.财会通讯,2013,02.

案例三十二　股权结构调整与实施办法

教学目标

1. 进一步理解并购前股权结构调整的必要性和操作办法；
2. 进一步理解追求高效率是企业合并的主要目的及实际带来的影响。

案例分析

（一）案例介绍

宝钢股份换股吸收合并武钢股份

宝钢集团与武钢集团均属于国资委直接管理的中央企业。武钢集团位于武汉的生产基地于 1955 年开始建设，1958 年建成投产，是新中国成立后兴建的首家特大型钢铁联合企业。而宝钢集团在上海的工厂 1978 年才启动建设，1985 年正式投产。

2015 年，工信部发布的《钢铁产业调整政策（2015 年修订）（征求意见稿）》提出"到 2025 年，前十家钢铁企业（集团）粗钢产量（下称 CR10）占全国比重不低于 60%，形成三五家在全球范围内具有较强竞争力的超大型钢铁企业集团，以及一批区域市场、细分市场的领先企业"，其中包括 8 000 万吨级的钢铁集团 3~4 家、4 000 万吨级的钢铁集团 6~8 家和一些专业化的钢铁集团，如无缝钢管、不锈钢等专业化钢铁集团。

2016 年 9 月 20 日，宝钢股份（600019）、武钢股份（600005）同时发布重大资产重组进展公告。公告中称，本次重大资产重组初步交易方案拟为宝钢股份向武钢股份全体换股股东发行 A 股股票，换股吸收合并武钢股份，宝钢股份为合并方暨存续方，武钢股份为被合并方暨非存续方，预计不会导致宝钢股份最终控制权发生变更，也不会构成借壳上市。上述进展部分证实了此前媒体曝出的重组方案。但宝钢股份、武钢股份均在公告中称，截至本公告日，有关各方仍在就本次重大资产重组事项及方案进行进一步论证和完善，尚未最终确定。

值得注意的是，宝钢股份、武钢股份还在频繁调整股权结构。

此前的 8 月 15 日，宝钢股份公告称宝钢集团将 8 亿股 A 股股份无偿划转给中石油集团，划转部分占宝钢股份总股本的 4.86%，并在 9 月 19 日公告该划转获国务院国资委批准。

武钢股份也在同时布局。今年 2 月 1 日，武钢股份发布公告称，武钢集团拟将所持有本公司 5 亿股股票（约占公司目前总股本的 4.95%）向中远集团无偿划转。6 月 21 日，武钢股份公告称该股票划转已完成,武钢集团总股本的 57.66%,仍为公司控股股东;中远集团约持有总股本的 4.95%。此外,9 月 19 日,武钢股份还发布了无偿划转公司股票公告称,为优化国有资本结构,武钢集团拟通过无偿划转方式将持有的本公司 A 股股票划转给北京诚通金控投资有限公司和国新投资有限公司。本次股票无偿划转实施完成后,武钢集团持公司总股本的 52.76%,北京诚通金控投资有限公司持有总股本的 2.45%;国新投资有限公司持有总股本的 2.45%。上述两家公司分别为央企中国诚通和中国国新旗下公司,而中国诚通、中国国新目前已确定为国有资本运营公司试点企业。

宝钢、武钢重组之际,两家上市公司的股权划转,或为合并方案公布后获股东大会表决通过铺路。一般来说,在大股东需要回避表决的事项上,可有承接无偿划转股本的央企代替表决。尽管上述中石油集团、中远集团、北京诚通金控投资有限公司、国新投资有限公司持有股份均不超过 5%,但在中小股民中已占据话语权。

另外,2015 年宝钢集团的粗钢产量约为 3 493 万吨,而武钢集团的粗钢产量为 2 577 万吨,两者分别位居全球第五和第十一位。在这份全球钢铁公司产量排行榜上,安赛乐米塔尔和河钢集团以 9 713 万吨及 4 774 万吨位居前两位。"宝武合并"后,新公司的粗钢总产量将达到 6 070 万吨,成为仅次于安赛乐米塔尔的世界第二大钢铁厂,并毫无意外地问鼎中国第一大钢铁公司,相较于全国 8.04 亿吨的粗钢产量,其市场占有率将达到 7.5%。

(二)分析思考

1. 一般来讲,企业在实施并购之前根据战略合作的意向对其股本结构进行必要的调整是正常的,宝钢、武钢在合并前进行怎样的股本结构调整?预期想达成什么目的?

2. 从国家层面上讲,宝钢与武钢的合并有什么意义?

(三)分析建议

1. 在这一并购案例中,宝钢股份为合并方暨存续方,武钢股份为被合并方暨非存续方,预计不会导致公司最终控制权发生变更,也不会构成借壳上市。一般认为宝钢不仅规模大于武钢,重要的是宝钢市场化经营好于武钢。由宝钢来主导这场合并,符合"宝武合并"后统一经营的要求,即并购能够带来明显的经营协同效应。

为优化国有资本结构,武钢集团拟通过无偿划转方式将持有的公司 2.47 亿股 A 股股票划转给诚通金控、2.47 亿股 A 股股票划转给国新投资。公告称,本次股票无偿划转实施完成后,武钢集团约占公司目前总股本的 52.76%,仍为公司控股股东;诚通金控占公司目前总股本的 2.45%;国新投资约占公司目前总股本的 2.45%。宝钢股份公告称,拟将其持有的公司 4.03 亿股 A 股股份无偿划转给诚通金控、4.03 亿股 A 股股份无偿划转给国新投资。上述无偿划转完成后,宝钢集团占公司总股本的 74.84%;诚通金控占公司总股本的 2.45%;国新投资占公司总股本的 2.45%。上述无偿划转不会导致公司控股股东及实际控制人发生变更。从中可以看到,宝钢与武钢合并前按照国资委的部署进行了股本结构的调整,分别向同样是央企的诚通金控、国新投资无偿转让了一定的股权,其结果是国有股权没有发生变化,只是宝钢股份、武钢股份持有的份额相应下降,但实际控制人没有改变。

2. 从国家层面上来讲,进行合并前的股权结构调整是为了适当增加股东数量,避免一股独大的现象,从另一方面来讲,也预示着央企改革拉开序幕,打造全球一流钢铁制造企业的征程已启程。

主要参考文献

1. 杨芳.股权结构与公司治理问题研究.中国乡镇企业会计,2015,07.

2. 刘馨悦.上市公司股权结构对公司治理的影响.现代经济信息,2016,13.

3. 应成君.对股权结构与公司治理的思考.会计师,2015,14.

4. 柳筱瑶.行业竞争程度、股权结构与过度投资的实证研究.商业会计,2014,02.

5. 李士梅,张倩.股权结构对国有装备制造企业创新投入的影响.求是学刊,2015,05.

6. 张昆峰.浅析股权结构和公司治理.西部财会,2010,01.

7. 魏明海,程敏英,郑国坚.从股权结构到股东关系.会计研究,2011,01.

8. 万燕鸣,李军林.股权结构对企业声誉的影响——基于系统广义矩估计的动态面板数据分析.经济管理,2011,07.

9. 卫剑波,胡吉祥.优先股结构下的公司治理.中国金融,2014,17.

10. 王冰.上市公司股权结构与绩效关系国外理论综述.北方经贸,2013,10.

案例三十三　并购整合策略与实施办法

教学目标

1. 进一步理解并购整合对企业并购成败的决定性作用；
2. 进一步理解并购整合的内容和基本理论，包括战略整合、品牌整合、文化整合、业务整合、财务整合等关键要素；
3. 进一步掌握提升并购整合效率的对策措施。

案例分析

（一）案例介绍

海信集团并购科龙集团的品牌整合

2005年9月9日，青岛海信空调有限公司与科龙电器单一大股东广东格林柯尔企业发展有限公司签署协议，将其所持有的科龙电器26.43%的股权转让给海信空调。自此，海信集团便间接成为科龙电器第一大股东。在2006年12月，被海信收购后的科龙电器曾订立目标：到2010年，科龙电器全部家电年销售额力争超过400亿元。截至2010年，科龙财报显示营业总收入约为176.9亿元，远未能实现目标。而2011年三季报显示销售收入为153.4亿元，同样离目标较远。2012年1月，海信集团旗下的海信电器、科龙电器先后发布2011年度业绩预告：海信电器2011年度净利润增长预计超过100%，科龙电器比上年同期下滑50%～70%，业绩变动原因主要是本报告期较去年同期科龙减持华意压缩股票的投资收益、获得的政府补贴以及其他营业外收入大幅减少，非经常性损益的大幅减少导致科龙业绩同比出现较大幅度下降，但公司经营性利润较去年同期基本持平。

海信收购科龙后明确了多品牌定位策略，海信、科龙、容声三大品牌确定为今后全国范围内力推的战略品牌，而且海信、科龙品牌将不分高低。按照公司的说法，将科龙定义为"空调专家"，而容声将成为"冰箱专家"。海信既是公司商号，也是一个商标，而科龙、容声都是一个产品的商标，海信是主品牌，科龙与容声作为子品牌，居于次要地位。收购科龙将近一年后，2006年9月1日，科龙公布了新的商标：用象征海信科技和创新精神的字首橙色方块，替代科龙字首"K"上红色的一笔，形成目前具有海信橙色基因的新标志。

但这样一个品牌策略，影响却是深远的。《中国经营报》引用国内最具规模的平面媒体监测机构梅花网所统计的数据,2011年度家电行业平面媒体投放刊例总价值排名,"海信"品牌为5 804.71万元,位居行业第四;科龙为147.81万元,位居90位之后;容声为221.29万元,位居70位之后。"我已经不止一次听顾客说,不知道有科龙这个牌子。"海信河南某分公司一名售后维修员告诉《中国经营报》记者。在当地一个县,海信电视、冰箱、空调都有,但科龙的名气很弱。平时的品牌推广投入上,"集团主推海信品牌"。而我们比较海信收购科龙前,科龙、容声的品牌知名度:早在2000年,经国家权威资产评估机构评定,"科龙"、"容声"品牌价值分别为96.18亿元和52.18亿元,两者相加达148.36亿元,居全国第四位;2001年容声冰箱、科龙空调获中国名牌战略推进委员会授予首届中国名牌产品;2004年科龙节能明星系列冰箱被评为"中国节能冰箱市场用户满意第一品牌",科龙双高效空调被评为"中国节能空调市场用户满意第一品牌";2005年中国行业企业信息发布中心公告,科龙公司冰箱总销量荣列2004年全国市场同类产品第一名;科龙、容声被评为"2005 CCTV我最喜爱的中国品牌"。尽管2005年前后因为科龙自身的原因,经营出现了一些问题,市场影响力有所下降,但比较得知,海信入主后,科龙、容声的品牌影响力下降厉害。

(二)分析思考

1. 海信并购科龙的价值主要表现在哪些方面?

2. 并购后为何离目标差距较远?请结合海信、科龙两个品牌市场地位,从并购品牌整合的角度进行分析。

3. 你认为应当如何进行并购品牌整合?

(三)分析建议

1. 并购后的品牌整合策略导致了科龙、容声发展情况与并购当时目标差距甚远。在当时的市场环境下,海信并购科龙的价值主要有以下四点:

一是丰富了海信的产品线,借助科龙,海信进入了当时发展迅猛的白色家电市场。由于海信当时优势在黑电,而科龙优势在白电,因而业界曾把海信并购科龙称之为"黑白配";

二是科龙空调、容声冰箱当时在市场上有较好的客户基础,海信并购科龙,直接得到这部分客户,共享客户与渠道;

三是海信在华南地区新增了生产基地;

四是共享采购平台,可有效减低采购成本。

2. 追求经营协同效应是海信并购科龙的核心价值所在,然而多品牌定位也导致了并购品牌整合不力,致使科龙、容声品牌的市场地位下降,市场空间迅速地被其他同类品牌占领。尽管海信收购科龙后明确了多品牌定位,海信、科龙、容声三大品牌确定为今后全国范围内力推的战略品牌,而且海信、科龙品牌将不分高低。但实际运行中,海信更多地采用了联合品牌策略:海信的品牌管理部门将海信集团的基因植入科龙电器标志,使其在形式和内容上与海信母品牌有更大关联度,而公司名称则改为海信科龙。在品牌宣传投入方面,"海信"远远多于"科龙"、"容声"。

3. 一项科学的品牌整合决策,需要根据并购前并购方和被并购方在特定产品领域上的品牌影响力强弱以及并购协同价值的核心点所在而定。如果并购方和被并购方在不同领域上的影响力较强,则需要采用多品牌的策略。比如当时海信在空调、冰箱市场上的影响力远低于科龙、容声,这时候需要完整保留科龙、容声的品牌独立性。如果是在同一产品线上,并购方和被并购方品牌影响力差距较大,这时候如果不能有效进行客户细分,形成阶梯式品牌布局,则需要单一品牌或联合品牌策略。比如海尔收购红星电器、西湖电子。与之相密切的问题,并购协同价值的核心在于采购成本、制造基地、研发等非市场因素,可更多考虑统一品牌运作;相反,如果并购协同价值的核心在于客户、品牌影响力等市场因素,则更多采用多品牌或联合品牌运作。

主要参考文献

1. 黄修远.伦理视角下:被并购方员工的利益对并购融合效果的影响——以安博并购入众人失败为例.经济研究导刊,2016,09.

2. 谢明磊.企业并购整合中的员工抵制——基于海信并购科龙的案例.山东社会科学,2012,05.

3. 窦红怡.企业并购整合效率评价指标体系构建与评价——基于模糊综合评价理论.中国外资,2013,14.

4. 程博,李秉祥,王菁.企业并购、整合与融合:一个理论分析框架.重庆工商大学学报(社会科学版),2011,04.

5. 王大刚,宋昊阳,方乔,赵萌萌,陈树文.国有企业并购整合过程中管控能力与方式的匹配研究——以延长石油为例.管理案例研究与评论,2014,06.

6. 孙晖,徐智鹏.企业并购整合的策略研究.吉林省经济管理干部学院学报,2015,01.

7. 包慕之.跨国企业并购整合探析——以中海油并购加拿大尼克森为例.求知导刊,2015,01.

8. 林季红,刘莹.中国企业海外并购绩效研究——以并购整合为视角.厦门大学学报(哲学社会科学版),2013,06.

9. 龚小凤,林青.企业跨国并购整合效能评价指标研究.财会通讯,2015,33.

10. 陈成栋.物流企业并购整合研究——以嘉里物流收购大荣货运为例.福州大学学报(哲学社会科学版),2012,06.